LA RÉSISTANCE DU SENSIBLE

BIBLIOTHÈQUE D'HISTOIRE DE LA PHILOSOPHIE

Fondateur Henri GOUHIER Directeur Emmanuel CATTIN

Emmanuel ALLOA

LA RÉSISTANCE DU SENSIBLE

MERLEAU-PONTY CRITIQUE DE LA TRANSPARENCE

PARIS
LIBRAIRIE PHILOSOPHIQUE J. VRIN
6 place de la Sorbonne, V[e]
2025

Imprimé en France
ISSN 0249-7980
ISBN 978-2-7116-3221-3
www.vrin.fr

« La colombe légère, quand, dans son libre vol, elle fend l'air dont elle sent la résistance, pourrait se représenter qu'elle réussirait encore bien mieux dans l'espace vide d'air. C'est ainsi justement que Platon quitta le monde sensible, parce que celui-ci impose à l'entendement de si étroites limites, et qu'il s'aventura au-delà de celui-ci, sur les ailes des Idées, dans l'espace vide de l'entendement pur. Il ne remarqua pas que malgré tous ses efforts il n'avançait nullement, car il ne rencontrait rien qui s'opposât à lui et qui fût susceptible de lui fournir pour ainsi dire un point d'appui, sur lequel il pût faire fond et appliquer ses forces pour changer l'entendement de place. »

Immanuel Kant

« Je frotte des allumettes – qui ne s'enflamment pas.
C'est une résistance.
L'impatience me gagne.
Ce devient un poème. La non-réussite se fait chose très sensible. »

Paul Valéry

ABRÉVIATIONS

AD	*Les aventures de la dialectique*
C	*Causeries*
E	*Éloge de la philosophie et autres essais*
HT	*Humanisme et terreur*
In	*Inédits I*
In II	*Inédits II*
IP	*L'institution, la passivité. Notes de cours au Collège de France 1954-1955*
MBNF	Manuscrits Fonds Merleau-Ponty, Bibliothèque nationale de France
N	*La Nature. Notes du Cours au Collège de France*
NC	*Notes de cours au Collège de France 1958-1959 et 1960-1961*
OE	*L'Œil et l'esprit*
OG	*Notes de cours sur* L'origine de la géométrie *de Husserl*
P1	*Parcours 1935-1951*
P2	*Parcours deux, 1951-1961*
PhP	*Phénoménologie de la perception*
PM	*La Prose du monde*
PPE	*Psychologie et pédagogie de l'enfant. Cours de Sorbonne 1949-1952*
PrP	*Le primat de la perception et ses conséquences philosophiques*
PrPa	*Le problème de la parole*
RC	*Résumés de cours. Collège de France 1952-1960*

RULL	*Recherches sur l'usage littéraire du langage. Collège de France 1953*
SC	*La structure du comportement*
SG	*Signes*
SNS	*Sens et Non-Sens*
VI	*Le visible et l'invisible*
Hua	Husserliana [suivi du numéro du volume]

PRÉFACE

RENAUD BARBARAS

J'avais préfacé la version initiale de ce livre, paru en 2008, mais force est de reconnaître que les remaniements et les ajouts effectués sont d'une telle ampleur que j'ai eu le sentiment d'avoir affaire à un nouvel ouvrage. En effet, l'état de la recherche sur Merleau-Ponty a considérablement évolué lors de ces quinze dernières années et Emmanuel Alloa a su mettre pleinement à profit les cours publiés, les nombreuses études parues, ainsi que les manuscrits inédits déposés à la Bibliothèque nationale, dont les échantillons qu'il commente donnent une idée de leur importance. Emmanuel Alloa a continué à accompagner tout ce qui s'est fait autour de Merleau-Ponty et il est l'un des rares à posséder une connaissance pour ainsi dire exhaustive de la situation. Comme il le souligne dès le début, deux attitudes doivent être écartées : l'attitude mimétique, que l'écriture de Merleau-Ponty tend en effet à susciter, attitude qui n'éclaire rien, faute de la distance nécessaire ; l'attitude décontextualisante, très présente dans le monde anglophone, qui s'empare de tel ou tel concept en ignorant le cadre théorique au sein duquel il prend sens. Emmanuel Alloa échappe à ces deux écueils et trouve assurément la bonne distance entre l'excès de fidélité au texte et l'arbitraire, ce qui lui permet notamment de formuler de précieuses critiques. Toujours attentif à la lettre de textes qu'il choisit savamment, il ne manque néanmoins jamais de les mettre en perspective, à la fois en faisant les mises au point historiques ou philologiques qui s'imposent et en restituant les débats contemporains au sein desquels ils prennent place. Ceci est d'autant plus nécessaire que le risque aujourd'hui est de se couler paresseusement dans une image acquise de la pensée de Merleau-Ponty et de son développement au lieu d'essayer de le lire comme si c'était la première fois pour lui restituer son étrangeté. Après avoir été trop peu connu, Merleau-Ponty est désormais trop connu. Dès lors, comme l'écrit l'auteur, « [r]elire Merleau-Ponty exige que l'on redonne une forme d'étrangeté et de résistance à la lettre de son texte qui, trop souvent, après tant de lectures précédentes passées par là, avait fini par devenir trop lisse, trop évident. Afin de circonscrire les surfaces de friction à partir desquelles des idées nouvelles peuvent s'illuminer, ce livre se propose de cartographier, de raccord en raccord, le relief d'une œuvre plus accidentée qu'il n'y paraît » (p. 51). La prise en considération du relief propre à cette œuvre, en effet marquée par des tensions, des tournants et une forme d'inachèvement qui n'est pas seulement contingent, n'exclut pas d'y reconnaître une unité, mais – telle n'est pas la moindre originalité de la lecture d'Emmanuel Alloa – celle-ci ne réside pas tant dans les thèmes ou les thèses abordés que dans sa *méthode*, méthode vers l'explicitation de laquelle tend finalement tout le livre.

Néanmoins, comme dans la première édition, sa lecture de Merleau-Ponty est orientée par une hypothèse interprétative permettant de ressaisir la « basse continue » de sa pensée, par-delà les différentes périodes : celle-ci peut être caractérisée comme une *critique de toute idéologie de la transparence*, qu'il s'agisse de la croyance à la transparence à soi ou à la transparence aux autres. La radicalité qu'Emmanuel Alloa aperçoit ici est telle que la transparence est rabattue sur le simple plan de l'idéologie et de la croyance. Mais, en vérité, par idéologie il faut plutôt entendre ici un préjugé philosophique profondément enraciné puisque c'est seulement vers la fin de sa vie que Merleau-Ponty parviendra à mettre au jour, à la faveur de sa critique de l'intuitionnisme, le présupposé qui était sous-jacent à la phénoménologie de la perception et donc à la dualité conscience-objet, à savoir celui de la transparence principielle de l'être à l'être-connu (*Bewusstsein*), ce que Husserl nommait le principe de l'absence de limites de la raison objective, qui débouche sur le *telos* de l'adéquation. Cette critique de la transparence, qui traverse selon lui l'œuvre de Merleau-Ponty, Emmanuel Alloa la reprend finalement à son compte puisqu'il lui arrive de mettre au jour ce présupposé chez Merleau-Ponty lui-même, notamment dans ses réflexions sur le langage. Mais l'originalité de l'ouvrage ne réside pas seulement dans sa ligne interprétative ; il propose une nouvelle périodisation du développement de la pensée de Merleau-Ponty qui rompt avec le schéma ternaire sur lequel à peu près tout le monde s'entendait. À ses yeux, au « tournant langagier », qui suit la *Phénoménologie de la perception*, doit être ajouté un « tournant dialectique », qui rend possible le « tournant ontologique », celui qui est finalement le mieux connu. En outre, le choix du terme de tournant n'est pas anodin : Emmanuel Alloa s'inscrit en faux vis-à-vis d'une certaine image du développement de la pensée de Merleau-Ponty, qui tendait à mettre en avant une relative continuité, jusqu'au passage à l'ontologie, où il fallait voir cette fois une rupture. Il souligne d'abord que, contrairement à ce qui est affirmé le plus souvent, les textes qui s'étendent de 1945 à 1952, loin de prolonger les acquis de la *Phénoménologie de la perception*, procèdent à de profondes remises en question. En effet, selon Emmanuel Alloa, même s'il n'y a pas d'expression sans incarnation, le phénomène de l'expression ne peut être dérivé du moi expressif incarné, de sorte que la prise en compte du langage et de la linguistique conduit à une forme de désubjectivation du sujet. La troisième phase de la pensée de Merleau-Ponty, qui débute avec sa nomination au Collège de France, radicalise ce mouvement à la faveur d'une réflexion sur l'histoire, la littérature et la psychanalyse, en mettant au premier plan le concept d'institution, bien entendu en lieu et place de la constitution husserlienne. Cette périodisation plus fine n'est pas sans conséquences sur son interprétation de l'ontologie. En effet, si Emmanuel Alloa comprend la réflexion sur le langage comme un tournant, à l'inverse, il tend à minimiser la radicalité du tournant ontologique, largement préparé dans la phase antérieure. Ainsi, note-t-il, « on peut repérer dès le début des années 1950 les prémices d'une ouverture à la question ontologique, et plutôt qu'un tournant que l'on pourrait circonscrire à une date précise, il serait plus juste d'y voir une réorientation graduelle, une inflexion progressive mais constante, à la manière d'un crescendo dont on n'avait pas tout de suite remarqué le bruissement initial » (p. 232). À quoi il faut ajouter que l'on ne trouve pas trace d'une ontologie positive chez le dernier Merleau-Ponty, qui ne conçoit d'ontologie qu'indirecte. De là quatre étapes, correspondant à ces quatre périodes, chacune organisée autour d'un concept majeur impliquant un mode de critique de la transparence : milieu, diacritique, institution, chair. Cette nouvelle périodisation, motivée notamment par la prise en compte de cours encore inédits en 2008 et commandée par un choix interprétatif fort, est parfaitement convaincante.

Il n'est évidemment pas question de revenir sur toutes les étapes de ce livre très riche mais je voudrais mentionner quelques points qui m'ont particulièrement intéressé et sont autant de manières d'en mettre en évidence l'originalité. Le chapitre II, consacré à la perception, propose une analyse rigoureuse et historiquement informée du concept de milieu, décisif pour comprendre le rejet merleau-pontien du mécanisme et du gestaltisme, positions « transparentistes » auxquelles fait défaut la prise en compte du champ perceptif comme élément constitutif de la perception. Le chapitre se conclut sur une discussion très éclairante concernant le statut de la transcendance et du transcendantal, nourrie d'une confrontation avec Sartre, Husserl et Fink. Comme le résume Emmanuel Alloa, Merleau-Ponty veut à la fois « sauver la dimension pour ainsi dire constructive de la philosophie transcendantale – l'identité des choses qui se donnent dans l'expérience se constitue dans cette expérience même –; et refuser d'autre part la dimension subjective de sa synthèse » (p. 117).

Le chapitre III sur le langage est particulièrement riche et novateur. Le problème auquel Merleau-Ponty se confronte est posé d'emblée : s'il est vrai que l'intellectualisme manque le phénomène du langage en le rabattant sur l'ordre idéel, à l'inverse, la démarche consistant à décrire l'acte expressif comme geste, dans le sillage de la *Phénoménologie de la perception*, est voué à manquer l'idéalité propre au langage. Emmanuel Alloa montre bien que l'approche « émotiviste », motivée par la critique de l'intellectualisme, qui aborde le langage « par le bas » en tentant de le dériver de la motricité, est vouée à l'échec. Le langage n'est pas plus transparent au corps qu'il ne l'est à l'idée. Telle est la raison pour laquelle, selon l'auteur, la question du langage en vient à occuper la première place et appelle un remaniement en profondeur des acquis de la *Phénoménologie de la perception*. Comme l'écrit Merleau-Ponty lui-même, « le problème de la philosophie serait alors de parvenir à décrire l'émergence du sens sans le réduire à la transparence du signifié et sans le limiter aux signes dans et par lesquels il apparaît, sans le matérialiser ni le spiritualiser » (PPE 84). C'est à la résolution de ce problème que s'attachent la lecture de Saussure et l'approfondissement de la dimension diacritique du signe : en mettant en avant le primat de la différence sur les termes, il devient possible de concilier l'autonomie du langage et sa continuité avec la perception. En outre, la confrontation avec la linguistique conduit Merleau-Ponty à ressaisir le langage comme une institution, soumise à des lois synchroniques mais aussi à des processus diachroniques, en quoi le problème de l'expression débouche sur celui de l'histoire.

C'est pourquoi le concept d'institution se trouve au centre du chapitre IV. Permettant de « désindividualiser » et de « détranscendantaliser » la conception classique de la perception, l'institution peut être conçue comme une sorte de « dilatation de la perception, d'épaississement au-delà du sujet individuel » (p. 187). Dans ce chapitre très riche, la question d'autrui occupe une place de choix pour autant que la condition de mon accès à lui est précisément une sorte d'élargissement ou de dilatation de la conscience au-delà d'elle-même. L'auteur montre comment Merleau-Ponty écarte à la fois la position de Husserl et celle de Sartre : autrui n'est ni constitué, ni rencontré, il n'est ni un ego ni un objet, mais un autre au sein du moi, ce qui est possible dès lors que, comme institution, le moi est autre à lui-même. Comme le résume bien l'auteur, « [s]i autrui m'apparaît comme ce qui ne coïncide ni avec l'ordre de la première ni avec celui de la troisième personne, s'il est donc le marqueur d'une non-coïncidence foncière, c'est parce qu'il fait écho à un écart originaire qui m'habite à mon tour. L'altérité de l'autre ne fait que redoubler une altérité que je porte déjà en moi » (p. 198). Le chapitre s'achève sur une analyse très éclairante du statut de la politique, que l'auteur comprend comme préfigurant le courant nommé « post-fondationnel ». Ainsi, conclut Emmanuel Alloa, « [s]i Merleau-Ponty avait écrit une philosophie politique, elle aurait donc certainement mis l'accent sur ce que Lefort appelle la "force instituante", et sur la persistance des moments inauguraux au sein des systèmes cristallisés, mais aussi sur leur impureté et sur l'ambiguïté de tout agir politique qui doit toujours composer avec une arène qui est celle de la division » (p. 220).

Si, comme on l'a indiqué, tout converge vers le « tournant » ontologique, vers une ontologie qui est toujours déjà là mais jamais pleinement réalisée, c'est assurément, selon l'auteur, les recherches sur l'institution de la vie et, plus généralement, sur la nature, qui permettent le passage à une réflexion explicitement ontologique. Merleau-Ponty l'affirme clairement dans le cours éponyme : « l'étude de la Nature est ici une introduction à la définition de l'être » (N 370). Cependant, l'auteur montre que cette dernière phase de la pensée de Merleau-Ponty a une autre source, tout aussi décisive, même si elle a peut-être été moins travaillée, à savoir la réflexion sur les arts visuels et la littérature, ce qui le conduit à parler d'une « stylistique du monde ». L'apport peut-être le plus décisif de ce chapitre est la longue mise au point qu'il propose sur le concept de chair. Selon Emmanuel Alloa, la chair dont il s'agit dans cette « ontologie de la chair » ne doit en aucun cas être comprise comme une traduction du *Leib* allemand, contrairement à ce qu'affirment la majorité des commentateurs. Loin que la chair du monde doive être comprise comme une sorte d'extension de la mienne, autrement dit de mon corps, c'est au contraire celui-ci qui doit être abordé à partir d'une chair du monde qui, par conséquent, ne lui doit rien. Merleau-Ponty le dit clairement dans un texte des *Notes de cours* auquel on n'a pas suffisamment prêté attention : « La “chair du monde” n'est pas une métaphore de notre corps au monde. On pourrait dire inversement : c'est aussi bien notre corps qui est fait de la même étoffe sensible que le monde » (NC 211). Et en effet, même si certaines formulations sont égarantes, Merleau-Ponty propose un autre terme pour cette chair du monde qui n'est pas une chair : celui de *sensible*, au double sens de ce qui peut sentir et de ce qui est senti, par-delà donc l'alternative de l'activité et de la passivité. C'est dans cette perspective qu'Emmanuel Alloa reprend la thématique du touchant-touché et du chiasme, en mettant en évidence au passage le contre-sens commis par Derrida. Emmanuel Alloa parvient donc à dessiner les contours de cette ontologie du sensible, dont il dit avec bonheur qu'elle est « à la fois une ontologie de la corrélation et une ontologie du déphasage » (p. 240).

Le dernier chapitre du livre, qui tient lieu de conclusion mais dans lequel l'auteur développe aussi sa ligne interprétative propre, est particulièrement remarquable. Tout d'abord, et ce résultat n'est pas des moindres, Emmanuel Alloa montre que Merleau-Ponty opère un double déplacement par rapport à la tradition philosophique. D'une part, à l'extériorité ou la transcendance de l'objet perçu est substituée sa *distance*, pour autant que celle-ci est toujours relative à un point de référence, à un sujet et, en cela, est l'envers d'une proximité. Avec le concept de distance, c'est l'alternative même entre un idéalisme et un réalisme naïfs qui se trouve surmontée. En effet, dire d'une chose qu'elle est à distance, c'est dire qu'elle n'est pas moi mais devant moi, à l'extérieur de moi, qu'elle est donc réelle, mais aussi qu'une telle réalité n'a de sens que relativement à moi. Tel est le sens exact du réalisme phénoménologique et c'est pourquoi Emmanuel Alloa peut affirmer que l'objet sensible n'est pas absolument transcendant, comme le voudrait le réalisme naïf. Merleau-Ponty résume cela dans une note inédite particulièrement importante : « Être à distance du perçu – ce n'est pas un transcendant, puisque par principe il ne peut être question de le poser hors de sa distance, *en soi* ou *pour soi* » (p. 302). Le propre du perçu est qu'il est distance, non pas au sens où il serait situé à une distance déterminée du point où nous sommes, mais dans la mesure où la distance fait partie de son être, constitue son mode propre d'exister : c'est pourquoi il n'est à proprement parler ni dans la conscience ni étranger à celle-ci. D'autre part, cette intégration de la distance comme dimension constitutive du perçu ne doit pas être comprise dans une perspective critique : « l'être à distance ne se résume pas à une nouvelle figure du *transcendantal*, à la condition formelle de possibilité de tout apparaître » (p. 302). L'espace n'est pas une forme pure mais le milieu même ou le tissu commun des choses. En second lieu, l'auteur souligne bien le fait que Merleau-Ponty occupe une place singulière au sein du champ phénoménologique, qui le situe à mi-chemin entre deux voies : celle consistant à référer le sens à une subjectivité transcendantale et celle qui le rabat sur une entité située « derrière » les phénomènes, Être, Monde ou Nature. Cependant, les développements de la fin sur la chair du monde, qui ne doit pas être comprise comme une métaphore de notre corps au monde, conduisent à affirmer que la dernière philosophie de Merleau-Ponty tend vers une cosmologie, même si celle-ci ne donne pas lieu à une exposition positive.

Emmanuel Alloa croit pouvoir discerner chez le dernier Merleau-Ponty l'esquisse de ce qu'il nomme une « ontologie des éléments », ontologie qui est tiraillée entre une cosmologie phénoménologique, comme celle que proposera, par exemple, Jan Patočka, et une phénoménologie des champs, dont l'auteur montre qu'elle ne parvient pas à se libérer du modèle eidétique. C'est cette phénoménologie originale que l'auteur veut reprendre à son compte et prolonger dans la dernière partie de l'ouvrage sous le titre de « diaphénoménologie ». Il s'appuie pour cela sur le passage bien connu de *L'œil et l'esprit* à propos de l'eau de la piscine, qui est en effet un hapax : « Quand je vois à travers l'épaisseur de l'eau le carrelage au fond de la piscine, je ne le vois pas malgré l'eau, les reflets, je le vois justement à travers eux, par eux… » (OE 70-71). Ici, l'élément n'est pas ce qui fait obstacle, s'interpose ou déforme la vision mais bien ce qui la rend possible. Emmanuel Alloa effectue alors un rapprochement avec la psychologie aristotélicienne – que Merleau-Ponty ne mentionne jamais – pour laquelle tout *phainestai* requiert un milieu dans lequel il apparaît. Ainsi, souligne-t-il, « [p]our Aristote, il n'y a de sensation que là où entre organe sentant et objet senti s'étend un espace perceptif qu'il qualifie également de *metaxu*, de medium ou d'intermédiaire. Rompant avec ses prédécesseurs, Aristote ouvre la voie à une thématisation de ce que l'on pourrait ainsi appeler le *milieu* phénoménal, l'espace où s'effectue la genèse des phénomènes à travers la relation du corps sentant, des corps agents et des qualités senties » (p. 323). Il n'y a donc pas d'apparaître pur, de présence perceptive sans intermédiaire : le milieu de la vision est en même temps la condition de la visibilité. L'objet ne paraît qu'à la condition qu'un medium s'interpose entre lui et nous : le milieu est cet élément qui est ouverture, cette distance qui est condition de la proximité. En quoi il faudrait affirmer, à la suite d'Aristote, que l'apparition perceptive est toujours une *transparution*. C'est en ce point que la critique de la transparence, que Emmanuel Alloa a identifiée comme le *leitmotiv* de la philosophie de Merleau-Ponty, trouve son point d'aboutissement et sa raison d'être.

Cette analyse débouche sur une hypothèse générale de lecture et, finalement, une méthode. La philosophie de Merleau-Ponty serait une philosophie « des milieux et des medias de l'apparaître » plutôt qu'elle ne s'organiserait autour de concepts, et c'est sans doute pourquoi Mikel Dufrenne évoquait à son propos un philosopher sans philosophèmes. Si Merleau-Ponty, écrit Emmanuel Alloa, a été estampillé un peu vite comme le philosophe du corps, « on gagnerait à le redécouvrir comme penseur de l'opératoire, autrement dit de toutes ces dimensions du sens qui, tout en demeurant inaperçues, contribuent pourtant de manière cruciale à le façonner » (p. 324). Et en effet, souligne Merleau-Ponty, le retour à la chose même n'est pas le contraire de la médiation, au point que toute chose n'est qu'une « médiation de fini et d'infini » (Note inédite, citée p. 148). En d'autres termes, le propre de la philosophie de Merleau-Ponty serait de se tourner vers l'opératoire plutôt que le thématique (pour reprendre la distinction finkéenne), de rendre thématique ce qui était voué à demeurer opératoire et donc inaperçu. Plus précisément, les concepts opératoires dont parle Fink ne sont justement pas de simples concepts nécessaires à la description thématique de la réalité : ils renverraient eux-mêmes à une dimension plus originaire du réel. Il y aurait, chez Merleau-Ponty, « l'amorce d'une pensée qui insiste [...] sur la dimension intrinsèquement opératoire de ce qui est » (p. 313).

L'ouvrage d'Emmanuel Alloa délivre un état des lieux actuel de la recherche sur Merleau-Ponty qui est probablement sans équivalent. Abordant toutes les étapes de son parcours et ne négligeant aucun des thèmes de sa pensée, il constitue une précieuse synthèse, indispensable à quiconque travaille sur cette philosophie, quel que soit son degré de proximité à l'auteur. Mais l'exhaustivité n'est pas au détriment de l'originalité : cette lecture est orientée par une ligne interprétative aussi puissante que discrète, qui appelle un prolongement sous la forme de cette « diaphénoménologie » dont on ne peut que souhaiter la mise en œuvre. Pour toutes ces raisons, l'ouvrage d'Emmanuel Alloa se recommande comme un travail de référence.

AVANT-PROPOS À LA NOUVELLE ÉDITION

À quoi mesure-t-on l'actualité d'une pensée ? On le sait : le sens qu'un auteur a pu consigner dans son œuvre n'a de valeur qu'à condition que d'autres s'en saisissent, et lui confèrent alors, par le sens qu'ils peuvent y trouver, son actualité première. Étrange paradoxe voulant que le propre d'une œuvre se joue dans son expropriation et dans sa réappropriation par d'autres, et que l'œuvre ne prenne vie qu'à travers les commentaires et les échos qu'elle provoque. Toute œuvre, toute idée, toute parole n'ont alors de sens que là où elles sont *en train de se faire*, ce qui ne veut justement pas dire qu'elles ne se font qu'une seule fois, mais qu'elles sont indéfiniment à rejouer, et que le commencement n'est autre qu'un re-commencement, à l'instar du fil du couturier qui reprendrait de son fuseau la trame abandonnée par quelqu'un d'autre. À cet exercice périlleux de la reprise, certaines œuvres semblent pourtant se prêter mieux que d'autres, quand elles n'y obligent pas carrément leurs lecteurs. En mai 1961, à la suite d'un arrêt cardiaque, Maurice Merleau-Ponty disparaît à l'âge de cinquante-trois ans, laissant inachevé le grand ouvrage auquel il était en train de travailler. Depuis, ses textes publiés et surtout la masse des 4000 feuillets d'inédits n'ont cessé d'éveiller la curiosité des lecteurs et des commentateurs, suscitant chez nombre d'entre eux le désir de comprendre par quelles voies se serait prolongé un geste spéculatif demeuré en suspens.

Parue initialement en 2008, l'étude que voici, et que les éditions Vrin rééditent aujourd'hui, était mue par un même désir de comprendre les sinuosités d'une pensée et de prolonger les lignes de fuite qu'esquissent ses ébauches inachevées, afin de dégager toute son actualité. Cette étude eut une fortune inattendue – elle fit l'objet d'un second tirage et surtout de plusieurs traductions en langues étrangères –, ce qui pouvait être flatteur, mais ce qui suscita aussi en moi, et à mesure que les années passaient, une gêne croissante, tant j'en percevais toutes les imperfections et surtout le décalage de plus en plus grand avec l'état de la recherche. La première publication de *La résistance du sensible* s'inscrivait, il faut le reconnaître, dans une conjoncture générale, celle d'une nouvelle phase dans les études merleau-pontiennes qui tenait compte de sources jusque-là inaccessibles ou peu mobilisées, et qui permettaient de brosser un tableau à la fois plus complet et nuancé de cette pensée. Ces dernières années, la publication des cours au Collège de France et d'autres conférences posthumes, mais aussi le travail intensif sur les matériaux inédits déposés dans les archives de la Bibliothèque nationale, n'ont fait que renforcer cette tendance. Lorsque les éditions Vrin ont donc suggéré d'accueillir une réédition au sein de leur programme, je me suis retrouvé face à cette contradiction initiale : comment dégager l'actualité d'une pensée, si le geste d'actualisation est à son tour irrémédiablement *daté* ? Excluant d'emblée l'idée d'une réédition à l'identique, l'hypothèse d'une réécriture complète du livre, que j'avais brièvement caressée, s'est révélée illusoire. Ne restait donc que l'option de raccommoder l'ensemble, en espérant que dans cet effort de mise à jour, le fil conducteur guidant la première version demeure perceptible.

Dans l'avant-propos de 2008, j'écrivais que l'on ne saurait reprocher à une pensée brutalement interrompue de ne pas être conclusive. Encore fallait-il comprendre comment faire les comptes avec cette inconclusion. À cet égard, le pari de *La résistance du sensible* était double. D'une part, de montrer tout l'intérêt d'une œuvre placée de part en part, à la fois par choix philosophique et par circonstance, sous le signe de l'inachèvement, et d'indiquer en quoi cet inachèvement conditionne son actualité si souvent invoquée. En ce sens, et au-delà de sa singularité, l'œuvre de Merleau-Ponty manifeste le paradoxe habitant toute œuvre, qui ne prouve son originalité que dans la reprise dont elle fait l'objet et dont la cohérence organique n'apparaît qu'à travers les prolongements qu'elle suscite. D'autre part, il s'agissait de reconstituer la cohérence interne qui anime cette pensée *opératoire* de part en part, qui – comme le soulignait si bien Mikel Dufrenne – se passe du subterfuge habituel du penseur : le philosophème. Le double pari consistait donc à exhiber tantôt l'extrême ouverture de la pensée merleau-pontienne à son dehors (la curiosité pour les sciences, l'intérêt pour les cultures dites primitives ou sauvages, l'attention pour la littérature et les arts, la sensibilité historique et politique notamment) et tantôt la persistance de certains motifs récurrents et jamais démentis. Présente dès le début, et reprise de façon toujours renouvelée, il y a la question du mythe de la transparence, dans ses différentes figurations – la transparence des objets, la transparence du savoir, la transparence d'autrui – dans lesquelles se cristallisent les obsessions d'une pensée identitaire, allergique à la différence, à l'épreuve de ce qui ne coïncide jamais pleinement.

Ce motif de la *critique de la transparence*, que j'avais repéré chez Merleau-Ponty et qui m'a depuis guidé dans d'autres travaux critiques sur d'autres champs, me paraît aujourd'hui plus pertinent que jamais. Sur d'autres points, le regard rétrospectif imposa de revoir certains choix. J'avais notamment suivi, pour rythmer l'évolution interne de la pensée de Merleau-Ponty, le schéma triparti employé par la plupart des commentateurs à l'époque, avec une première phase jusqu'en 1945, une phase intermédiaire jusqu'en 1953, et une dernière phase, celle du « tournant ontologique » s'échelonnant jusqu'en 1961. Cette tripartition rythmait également les trois grandes sections du livre. Entre-temps, et avec la découverte de nombreux manuscrits supplémentaires rédigés entre la fin des années 1940 et le début des années 1950, un autre découpage s'imposait, plus précis et surtout plus respectueux du développement de la réflexion merleau-pontienne. À l'instar d'un certain nombre d'interprètes, je pars désormais du principe qu'il faut distinguer quatre grandes phases, dont la scansion s'organise autour de ce que je propose d'appeler trois grands tournants : après une première phase, classique, qui est placée tout entière sous le signe de la question de la perception (chapitre II), on peut repérer un *tournant langagier*, où la question de l'expression symbolique s'autonomise par rapport à son explication purement corporelle (chapitre III). Entre ce *tournant langagier* et le *tournant ontologique* qui survient vers la moitié des années 1950 (et selon des modalités précisées dans le chapitre v, faisant de cette nouvelle ontologie une ontologie radicalement perspectiviste), se produit ce que l'on peut qualifier de *tournant dialectique* et qui amène Merleau-Ponty à aborder les enjeux liés à l'historicité, à l'intersubjectivité, à l'art et à la politique et jusqu'à la Nature sous un angle nouveau (chapitre IV). Ce quatrième chapitre, qui s'imposait à l'aune des avancées récentes de la recherche, permet de vérifier, s'il le fallait, que Merleau-Ponty a définitivement quitté l'ornière du spiritualisme français, lorsqu'il amorce, et cette fois définitivement, le passage d'une philosophie de l'intuition à une philosophie de l'institution. Du reste, on y découvre des idées dont on saisit aujourd'hui toute l'actualité, lorsque Merleau-Ponty évoque l'« inter-animalité », les institutions du vivant, ou encore la vie elle-même au prisme d'une « puissance d'inventer du visible », excès phénoménal vis-à-vis de sa simple fonction biologique. Dans d'autres chapitres, certaines sections qui me paraissaient plus dispensables ou inutilement philologiques ont été supprimées pour faire place à de nouveaux développements.

Il y a fort à parier que dans les années à venir, il faudra procéder à de nouvelles mises à jour, puisque le legs de Merleau-Ponty reste sous bénéfice d'inventaire. En attendant, on tient ici le résultat d'une tentative, forcément lacunaire, d'actualiser ou mieux : de nous *rendre présent* Merleau-Ponty et de mettre au jour les possibilités de reprise auxquelles son œuvre nous invite.

CHAPITRE PREMIER

DE TOUTE ÉVIDENCE

ÉVIDENT, TROP ÉVIDENT

Tout au long de son œuvre, Maurice Merleau-Ponty n'a cessé de revenir à une seule et même situation fondamentale : que se passe-t-il lorsque nous percevons ? Comme il le remarque dans ses *Causeries* radiophoniques de 1948, le monde de la perception, autrement dit, tout ce monde que nous révèlent nos sens, reste « dans une large mesure ignoré de nous » (C 11). L'affirmation a de quoi surprendre, car on pourrait considérer, au contraire, que ce monde des choses sensibles est justement quelque chose que nous connaissons particulièrement bien, étant rompus à leur contact, liés à elles par le pacte d'un commerce incessant. Mais Merleau-Ponty insiste : le monde perçu est un monde ignoré, et rares sont ceux qui lui accordent l'importance que nous serions bien avisés de lui reconnaître. Or, si le monde de la perception est resté en grande partie inexploré, il y aurait à cela deux raisons distinctes. La première est d'ordre *historique* : dans sa traditionnelle méfiance à l'égard de tout ce qui provient des sens, la philosophie a souvent cru bon reléguer l'expérience sensible aux périphéries incertaines de l'esprit. Quand bien même les philosophes ont feint de s'intéresser aux choses sensibles – à un morceau de cire par exemple, si l'on songe à Descartes –, ils y trouvèrent généralement de bonnes raisons pour leur préférer ensuite la rigueur de l'intellection. Si l'on ajoute à cela une faveur traditionnellement accordée aux approches conceptuelles, abstraites et universalisantes – au détriment des formes de connaissance situées, pratiques et incarnées –, il n'est pas surprenant que l'acte perceptif n'ait pas eu tous les égards de la discipline. Mais il y a une deuxième raison à cette ignorance active, dont l'hypothèque pèse plus lourd encore que le déséquilibre traditionnel à l'intérieur de l'ordre des savoirs. Que le monde soit avant tout un monde de la perception (et *par* la perception), voilà un fait qui échappe aux pensées rationalistes, et qui n'est pourtant pas acquis même chez tous ceux qui troquent une attitude idéaliste pour un abord plus pratique.

Le monde de la perception restera « dans une large mesure ignoré de nous », poursuit Merleau-Ponty, « tant que nous demeurons dans l'attitude pratique ou utilitaire » (C 11). Ce qui est en jeu cette fois, c'est la deuxième raison, d'ordre *naturaliste* cette fois, qui conduit à un oubli de la situation perceptive. Le fait d'être engagé dans le monde perçu avec une visée pratique déjà bien arrêtée constitue parfois le motif le plus inattendu mais non moins puissant de le rater. La finalité utilitaire fait disparaître la dimension sensible des choses, ce qui veut dire que *cette* couleur, *cette* rugosité, *ce* goût ont cessé depuis longtemps d'arrêter notre regard. La part de la perception dans notre rapport quotidien au monde ne nous apparaît plus. Certes, peu de gens mettraient sérieusement en doute qu'un grand nombre de nos gestes, de nos appréciations ou de nos jugements impliquent, d'une manière ou d'une autre, l'intervention de nos sens perceptifs. La plupart conviendraient que pour accomplir une tâche, réaliser un objectif ou résoudre un problème pratique, nos facultés sensorielles et notre corps entrent en jeu, d'une façon ou d'une autre. Mais en disant cela, on frise la trivialité. Dire que notre perception est engagée dans la résolution des problèmes pratiques est une trivialité, car le dire est rarement d'un grand service quand il s'agit de résoudre le problème en question, et la trivialité d'une telle affirmation apparaît plus clairement encore à l'esprit philosophique.

Le doute est donc de mise. Qu'est-ce que cela signifie de poser pareille question, si triviale en apparence, sur ce que c'est que de percevoir quelque chose ? Qu'est-ce que cela implique de faire de la situation perceptive – du fait de percevoir une pomme, un arbre, un oiseau – le point de départ de toute interrogation ultérieure ? Au minimum, on pourrait donner cette réponse : en choisissant ce point de départ, on signale qu'il s'agit de quelque chose qui ne va pas de soi. Toutes les philosophies (y compris les plus systématiques ou déductives) ont à affronter ce défaut congénital : il faut bien commencer quelque part et il n'y a que rétrospectivement que l'on pourra tenter au mieux de justifier la décision contingente de leur point de départ. Pour Merleau-Ponty, le point de départ aura donc été la situation perceptive, et tout au long de ses écrits, il reviendra à cette situation initiale. Mais si, d'une certaine manière, ce point de départ n'est pas moins contingent que tout autre (après tout, pourquoi ne pas commencer par Dieu, l'Absolu ou par l'idée mathématique ?), il se distingue des autres démarrages philosophiques dans la mesure où il part d'une situation ouvertement triviale

– une situation où quelque chose est perçu –, situation à tel point triviale qu'il pourrait même sembler à certains qu'elle manque de la dignité suffisante pour toute amorce d'une pensée philosophique. Pourtant, là où ce nouveau départ diffère des autres, c'est qu'il ne prétend pas commencer à un niveau plus fondamental, pas plus qu'il ne se cherche un nouveau point d'Archimède qui permettrait de disposer d'un levier universel. Commencer par la situation perceptive, c'est commencer par quelque chose qui ne pourrait pas être moins solide. Par conséquent, faire de la situation perceptive son point de départ, c'est accepter de s'installer dans un paradoxe : dans une certaine mesure, il faut reconnaître que les bases sur lesquelles seront construites toutes les analyses ultérieures ne seront jamais fondatrices, car ce qui est considéré comme intrinsèquement trivial peut difficilement être qualifié de fondamental.

Or dans quelle mesure avons-nous affaire, non pas à une question physiologique, optique ou psychologique, mais bien à une question philosophique, lorsque nous demandons ce que signifie percevoir une pomme sur la table ? De la pomme que nous voyons, nous avons une « évidence perceptive », dit Merleau-Ponty. Il ne faut pas l'entendre au sens d'une preuve juridique ou encore d'un instrument de certitude. L'évidence fait plutôt référence au fait que nous tenons pour acquis que c'est bien une pomme que nous voyons et que dans le cas où nous serions plusieurs à apercevoir la pomme, par exemple parce que nous sommes assis autour de la même table, nous n'aurions habituellement aucune raison de partager avec les autres l'information selon laquelle il y a une pomme qui se trouve sur la table, puisque nous tiendrions pour acquis que nous avons en partage le même espace perceptif de référence. Bref, dans nos expériences quotidiennes, nous n'avons d'ordinaire aucune raison d'affirmer ce qui est évident.

Pourtant, c'est précisément ce qui semble le plus évident, et qui est donc le plus apparent, qui servira de point de départ – certes contingent – à la phénoménologie de la perception de Merleau-Ponty. La perception n'a pas à être considérée comme une couche plus fondamentale ni comme un problème régional d'un projet plus vaste appelé phénoménologie (de manière analogue à des domaines comme la « philosophie des mathématiques » ou la « philosophie de la religion »). Partir de la situation perceptive comme étant la situation la plus évidente et la plus triviale à la fois, c'est de fait prolonger l'idée même que Husserl se faisait de la phénoménologie.

Edmund Husserl, le philosophe allemand considéré comme le fondateur de la phénoménologie, a dit un jour, et en ne plaisantant qu'à moitié, que la philosophie devrait finalement accepter de devenir la « science des banalités » (*Wissenschaft von den Trivialitäten*). Par cet appel, il invitait la philosophie à revenir à l'expérience banale et ordinaire des choses. Le philosophe, toujours enclin à n'admettre que la théorie pure, « devrait bien savoir aussi que ce sont précisément les problèmes les plus difficiles qui se dissimulent derrière "ce qui va de soi" [*selbstverständlich*], et cela est si vrai que, paradoxalement, mais non sans signification profonde, la philosophie pourrait être désignée comme étant la science des banalités [*Trivialitäten*]. En tout cas, dans ce domaine aussi, ce qui, à première vue, paraît si banal se révélera dans un examen plus attentif être une source de problèmes profonds et très ramifiés »[1]. Ce que Husserl décrit ici, ce sont les difficultés que rencontre tout effort pour venir clarifier l'évidence. Tout ce qui est trop évident ne mérite pas de mention particulière, tout ce qui est banal est trop routinier pour se distinguer.

Husserl appelle ceci l'« aller-de-soi » (*Selbstverständlichkeit*) du quotidien : le « problème radical – déclare-t-il dans les *Conférences de Prague* – c'est l'"aller-de-soi" [*Selbstverständlichkeit*] dans lequel se trouve tout monde et dans lequel se trouve ce monde-ci »[2]. Si bien que la phénoménologie, lit-on dans la *Krisis*, « vit d'avance dans le paradoxe de devoir considérer ce qui va de soi comme suspect, comme énigmatique, et de ne pouvoir cependant avoir d'autre thème scientifique que celui-ci[3] ». Merleau-Ponty rejoint le souci manifesté par Husserl, lorsqu'il souligne à plusieurs reprises la nécessité qu'il y a à « réapprendre à voir le monde » (PP XVI). Cette nécessité commence par la reconnaissance d'un fait qui s'apparente presque à un truisme, et qui consiste en ceci que réapprendre à voir le monde signifie reconnaître que le monde est ce que nous voyons.

« [L]e monde est ce que je perçois » – une fois de plus, on ne sait trop si l'on doit déceler, dans ce genre d'affirmation si typique pour Merleau-Ponty, le rappel d'un truisme ou alors une provocation philosophique :

1. E. Husserl, Hua [=Husserliana] vol. XIX/1, p. 350. E. Husserl, *Recherches logiques*, t. 2, *Recherches pour la phénoménologie et la théorie de la connaissance*, 2e partie : Recherches III, IV et V, trad. fr. H. Élie, A. L. Kelkel et R. Schérer, Paris, Puf, 1961 (trad. légèrement modifiée).

2. E. Husserl, Hua XXIX, p. 193-194 (nous traduisons).

3. E. Husserl, Hua VI, p. 184. E. Husserl, *La crise des sciences européennes et la phénoménologie transcendantale*, trad. fr. G. Granel, Paris, Gallimard, 1976.

« le monde est cela que je perçois, mais sa proximité absolue, dès qu'on l'examine et l'exprime, devient aussi, inexplicablement, distance irrémédiable » (VI 23). Dire que le monde est tout ce qui est perceptible, qu'il est la somme de tout ce qui peut – en tant que domaine du sensible – devenir potentiellement un objet de sensation, c'est faire du sensible quelque chose d'analytiquement détaché du sujet qui y est engagé. Or cela paraît contre-intuitif : « la chose perçue elle-même est paradoxale ; elle n'existe qu'en tant que quelqu'un peut l'apercevoir » (PrP 48). D'autre part, la perception ne saurait être entièrement réabsorbée dans l'enceinte du sujet percepteur ; percevoir, ce n'est pas une sorte d'activité privée, confinée à la juridiction d'un moi intérieur, dans la mesure où toute perception est une ouverture vers quelque chose qui la dépasse. En ce sens, il n'y a pas de perception privée, puisqu'elle suppose que le sujet percevant soit doué d'un corps, et qu'en raison de ce corps, le sujet fasse déjà partie du monde (potentiellement) perçu. La situation perceptive constitue donc déjà en elle-même une provocation à l'égard de certains découpages métaphysiques hérités, et annule l'idée même d'un être ou d'une chose qui serait pleinement « en soi » : « La perception est donc paradoxale [...] je ne peux même pas imaginer un instant un objet en soi » (PrP 49).

Ce que nous venons d'observer dans le passage susmentionné est une expérience dont les lecteurs de Merleau-Ponty sont familiers : lire Merleau-Ponty, c'est passer à tout moment d'une description de phénomènes aisément reconnaissables à des thèses conceptuelles audacieuses. Dans la même phrase, on sera passé d'une série d'analyses qui apparaissent comme évidentes à une affirmation philosophique forte, alors même que le lecteur aurait bien du mal à indiquer après-coup l'endroit où s'était produit au juste le changement de niveau. C'est peut-être dans de telles expériences de lecture que l'on saisit au mieux la façon dont Merleau-Ponty a fait sienne la définition de Husserl de la phénoménologie comme « science des trivialités ». À tout moment, le lecteur est pris dans ce mouvement qui consiste à revenir à des situations expérientielles concrètes, alors même que ce retour est constamment frustré dans les faits, puisque dans ce même mouvement, ce qui semblait familier perd de son évidence et se présente sous des airs insoupçonnés. Tout se passe comme si l'appel de Husserl à réévaluer ce qui est communément considéré comme évident contenait en fait déjà une charge contre-intuitive. Lorsqu'elle invitait à redonner tout son poids à ce que les Grecs appelaient la *doxa* (ce qui nous apparaît comme allant de soi), la phénoménologie husserlienne avait de fait amorcé un retournement de situation, puisque le retour à l'évidence est indissociable d'un retournement de la *doxa* en paradoxe.

ADVERSITÉ. LES ENTRAVES DU SENS

Afin de « voir le monde et le saisir comme paradoxe », soutient Merleau-Ponty dans l'avant-propos de la *Phénoménologie de la perception*, il faut « rompre notre familiarité avec lui » (PhP VIII). Cesser de traiter le monde comme si nous en étions familiers : la mise en pratique d'un tel précepte n'a rien d'une tâche facile, eu égard au caractère insaisissable du familier. Ce qui nous est familier n'est jamais face à nous sur le mode d'un objet que l'on rapprocherait ou que l'on éloignerait à sa guise; tout au plus nous sommes entourés par ce qui est familier, nous y baignons dedans. Il faut alors chercher des stratégies dans le sillage des pouvoirs anesthésiants de la routine; face aux implicites incontestés, il faut trouver des moyens de déchirer le voile aveuglant de la facilité. En un sens, l'entreprise merleau-pontienne coïncide bien sûr avec le projet philosophique dans son ensemble, et l'on peut se rappeler que les contemporains de Socrate comparaient son effet perturbateur à la décharge électrique d'un poisson-torpille[1]. Lorsque Merleau-Ponty évoque la nécessité de voir le monde comme si nous le voyions pour la première fois, en « distend[ant] les fils intentionnels qui nous relient au monde pour les faire paraître » (PhP VIII), il réitère le mouvement de suspension méthodologique de l'ordinaire caractéristique de tant de philosophies critiques. Sur son autre versant, la remise en question de l'évidence se distingue également d'un scepticisme traditionnel – cartésien tout d'abord.

Quand Merleau-Ponty affirme que notre insertion corporelle dans le monde présuppose toujours une « foi perceptive », il ne s'agit aucunement de condamner ainsi quelque croyance sans fondement, mais de comprendre la nature même de cette « foi ». Car, dans l'expérience quotidienne, le sujet incarné ne considère pas la pomme qu'il perçoit sur la table comme un ensemble de data sensoriels, une représentation mentale ou un simulacre, mais comme une pomme qui existe réellement sur la table à laquelle sa perception lui donne accès. Adopter la position du sceptique et suspendre l'évidence perceptive

1. Platon, *Ménon*, 80c.

au profit d'une vérité immunisée contre le doute signifierait une fois de plus rejeter la nature paradoxale de tous les phénomènes et diviser le monde en noumènes et phénomènes, essences et semblances. À ce niveau, on pourrait former l'hypothèse que l'attitude du sceptique à l'égard des apparences résulte d'une peur invétérée de la contingence, ce qui l'amène à réintroduire le dualisme dans la conceptualisation de l'expérience.

Dans sa réfutation du scepticisme, Merleau-Ponty n'est finalement pas si éloigné de Husserl, qui soulignait déjà pourquoi le retour aux apparences phénoménales devait être assimilé à une position réaliste : « Il ne peut donc y avoir de réalisme plus fort, si par ce mot on n'entend rien de plus que : "je suis certain d'être un homme, qui vit dans ce monde, etc.", et je n'ai pas là-dessus le moindre doute. Mais c'est justement le grand problème que de comprendre cette "évidence" »[1]. Faisant suite à son rejet en bloc de toute interrogation de type métaphysique, sa focalisation sur l'évidence – et sur ce qui fait que nous tenons pour évident ce qui va de soi – l'a amené à développer une méthode d'analyse appelée la « réduction » qui, dans ses diverses modalités et conséquences, a fait l'objet de nombreuses discussions ultérieures au sein de la phénoménologie. Merleau-Ponty ne fait pas exception : s'il célèbre le principe husserlien de la réduction comme une contribution majeure à la philosophie, cet éloge s'accompagne d'une remarque surprenante qui atteste – comme on le verra d'ici peu – à quel point l'approche merleau-pontienne se démarque de

1. Hua VI, p. 190-191. E. Husserl, *La crise des sciences européennes et la phénoménologie transcendantale*, *op. cit.*, p. 212-213.

Husserl. Voici la remarque, contenue dans l'avant-propos de la *Phénoménologie de la perception* : « La leçon la plus importante de la réduction est l'impossibilité d'une réduction complète » (PhP VIII).

La remarque a de quoi surprendre, *a fortiori* parce qu'elle intervient au milieu de ce qui ressemble à un éloge de Husserl. Afin de comprendre ce que peut signifier une telle affirmation, il est utile de rappeler qu'en phénoménologie, le terme « réduction » n'est pas synonyme de « simplification », mais qu'il faut l'entendre dans son sens littéral, à l'instar d'une méthode qui vise à « reconduire » ce qui est en jeu (du latin *re-ducere*, *reductio*) à son point de départ initial. Au sein de la phénoménologie, la question a divisé les commentateurs quant à savoir si Husserl souhaitait ramener la condition transcendantale des apparences soit à un moi transcendantal (le Cogito), soit au monde de la vie (certains ont même introduit un troisième scénario, celui de la « voie psychologique »). Certains éléments de ce débat seront développés plus loin. Pour l'heure, on se contentera de rappeler que dès la *Phénoménologie de la perception*, Merleau-Ponty prend ses distances vis-à-vis de tout fantasme de retour à un fondement ultime et positif, comme le Cogito transcendantal par exemple. « Pendant longtemps et jusque dans des textes récents, la réduction est présentée comme le retour à une conscience transcendantale devant laquelle le monde se déploie dans une transparence absolue, animé de part en part par une série d'aperceptions que le philosophe serait chargé de reconstituer à partir de leur résultat » (PhP V). Si la réduction se résumait à cela, semble suggérer l'avant-propos de la *Phénoménologie de la perception*, la phénoménologie serait en réalité animée par un positivisme qui ne dit pas son nom, et qui serait en tout cas peu fidèle au phénomène dont il s'agit de rendre compte. L'alternative entre des choses qu'on pourrait reconduire soit à une vérité intrinsèque, indépendante de toute manifestation, soit à une conscience qui les fait apparaître, ne tient pas la route et la figure du « chiasme », introduite à la fin des années 1950, aura finalement pour vocation de nommer cette non-positivité intrinsèque des choses, cette dynamique ou ce jeu entre les choses que Merleau-Ponty qualifie également, par moments, de « réversibilité ».

S'inspirant de l'attitude anti-sceptique de Husserl, qu'il ne fait qu'intensifier, la phénoménologie que propose Merleau-Ponty se range clairement du côté d'une position réaliste (à un stade précoce, Merleau-Ponty proposait de « définir à nouveau la philosophie transcendantale de manière à y intégrer jusqu'au phénomène du réel » ; SC 241), tout en se méfiant – et le choix d'ancrer l'analyse dans la situation perceptive initiale conforte cette méfiance – des dangers d'un « réalisme intellectualisé ». Si Husserl exige une suspension volontaire du jugement à l'égard de tout ce qui apparaît à une conscience (c'est la fameuse *épokhè* ou la « mise entre parenthèses » de toutes les hypothèses), Merleau-Ponty considère qu'une telle démarche n'est pas totalement prémunie contre le risque d'intellectualiser les phénomènes. Si l'*épokhè* méthodique et délibérée a toujours constitué la voie royale en phénoménologie, elle risque d'occulter le fait que ce genre de suspension peut parfois se produire de façon fortuite et inopinée, comme une sorte d'*épokhè* sauvage.

Lorsque Husserl affirme que tout ce qui va de soi (*das Selbstverständliche*) n'est pas suffisamment compris en soi (*verstanden als es selbst*), il limite son intervention au domaine de l'intellection (*Verstand*). Car c'était au fond pour contrecarrer les doutes épistémologiques mis en avant par le sceptique que l'auteur des *Méditations cartésiennes* avait soutenu que la question « que sais-je ? » ne doit pas être posée en un sens métaphysique, mais par rapport à une expérience spécifique située. Seulement, lorsque l'on reformule la question « que sais-je ? », pour demander cette fois : « que vois-je ? », force est de constater que la perspective s'est déjà déplacée : puisqu'à tout le moins, elle implique déjà un objet de la perception qu'il s'agira à présent d'identifier. En outre, la question est familière à tout sujet incarné qui serait contraint de vérifier que ce qu'il croit voir correspond bien à la réalité. À travers ses nombreuses descriptions de situations, Merleau-Ponty semble vouloir tout d'abord ramener le lecteur à des expériences communes aisément reconnaissables, avant d'atteindre le point où celles-ci changent soudain d'aspect, sans que rien ne nous y préparât. Tout comme Husserl, il privilégie le retour à la *doxa*, mais comme pour mieux faire ressortir le moment où la *doxa* se transforme de façon inattendue en quelque chose de paradoxal, comme si le retour à l'évidence produisait en quelque sorte un retournement de l'évidence, son passage à vide (son « évidance » ?). Sous la plume de Merleau-Ponty, le « que vois-je ? » oscille constamment entre sa version triviale et quotidienne et sa réinterprétation sur le mode de l'étonnement philosophique, si bien que l'on pourrait être tenté de penser que cette oscillation est délibérée.

Tout cela implique une reconfiguration de la notion même d'évidence, de tout ce qui va de soi ou encore – pour faire appel à une expression quelque peu désuète – de l'« obvie ». Est obvie tout ce qui est clair et immédiat, qui coule de source et ne fait pas problème. D'une manière générale, et en raison de son évidence même, ce qui est obvie ne nous saute que rarement à l'esprit. On le passe couramment sous silence, puisqu'il n'y a pas de raison particulière de s'y arrêter : les usages, les habitudes et les passages répétés ont limé ses aspérités et, comme nous le savons par expérience, nos manières de faire tendent souvent à se figer sous des normes que l'on peine à remettre en question. L'obvie n'est pas ce qui peut être compris sans autre forme de procès, mais plutôt ce dont il ne saurait y avoir de compréhension, qui fait défaut à notre réflexion : ce que nous tenons pour évident est à son tour devenu si naturel que son évidence échappe à tout questionnement. Pourtant, il convient de rappeler que le mot latin *obvius* dont dérive l'obvie signifie exactement le contraire d'un terrain lisse : *obvius* est dérivé de *ob viam*, c'est-à-dire ce qui fait obstacle ou ce qui se trouve en travers du chemin (on retrouve quelque chose de cela dans le verbe « obvier » qui indique le fait de dévier le cours des choses ou encore de dérouter un mouvement afin d'anticiper un obstacle potentiel). Pour ce qui est du mouvement de quelque chose qui s'avance tout droit vers nous, ou qui vient à notre rencontre, les Latins parleraient d'un *obviam ire*, c'est-à-dire d'une chose qui se dresse sur notre chemin et nous affecte. Au sens littéral, l'obvie n'a donc rien de cette chose lisse et mille fois reparcourue ; ce n'est pas tant ce qui passe inaperçu, mais plutôt ce qui saute aux yeux et interpelle la réflexion.

Partir de la situation perceptive – voire revendiquer contre toute attente un « primat de la perception », pour reprendre le titre de l'un des premiers textes de Merleau-Ponty – c'est faire place, au sein de la pensée, à ce qui nous fait face et entrave les élucubrations. Contrairement à la promesse de la vie contemplative, et donc d'une spéculation qui se prend elle-même pour objet – *noesis noeseôs* disait Aristote, la « pensée de la pensée », purifiée de tout autre élément –, il n'y a de perception que là où quelque chose résiste à sa saisie intégrale. Pour qu'une chose devienne perceptible, il faut qu'elle apparaisse sur fond d'un champ plus vaste qui se retire à l'arrière-plan (si tout était visible sur un pied d'égalité, on cesserait de voir quoi que ce soit de particulier), tandis que l'objet lui-même n'apparaît que parce qu'il s'avance sous un certain profil, impliquant tous les autres que la perception même rend imperceptibles. Le sujet perceptif peut faire le tour d'un objet sphérique – une pomme – aussi souvent qu'il le souhaite, jamais il n'en aura une vue complète ; contrairement au concept de sphère géométrique, dont la définition est complète et sans manques, le sensible résiste par défaut à la clôture.

Ce motif de la résistance intrinsèque du sensible, que Merleau-Ponty met en exergue en décrivant l'expérience de la perception et qu'il généralise ensuite, dans le cadre du « tournant ontologique » de ses derniers écrits, au monde expérientiel *lato sensu*, ce motif constituera la trame continue du présent ouvrage. Dire que le sensible possède une résistance qui lui est propre signifie qu'il représente bien plus qu'un substrat matériel de données sensorielles ; mais c'est également très différent que de le définir comme une chose étendue (*res extensa*) ; le sensible est irréductible à un ensemble de propriétés que l'on pourrait énumérer (comme l'inertie en physique) ou à un support ou à un corrélat d'intentions mentales. Il arrive à Merleau-Ponty d'évoquer cette résistance à la manière d'une « adversité » dont on ferait l'expérience, autrement dit comme ce qui, une fois de plus, frustre nos objectifs en se mettant de travers (*ad versus*, tourné vers, retourné). Mais au lieu de conceptualiser cette adversité sous la forme d'une contre-force historique (référence à une lecture marxiste de l'histoire dialectique) ou d'une entité antagoniste clairement définie (référence au malin génie de Descartes), l'adversité merleau-pontienne renvoie plutôt à la condition permanente de toute expérience sensible : « Quand nos initiatives s'enlisent dans la pâte du corps, dans celle du langage, ou dans celle de ce monde démesuré qui nous est donné à finir, ce n'est pas qu'un malin génie nous oppose ses volontés : il ne s'agit que d'une sorte d'inertie, d'une résistance passive, d'une défaillance du sens – d'une adversité anonyme » (SG 304).

L'interprétation que donne Merleau-Ponty du « retour aux choses elles-mêmes » se traduit donc littéralement par un devenir sensible de la pensée, par une prise en compte de l'inexorable facticité de ce qui est. Ce faisant, il infléchit une certaine tendance présente dans la phénoménologie husserlienne qui consistait à penser l'orientation expérientielle comme une sorte de transcendance ou de « dépassement ». Dans les manuscrits de travail de Merleau-Ponty, la notion d'« adversité » apparaît pour la première fois en 1947, en réaction directe à l'argument anti-phénoménologique avancé par Gaston Bachelard la même année dans *La terre et les rêveries de la volonté*. Dans cet ouvrage, Bachelard reproche à la phénoménologie d'être obsédée par l'« intentionnalité orientée » – il y inclut d'ailleurs la *Phénoménologie de la perception* de Merleau-Ponty de 1945 – et de ne pas prendre suffisamment en compte ce qu'il nomme le « coefficient d'adversité » des choses. À la place d'une « philosophie du vers », soutient Bachelard, il faudrait mettre une « philosophie du contre »[1].

En lecteur attentif de Bachelard, Merleau-Ponty semble avoir pris cette mise en garde très au sérieux, sans éluder la difficulté qui consiste à penser avec cela même qui résiste à la pensée. Car après tout, faire de la résistance un concept ou une qualité positive finirait par lui ôter son caractère résistant, pour la redimensionner et la réduire à un philosophème qui se fondrait parfaitement dans le moule du concept. Une résistance ne rencontrant aucune opposition dans sa conceptualisation intégrale ne serait que faiblement résistante, tandis que, à l'inverse, toute philosophie voulant rendre l'ensemble des choses sensibles des entités entièrement réfractaires au contact nierait à son tour la réalité de l'expérience sensible. Comment donc rendre compte de l'expérience du contact, c'est-à-dire à la fois de la connaissance de l'étoffe des choses et de leur retrait perpétuel, du rapprochement qui implique toujours que l'objet que l'on appréhende se retire déjà dans les profondeurs du champ perceptif à mesure que l'on s'avance vers lui ? Comment faire justice à cette « phénoménologie » dont le sens premier, le plus littéral peut-être, serait l'effort pour « rendre compte » (*logon didonai*) de la manière dont les phénomènes nous apparaissent ?

1. G. Bachelard, *La terre et les rêveries de la volonté : Essai sur l'imagination de la matière*, Paris, Corti, 1947.

C'est à ce problème, explique Merleau-Ponty au milieu des années 1950, « que se heurte toute théorie de la perception, et en retour l'explicitation de l'expérience perceptive doit nous faire faire connaissance avec un genre d'être à l'égard duquel le sujet n'est pas souverain, sans pourtant qu'il y soit inséré. » (IP 267). En 1957, il reformule, et définit désormais l'adversité d'une autre manière encore, comme la « résistance de l'irréfléchi à la réflexion »[1]. À la différence de Martin Heidegger, dont il lira de façon plus approfondie les écrits dans ces mêmes années, la pensée de Merleau-Ponty ne vise pas à découvrir une couche plus fondamentale et insuffisamment réfléchie de l'Être, mais à reconnaître qu'il n'y a pas d'être en dehors de l'être sensible. Un être qui se donne sur le mode sensible est alors un être qui d'emblée n'existe que selon des perspectives. S'il y a quelque chose qui résiste à la réflexion, ce n'est pas tant parce qu'il n'a pas encore été suffisamment pensé, mais en raison du point aveugle (*punctum cæcum*) qui accompagne inévitablement tous les engagements – tant perceptifs qu'intellectuels – avec le monde. Ou pour le dire dans les termes de la *Phénoménologie de la perception*, « l'ordinaire de la vie [...] est dissimulé sous ses propres acquisitions » (PP 291).

En vertu de l'incomplétude constitutive de toute perception, toute vision exige à tout moment sa ré-vision, et si l'on admet que le sens conceptuel s'enracine lui aussi au cœur du sensible, il en sera de même pour la pensée. Tout comme la rétine comporte un point aveugle

1. Intervention au Troisième Colloque philosophique de Royaumont « L'œuvre et la pensée de Husserl » (23 au 30 avril 1957), publié dans *Husserl. Cahiers de Royaumont*, Philosophie n° III, Paris, Minuit, 1959, p. 157-159, p. 158.

(*punctum caecum*) qui est à la fois un blanc dans la vision et sa condition préalable, toute exploration sensible est constamment accompagnée d'un point aveugle que toute thématisation d'aspects nouveaux peut déplacer, mais non abolir. De ce point de vue, la résistance constitue moins une propriété d'un objet (comme ce pourrait être le cas de la densité ou de la compacité) qu'un trait caractéristique de ce qui ne se laisse pas traduire entièrement en des termes positifs. La résistance est dès lors le symptôme d'une négativité inhérente au champ expérientiel, elle est ce qui creuse une distance dans la proximité et déploie un horizon de profondeur. Ou pour citer Merleau-Ponty : « C'est donc elle [la profondeur] qui fait que les choses ont une chair : c'est-à-dire opposent à mon inspection des obstacles, une résistance qui est précisément leur réalité, leur "ouverture", leur *totum simul* » (VI 268).

COMMENT LIRE MERLEAU-PONTY ?

Dans un texte tardif, Merleau-Ponty rappelle que pour Platon, le moteur de toute philosophie est fourni par le *thaumazein*, autrement dit par l'étonnement face au monde. « La philosophie, c'est le *thaumazein*, c'est la conscience de l'étrangeté » (P2 365). L'étrangeté du monde et sa conscience deviennent alors des conditions *sine qua non* pour mettre en branle l'exercice philosophique. À ceci près que l'étonnement face à l'aspect que présentent les choses ne se produit que par rapport à un contexte ordinaire et connu ; ce qui est absolument différent est tellement délié (*ab-solutus*) de l'expérience qu'il ne peut que produire de l'indifférence.

De sorte que revenir à ce qui semblait évident suppose une amplification du pouvoir de dérangement de ce que l'on croyait proche, et de faire l'expérience d'une faille au cœur même de ce qui nous est familier. Tout près de nous apparaissent alors soudain des déréglages imperceptibles, d'infimes décalages qui révèlent les choses sous un jour inédit. Contrairement à l'idée que la philosophie ne prendrait son envol qu'en s'élevant vers les hautes sphères de l'éther, Merleau-Ponty insiste sur le fait que le premier geste philosophique est celui de rester dans l'immanence des choses qui nous environnent, pour prendre la mesure de tout ce que celles-ci ont de déroutant. Ainsi, « la philosophie ne respire que lorsqu'elle rejette la pensée infiniment infinie pour voir le monde dans son étrangeté » (P2 370).

Ce que ce livre voudrait faire valoir, c'est que ce « regard étranger » que Merleau-Ponty réclame pour le monde devrait être appliqué à lui-même. À tort, on a souvent pensé que son œuvre se livrait avec une facilité déconcertante, dès lors qu'en apparence les technicités habituelles et les contraintes qu'imposent les systèmes philosophiques en sont absentes. Aujourd'hui encore, Merleau-Ponty a la réputation d'un philosophe facile ou, pour le dire autrement : lire Merleau-Ponty passe pour une évidence. La fluidité de sa prose, le refus d'un langage formaliste dont l'austérité exclurait les non-initiés, ainsi que la richesse des analyses concrètes y contribuent sans nul doute. Mais les thèmes centraux comptent également pour beaucoup, des thèmes dont l'importance pour l'époque contemporaine n'a cessé de s'affirmer au fil du temps. Quoi qu'il en soit, pour une pensée qui s'est brusquement interrompue en 1961 avec la mort prématurée de Merleau-Ponty, celle-ci a fait preuve d'une remarquable persistance dans le temps. Après une brève époque d'un relatif oubli, l'œuvre merleau-pontienne a connu depuis plusieurs décennies un véritable retour en grâce, à la faveur de plusieurs vagues qui ont permis sa redécouverte progressive.

Aujourd'hui, on est en droit de considérer que la pensée de Merleau-Ponty est devenue un point de référence presque inévitable, faisant office non seulement de figure majeure de la phénoménologie, mais de la philosophie en général. L'époque où il avait pu être relégué au rang d'un simple épigone de Husserl ou à une figure de second plan éclipsée par l'éclat d'un Sartre – une telle époque a vécu. La reconnaissance de son originalité, à la fois comme interprète et comme penseur, n'a fait que croître au fil des années, si bien qu'à présent l'œuvre de Merleau-Ponty a clairement trouvé sa place au sein du canon philosophique, tout en continuant d'inspirer d'innombrables autres disciplines, qu'il s'agisse de l'anthropologie, de la sociologie, de la psychologie, des sciences politiques, de l'esthétique, de la zoosémiotique ou des neurosciences. Mais toute médaille a ses revers. L'évidence qu'il y a aujourd'hui à lire Merleau-Ponty doit forcément interroger : tout se passe en effet comme si sa pensée avait cessé de faire problème, et cela n'est pas forcément au bénéfice d'une appréciation mieux informée et plus pénétrante, qui permettrait de saisir la singularité de son approche.

À grands traits, on constate que deux attitudes ont essentiellement prévalu, celle que l'on pourrait qualifier d'*attitude mimétique* et celle que l'on pourrait qualifier d'*attitude décontextualisante.* L'attitude mimétique concerne un phénomène typique de certains interprètes qui, dans le sillage d'une écriture dont le pouvoir de séduction a souvent été souligné, furent tentés de se mouler dans son style et d'adopter certaines de ses affectations. Il est facile en effet de se laisser entraîner par l'enthousiasme suscité par cette prose rafraîchissante, lumineuse et enlevée, pour tenter d'en prolonger pour ainsi dire le mouvement, comme si ses propos en pointillé y invitaient. Au risque toutefois, en imitant ce style jusqu'à rendre indissociable le commentaire du texte commenté, d'en effacer encore un peu plus les contours.

Mais l'attitude contraire (très présente dans la sphère anglophone, mais ailleurs aussi) questionne tout autant. Aux yeux de tous ceux qui pratiquent une attitude décontextualisante, l'œuvre de Merleau-Ponty a été envisagée comme une sorte de vaste carrière à ciel ouvert dont on pourrait extraire à volonté des concepts ou des arguments, faisant complètement abstraction du contexte dans lequel ils apparaissent. Comme s'il s'agissait d'objets trouvés, certaines notions de Merleau-Ponty ont désormais atteint le statut de fétiches conceptuels, sculptés et polis de telle manière que leur provenance a fini par devenir parfaitement méconnaissable. Entre les interprétations qui semblent lier la fécondité d'un philosophe au nombre d'épigones imitant son style et celles qui croient que sa pertinence ne peut être mesurée qu'en détachant complètement l'argument de sa genèse contextuelle, entre une attitude dévote censée prolonger les intentions de l'auteur par-delà le texte de celui-ci et un comportement où les lignes d'un livre philosophique se muent en rayons d'un libre-service, dans les faits l'œuvre de Merleau-Ponty a rarement été affrontée dans son ensemble. Entre des lectures collant de trop près au texte et celles qui s'en détournent trop vite, la bonne distance est difficile à trouver. Aujourd'hui encore, elles restent rares, les études qui s'attellent à faire émerger la cohérence immanente de l'œuvre, au gré de ses évolutions successives.

Face à ce double risque, la question sera donc la suivante : comment lire Merleau-Ponty ? Comment mettre en évidence les lignes de force souterraines sans nier les aspérités qui ne sont d'ailleurs que leur expression de surface ? Relire Merleau-Ponty exige que l'on redonne une forme d'étrangeté et de résistance à la lettre de son texte qui, trop souvent, après tant de lectures précédentes passées par là, avait fini par devenir trop lisse, trop évident. Afin de circonscrire les surfaces de friction à partir desquelles des idées nouvelles peuvent s'illuminer, ce livre se propose de cartographier, de raccord en raccord, le relief d'une œuvre plus accidentée qu'il n'y paraît. Par ailleurs, en invoquant Merleau-Ponty, par la force des choses on convoque toujours une myriade d'autres voix : lire Merleau-Ponty suppose que l'on se plonge simultanément dans la littérature qu'il lisait lui-même. Sans surprise, il recherchait le contact soit d'auteurs philosophiques fort distants d'un point de vue doctrinal (Descartes par exemple), soit la résistance provoquée par les méthodes des sciences comme la phonologie, la zoologie, la psychologie du développement ou la psychiatrie.

À ce propos, et s'il est vrai qu'il a placé sa propre réflexion ultérieure sous le titre d'« intra- » ou d'« endo-ontologie », il ne faut pas y voir un retour à une sorte d'« intériorité », à quelque vie secrète de la conscience intime dont la phénoménologie révèlerait donc pour ainsi dire la vérité. Pour Merleau-Ponty, partir de l'expérience d'un sujet situé, sensible et incarné interdit d'exclure les perspectives qui se conjuguent à d'autres personnes qu'à la première ; au contraire, ce point de départ est la seule façon de reconnaître que toute expérience d'un « Je » est immanquablement traversée par quelque chose qui échappe par nature à l'appropriation – l'expérience que nous disons être la nôtre n'est pas quelque chose dont nous pourrions réclamer la propriété, ou, pour le dire sans détour : nous ne faisons pas une expérience comme nous ferions un gâteau. S'il s'avère que l'essentiel de ce que nous considérons relever de nos expériences n'est rien dont nous pourrions revendiquer la paternité (et encore moins la propriété), cela veut dire qu'il va falloir prendre en compte le rôle de toutes ces autres instances qui, qu'on le veuille ou non, façonnent les formes et le sens de l'expérience. De ce point de vue, et comme le dit bien Merleau-Ponty, « notre intelligence de nous-mêmes doit beaucoup plus à la connaissance extérieure du passé historique, à l'ethnographie, à la pathologie mentale, par exemple, qu'à l'élucidation directe de notre vie » (P2 12).

Quand bien même la trame du livre tente de suivre au plus près l'évolution de Merleau-Ponty, et qu'elle retrace donc les stades successifs menant de l'étude du comportement socialement incarné jusqu'aux réflexions sur l'« intra-ontologie » de la chair, il ne faut pas y voir un mouvement d'intériorisation progressive ni encore moins une exclusion du « dehors ». À la rigueur, on entraperçoit en parcourant les champs qu'elle traverse cette méthode de travail si caractéristique de l'auteur, qui ne sépare jamais pour longtemps la philosophie de ses « terrains », et se nourrit incessamment d'une confrontation avec les sciences expérimentales, les institutions politiques, les événements historiques, les pratiques artistiques et les œuvres littéraires. Sans prétendre à aucun moment faire lui-même de la sociologie, de la psychiatrie, de la biologie, de l'ethnologie voire de la littérature (comme certains ont pu le lui reprocher) Merleau-Ponty n'eut de cesse de dialoguer, de questionner et de traverser ces strates de savoir, d'entreprendre une véritable « traversée des sciences » pour aller toujours plus loin dans ce projet qu'il qualifia lui-même – et bien avant son auditeur Michel Foucault – d'« archéologie » (SG 208/ EP 209). Une traversée donc, un passage à travers, mais aussi une transversion, une expérience théorique de la modification qui ne peut laisser intouché ni le sujet ni l'objet de cette recherche.

Outre qu'elle représente elle-même une expérience transformatrice, une telle « transversion » met également à l'épreuve une certaine attitude intellectuelle vis-à-vis du monde. Mises bout à bout, les analyses mettent en évidence que la meilleure réponse aux doutes du sceptique au sujet de l'existence réelle du monde n'est pas à chercher dans un argument intellectuel, que celui-ci aurait vite fait de contester, mais de ramener l'attention vers les enchevêtrements du réel. En partant du lieu où l'on fait l'expérience de quelque chose qui résiste à une saisie complète, on laisse derrière soi, comme le dit Merleau-Ponty, la fausse alternative entre le point de vue du tiers et le point de vue à la première personne, à cet endroit précis donc, « non pas hors de nous et non pas en nous, mais là où les deux mouvements se croisent, là où "il y a" quelque chose » (VI 128).

Afin de cerner de plus près la singularité de la pensée merleau-pontienne, ce livre s'emploie à repérer ces différentes opérations intellectuelles dans leurs contextes philosophiques et non-philosophiques respectifs, montrant à la fois les continuités et les discontinuités qui existent entre elles. Mais avant tout, il est mû par la conviction que l'œuvre de Merleau-Ponty, aussi aporétique et ouverte soit-elle, possède une cohérence interne qui se manifeste non pas tant dans ses thèmes que dans sa méthode. Toute construction d'une œuvre – et l'œuvre philosophique ne fait pas exception – procède nécessairement par allées et venues, selon un mouvement en zigzag, par avancées et par retours. À l'interprète incombe la tâche de rester fidèle au développement organique et à la dynamique naturelle, mais sans effacer pour autant les tâtonnements et les reprises, ces réécritures qui restent invisibles dans toute reconstruction linéaire, ces discontinuités que les auto-interprétations rétrospectives auront pris soin d'effacer.

L'organisation du livre a pour but de rendre compte de cette double exigence et, de fait, ses scansions internes répondent à la volonté de présenter l'œuvre merleau-pontienne à la fois dans une perspective synchronique et dans une perspective diachronique. Le chapitre II (« Perception ») se concentre sur l'idée du primat de la perception, qui se profile dès les textes où Merleau-Ponty commence à se confronter avec la psychologie et les sciences empiriques. Depuis les premiers écrits en passant par *La structure du comportement* jusqu'à la *Phénoménologie de la perception*, on peut observer comment s'affirme étape par étape une méthode spécifiquement phénoménologique pour restituer la singularité de l'expérience perceptive. Le chapitre III (« Langage ») porte sur la phase-charnière du « second Merleau-Ponty », qui est aussi celle qui a souvent été le moins étudiée par les commentateurs, pour toute une série de raisons sur lesquelles il faudra revenir. À rebours d'une lecture « continuiste », qui verrait dans cette phase qui s'étend de 1945 jusqu'à l'abandon du projet de livre *La prose du monde* vers 1952 un simple prolongement des assises théoriques de la *Phénoménologie de la perception*, nous émettons l'hypothèse que ces années présentent une véritable remise en question de toute une série de partis pris précédents. C'est notamment face au constat d'un certain nombre d'impasses apparues dans cet ouvrage que Merleau-Ponty explore des approches alternatives. À la faveur d'une confrontation avec la linguistique – et notamment avec la linguistique de Ferdinand de Saussure –, Merleau-Ponty constate qu'il est impossible, pour rendre justice à la nature même du sens, de faire dériver celui-ci de l'ego, même incarné. Bien qu'il n'y ait pas d'expression sans une certaine incarnation, le phénomène général de l'expression ne peut être dérivé d'une description du moi expressif. En tant que phénomène transindividuel, l'expression requiert un niveau d'idéalité qui conduit Merleau-Ponty – au moyen d'un détour par la linguistique structurale – à désubjectiver dans une certaine mesure sa philosophie (l'une des thèses du livre étant alors que la seconde phase, avec son importance spécifique accordée au phénomène linguistique, est cruciale pour comprendre le tournant ontologique ultérieur). Le chapitre IV (« Histoire ») se concentre sur une troisième phase, qui s'échelonne grosso modo de 1952-1953 jusqu'à 1956-1957, et qui voit Merleau-Ponty, fraîchement nommé au Collège de France, développer pleinement ses réflexions portant sur l'historicité, la littérature, la politique ou la psychanalyse, avec des ouvertures nouvelles également sur la philosophie dialectique ou encore sur la question de la Nature. Aussi différents ces thèmes soient-ils, on peut y voir comme fil conducteur le motif de l'« institution », concept opératoire qui permet à Merleau-Ponty de s'éloigner définitivement d'une philosophie de la conscience constituante. Autrui, un sentiment, une œuvre d'art, une communauté politique, et même l'organisme vivant seront reconceptualisés comme étant à la fois institués et instituants. Une fois encore, la dimension du devenir historique se voit mobilisée contre toute illusion de transparence, et l'Histoire se caractérise, pour Merleau-Ponty, par une « non-transparence » de principe[1].

Le chapitre V (« Ontologie du visible ») se concentre sur la période dite du « dernier Merleau-Ponty », où se profile une reprise des grands thèmes précédents sous le signe de l'ontologie. Cette ontologie du sensible, dans laquelle se parachève la désubjectivation déjà amorcée auparavant, pousse la phénoménologie à son extrême limite, et la rapproche des parages de la philosophie spéculative. Des notions telles que « chair » et « chiasme » qui ont fait sa célébrité sont expliquées en détail, tout comme la « pensée selon l'image ». Car l'ontologie merleau-pontienne, celle qui se déploie dans *Le visible et l'invisible* ou encore dans *L'œil et l'esprit*, est massivement inspirée – on ne le soulignera jamais assez – par la rencontre avec les arts, la littérature tout d'abord, mais peut-être plus encore les arts visuels, si bien qu'il est plus juste de considérer que l'ontologie du sensible est conceptualisée avant tout, et pour des raisons qu'il faudra creuser, sur le modèle d'une ontologie du visible. La situation perceptive initiale se voit ainsi reconceptualisée dans les termes d'un Être sensible

1. Note inédite du 25 octobre 1958. MBNF, vol. VIII, fol. 179.

qui se donne sous la forme d'une « proximité dans la distance ».

Si le livre se propose donc de passer en revue les différentes périodes que l'on peut retracer dans l'œuvre de Merleau-Ponty et leurs problématiques respectives, il se fonde également sur une hypothèse interprétative générale qui a pour vocation de faire ressortir une préoccupation récurrente, sa basse continue pour ainsi dire. L'hypothèse est qu'il faut lire Merleau-Ponty comme un *critique de toute idéologie de la transparence*, qu'il s'agisse de la croyance en la transparence de soi avec soi, de soi avec la connaissance ou de soi avec les autres. Curieusement, cette notion de « transparence » est restée largement ignorée jusqu'à ce jour, alors que pourtant – et contrairement à d'autres notions tardives comme « la chair » ou « le chiasme » – elle apparaît dès les premiers écrits et se maintient jusque dans les derniers. Sans jamais acquérir le statut de concept, et demeurant donc en deçà du seuil de sa reconnaissance philosophique à part entière, la notion de « transparence » ne figure dans aucun glossaire merleau-pontien. Il suffit pourtant une fréquentation quelque peu régulière des textes merleau-pontiens pour constater sa fréquente récurrence. Le plus souvent utilisée sur le mode adjectival, la notion est typiquement investie d'une visée critique et cristallise ce que la philosophie a si souvent négligé : la fiction de la transparence résume en un mot l'oubli de l'*a priori* matériel, c'est-à-dire l'oubli du fait que notre rapport au monde est foncièrement médiatisé par un corps et par des corps.

L'ouvrage que voici se prête alors à au moins deux usages possibles. Ceux qui n'en sont pas encore familiers pourront s'en servir comme introduction à l'œuvre de Merleau-Ponty. Ceux qui y sont déjà rompus pourraient au contraire y trouver un accès nouveau, s'écartant de certaines lectures plus établies. Contre tout rêve de la transparence, et d'une coïncidence ultime des choses, le rappel opiniâtre de l'irréductible résistance du sensible vaut pour rappel que le sens n'est jamais donné une fois pour toutes. Si Merleau-Ponty revient toujours à la scène initiale – celle de la perception en acte –, celle-ci connaît néanmoins quelques transformations majeures, dont celui du *tournant langagier*, du *tournant dialectique* et du *tournant ontologique*. Ces tournants, dont les raisons sont retracées dans les différents chapitres, permettent de comprendre les continuités et les discontinuités sur ces thématiques dans la pensée de Merleau-Ponty. Par ailleurs, chacun des chapitres est organisé autour d'un concept spécifique qui, pour chacune des périodes, représente un certain type de critique de la transparence, et ouvre la dimension de la médialité constitutive de l'apparaître. Le chapitre II est organisé autour du concept de *milieu* : emprunté aux sciences du comportement, celui-ci prendra une inflexion philosophique nouvelle. Dans le chapitre III, le tournant expressif et la confrontation avec Ferdinand de Saussure provoquent l'apparition du concept de *diacritique*, dont la portée n'a pas encore été suffisamment reconnue. Dans le chapitre IV, l'attention à la troisième période fait émerger l'importance de la notion d'*institution*, véritable innovation conceptuelle qui permet à Merleau-Ponty de s'ouvrir à une pensée processuelle dont il analysera les retombées dans les domaines de l'intersubjectivité, de l'histoire, de l'esthétique ou encore de la biologie. Dans le chapitre V, l'ontologie du dernier Merleau-Ponty fait signe vers une pensée de la *chair*. Celle-ci ne constitue pas tellement une transposition des analyses phénoménologiques du corps propre (*Leib*) vers le monde en général : la chair relève plutôt d'une matrice générative qui vise à tenir ensemble un être de différences et un être d'inhérence. Enfin, le chapitre v s'interroge sur le legs d'une œuvre qui fut brusquement interrompue, et sur les manières possibles de prolonger certaines de ses lignes de fuite. Ainsi, une réflexion est esquissée sur ce que signifierait une réinterprétation du tournant ontologique non pas du point de vue de la « chair », dont les enjeux restent finalement très aporétiques, mais du point de vue du milieu diacritique du sens.

La conclusion indique quelques pistes pour explorer, avec Merleau-Ponty et au-delà, ce que son œuvre peut nous dire aujourd'hui. Il nous semble pouvoir déceler, dans les écrits du dernier Merleau-Ponty notamment, les prémices d'une phénoménologie aux assises complètement renouvelées, et que nous proposons de qualifier « phénoménologie de la transparution », ou encore « philosophie de l'*à-travers* ». Dans une telle optique, Merleau-Ponty rejoint, par certaines de ses intuitions visionnaires, une esthésiologie du *metaxu* perceptif telle qu'avait pu l'imaginer Aristote, si bien que la phénoménologie de la trans-parution vers laquelle fait montre Merleau-Ponty serait bien une phénoménologie du diaphane. À ce compte, les notes de travail inaugureraient les prémices d'une autre manière de pratiquer la philosophie. Une philosophie qui s'apparenterait dès lors à ce que l'on pourrait appeler une diaphénoménologie.

CHAPITRE II

PERCEPTION

LE PRIMAT DE LA PERCEPTION

« Retournons aux choses mêmes ! » – voilà le mot d'ordre lancé par Edmund Husserl et qui devint en quelque sorte la devise du projet phénoménologique tout entier. La phénoménologie se positionne en effet d'entrée de jeu comme une philosophie de type nouveau, réagissant aux abus de la philosophie spéculative qui s'était coupée de toute expérience vécue et incarnée. Dans son injonction, Husserl se révèle être étonnamment proche de l'autre grande figure du renouveau philosophique au XXe siècle, Ludwig Wittgenstein, qui n'avait pas de mots trop durs pour la pensée spéculative qui, soutenait-il, se meut sur un terrain dépourvu de frottement où « les conditions sont donc en un certain sens idéales mais où, pour cette raison même, nous ne pouvons plus marcher »[1]. On aurait tort cependant de confondre le mot d'ordre de Husserl avec un appel à un positivisme empirique qui croit pouvoir rejoindre les choses mêmes dans ce qu'elles sont en elles-mêmes.

1. L. Wittgenstein, *Recherches philosophiques*, trad. fr. E. Rigal *et al.*, Paris, Gallimard, 2005, § 107.

De fait, et comme cela a souvent été souligné, au moins autant que de la métaphysique spéculative, la phénoménologie se démarque d'un réalisme direct, persuadé de pouvoir produire un discours sur les choses sans tenir compte de sa propre perspective sur celles-ci. Le retour aux choses en elles-mêmes suppose donc, avant tout, de décrire la manière qu'ont celles-ci d'apparaître pour nous, et, dans un même temps, d'indiquer en quoi ce qui se donne à voir ne se réduit pas à notre façon de le voir.

Ce décalage, cet excès des choses qui fait en sorte que le profil sous lequel elles nous apparaissent n'épuise pas tous les possibles, est particulièrement tangible dans l'expérience perceptive. Husserl avait déjà décrit ce décalage, lorsqu'il fait valoir l'excès des objets sensibles vis-à-vis de la finitude de la conscience – excès qu'il qualifie aussi de « transcendance » –, et Merleau-Ponty radicalisera à son tour cette intuition, à tel point que la situation de la perception en acte constitue en quelque sorte le point de repère auquel il revient sans cesse tout au long de son œuvre. Là encore, on est tentés d'établir un parallèle avec Wittgenstein, lorsque celui-ci oppose à l'air raréfié que prédilectionnent les philosophies spéculatives un retour à l'empâtement des choses auquel l'esprit vient se heurter. Comme dans un lointain écho du mot d'ordre de la phénoménologie, Wittgenstein exigeait en effet un « retour au sol raboteux » (*Zurück auf den rauhen Boden!* [1]). Une fois épuisées toutes les justifications possibles, nous atteignons alors le sol dur, et notre bêche se rebiffe.

Le sol raboteux que Merleau-Ponty se cherche dès le départ, c'est la question de l'être perceptif. Dans

1. L. Wittgenstein, *Recherches philosophiques*, *op. cit.*, § 107.

l'épreuve du sensible, le sujet incarné fait l'expérience de sa propre condition sensible qui lui donne accès au monde et il fait tout à la fois l'épreuve d'un monde qui s'écarte, s'espace et résiste à sa saisie intégrale. Aussi, la perception n'est pas un mode secondaire ou déficient de se rapporter aux choses mais le seul qui puisse réellement nous permettre d'en éprouver le caractère à la fois solide et fuyant. Si à propos de l'être des choses rien ne peut se dire indépendamment de la manière dont elles nous apparaissent – si toute ontologie n'existe donc que sur le mode d'une phénoménologie –, l'être n'a de sens que pour des êtres sensibles, doués de perception. Ces implications philosophiques de sa propre pensée, Merleau-Ponty ne les explicitera pleinement que dans sa toute dernière phase, après le tournant ontologique (*cf.* le chapitre « Ontologie du visible »). Les prémices sont pourtant déjà présentes dès les premiers écrits, dont le fil conducteur est celui d'une interrogation sur la nature de la perception. Ce chapitre aura pour but de faire apparaître les grandes lignes conceptuelles qui organisent la première des quatre grandes phases de l'œuvre de Merleau-Ponty.

Bien que toute la philosophie merleau-pontienne soit travaillée par la problématique de la perception et de son épreuve, on peut effectivement distinguer une première phase – s'échelonnant de 1933 jusqu'en 1945 environ – où la nature du perceptif constitue en quelque sorte la ligne directrice. S'intéressant d'emblée de près aux nouveaux résultats de la psychologie expérimentale, c'est la *Gestaltpsychologie* qui le sensibilise aux enjeux perceptifs, courant dont il étudie méticuleusement les publications scientifiques. En 1933-1934, il débute le travail sur une thèse qui doit porter sur « La nature du comportement » et dont les sollicitations de subventions auprès de la Caisse nationale des Sciences révèlent déjà les forces motrices d'une recherche qui se prolongera jusqu'à la *Phénoménologie de la perception*[1]. L'originalité qui se dégage d'emblée dans ces projets de recherche, c'est une bibliographie qui, au détriment de la philosophie (aucun nom d'auteur classique n'y figure), se nourrit d'ouvrages de psychologie, de neurologie et de psychiatrie. Une posture qui a pu être interprétée comme un geste de défiance à l'adresse de l'institution universitaire, dominée à l'époque par l'idéalisme et le néo-kantisme, et notamment par la présence encombrante de Léon Brunschvicg, dont Merleau-Ponty fut l'élève.

Tout historien des sciences qu'il était, Brunschvicg estimait en réalité que l'attention excessive à l'expérience empirique constituait un obstacle sur la voie de la connaissance absolue, dont le sens ne pouvait résider que dans l'abstraction formelle. Brunschvicg, dont Merleau-Ponty dira qu'il constitua, avec Bergson, « la plus importante des pensées philosophiques de l'époque en France » (P2 249) n'avait pas hésité à soutenir que la manière dont Aristote tente de trouver le vrai dans la perception trahit la mentalité d'un enfant de huit ans, puisqu'en disant que les choses sensibles sont lourdes ou légères, chaudes ou froides, on n'a toujours pas atteint l'âge adulte de l'esprit qui sait pertinemment que les propriétés premières des objets comme le poids et l'extension ne sont accessibles

1. *Cf.* les documents contenus dans PrP. Nous ne suivons pas l'hypothèse, avancée par Théodore Geraets, d'une rupture qui serait survenue entre *La structure du comportement* et la *Phénoménologie de la perception*. *Cf.* T. F. Geraets, *Vers une nouvelle philosophie transcendantale : La genèse de la philosophie de Maurice Merleau-Ponty jusqu'à la* Phénoménologie de la perception, Den Haag, M. Nijhoff, 1971.

qu'à l'intellect[1]. Tout en reconnaissant sa dette à l'égard de l'ancien enseignant, qui dirigea à l'École normale supérieure son premier mémoire – un travail sur Plotin –, Merleau-Ponty se démarque de l'« idéalisme critique » de Brunschvicg, associé désormais à une posture jugée intellectualiste. Brunschvicg apparaît en effet comme l'un des protagonistes de celle qui a pu être qualifiée d'« école française de la perception » (Gérard Granel), et qui inclut des figures comme Pierre Lachièze-Rey, Jules Lachelier, Jules Lagneau ou encore Alain. Ce qui rassemble ces figures, c'est une insistance particulière sur les structures conceptuelles de la perception, et leur accessibilité à un sujet réflexif. Dans un chapitre de son ouvrage *L'expérience humaine et la causalité physique* de 1922 intitulé « Théorie intellectualiste de la perception », Brunschvicg résume les grandes lignes de cette approche[2] et on peut soutenir sans beaucoup de risques que ce chapitre fera office de véritable repoussoir théorique pour Merleau-Ponty, qui s'en servira pour en prendre le contre-pied. La mouvance dont se réclame Brunschvicg – l'« intellectualisme » – deviendra le symptôme d'un problème, celui que Merleau-Ponty décrira dans un entretien postérieur comme l'oubli, par Brunschvicg, du « monde concret qui reste en marge de la science » (P1 66). Un monde complexe et touffu, aux logiques multiples, réfractaire aux formalisations cristallines qui séduisent l'esprit philosophique.

1. L. Brunschvicg, « De la vraie et de la fausse conversion II. Discours et vérité », *Revue de Métaphysique et de Morale* 48, 1, 1931, p. 55.

2. L. Brunschvicg, « Théorie intellectualiste de la perception », dans *L'expérience humaine et la causalité physique*, Paris, Alcan, 1922.

Même lorsqu'il essaie de prendre ses distances, Merleau-Ponty reste pourtant indéniablement « hanté par l'univers de Brunschvicg »[1]. Lorsqu'il soutient, dans le projet de thèse, que « L'univers de la perception ne serait pas assimilable à l'univers de la science » (PrP 13), c'est à peu de chose près le retournement d'une affirmation centrale de *L'expérience humaine et la causalité physique*, selon laquelle « l'univers de l'expérience immédiate » est un « monde superficiel et mutilé » dont le sens ne pourra être éclairci que par la science et par sa méthode réflexive[2]. Si Merleau-Ponty se cherche donc des alliés du côté de la phénoménologie husserlienne, c'est aussi pour contredire de tels propos, voulant que le monde de l'expérience soit un monde « de *conséquences sans prémisses* »[3] et auquel seule l'approche scientifique parviendrait à fournir l'assise ultime. Il y a fort à parier qu'il y a encore quelque chose du geste parricide, quand dans l'avant-propos de la *Phénoménologie de la perception* on trouve cette affirmation sans appel : « La phénoménologie [...] c'est d'abord le désaveu de la science » (PhP II).

Encore faut-il s'entendre sur ce que ce « désaveu » signifie. Car en un sens, Merleau-Ponty n'hésitera pas à faire jouer, contre l'intellectualisme de Brunschvicg, les sciences expérimentales. De même, la lecture assidue de la littérature scientifique dont il fait preuve pendant ces années démontre une attraction indéniable pour une approche plus empirique aux problèmes philosophiques.

1. E. de Saint-Aubert, *Le scénario cartésien : recherches sur la formation et la cohérence de l'intention philosophique de Merleau-Ponty*, Paris, Vrin, 2005.

2. L. Brunschvicg, *L'expérience humaine et la causalité physique*, Paris, Alcan, 1922.

3. *Ibid.*

Mais cette attention pour les sciences expérimentales, et pour la psychologie empirique en particulier, ne doit jamais valoir pour un blanc-seing. Le risque de l'idéalisme, qui se profilait avec les approches intellectualistes de la philosophie française de la perception, a pour équivalent symétrique, du côté cette fois des sciences empiriques, le risque de retomber dans un réalisme béat, qui confondrait les « données » avec le donné expérientiel. Bref, « comment sortir de l'idéalisme sans retomber dans la naïveté du réalisme ? » (P1 66).

Rétrospectivement, Merleau-Ponty explique avoir trouvé dans les sciences comportementales de l'aire anglo-saxonne des ressources précieuses pour repousser une approche trop cognitiviste, tandis que la phénoménologie de Husserl lui permet de développer un rapport à la fois de proximité et de distance à l'égard des sciences de la conscience. Il n'est pas question pour la phénoménologie de se « désintéresser » des sciences empiriques comme la psychologie (PrP 21) ; d'autre part il faut éviter de se calquer sur leur méthode. « Il s'agit de renouveler la psychologie sur son propre terrain, de vivifier ses méthodes propres par des analyses qui fixent le sens toujours incertain des essences fondamentales comme celles de “représentation”, “souvenir”, etc. » (PrP 22-23). Quand Husserl – et avec lui Merleau-Ponty – critique la psychologie, ce n'est guère pour mettre en cause la légitimité d'une approche inductive, mais bien pour l'épauler par une approche eidétique. Depuis le premier ouvrage, *La structure du comportement*, né de ces réflexions au contact avec les sciences, jusqu'à la *Phénoménologie de la perception* de 1945, on trouve un même fil conducteur. Dans le premier ouvrage – publié en 1942 mais conclu dès 1938 – Merleau-Ponty entreprend de penser la perception avec et contre la science ; dans le second, il radicalise ce mouvement en tentant de cerner ce que la science présuppose et qui, en tant que présupposé, reste son irréfléchi : l'expérience vécue du monde sensible. Dans l'avant-propos, il maintiendra que « si nous voulons penser la science ellemême avec rigueur, en apprécier exactement le sens et la portée, il nous faut réveiller d'abord cette expérience du monde dont elle est l'expression seconde » (PhP III). Avant d'en venir à la question de l'expression primordiale – celle-ci fera l'objet du prochain chapitre –, il faut encore une fois insister sur la visée unitaire qui se maintient à travers toute cette première phase, mais également sur ses différentes mises en œuvre : *La structure du comportement* procède d'un cheminement négatif, la *Phénoménologie de la perception* cherche à élaborer une théorie cohérente de la perception du corps incarné ; le premier ouvrage cherche, selon l'explication qu'en donne Merleau-Ponty en personne, à dégager le sens (ou le non-sens) d'une approche qui considère l'homme « du point de vue du spectateur étranger » (P2 12) alors que le second met au jour l'impensé, c'est-à-dire l'expérience, à partir de l'expérience même, « se plaçant à l'intérieur du sujet » (P2 13). Lorsque l'on place côte à côte ces deux ouvrages, on observe une relation chiasmatique : là où la *Phénoménologie de la perception* relève tendanciellement d'une pensée du dedans de l'expérience, plaçant le savoir positif dans une position d'extériorité, *La structure du comportement* ne se situe pas encore dans une perspective d'expérience, mais argumente à l'intérieur du discours scientifique, produisant une critique à l'endroit des sciences qui se nourrit pourtant de ces mêmes sciences.

Si cette lecture concède peut-être trop à une vision réconciliatrice que Merleau-Ponty adopte lorsqu'il résume ses travaux précédents en vue de sa candidature au Collège de France en 1951 – et si on ne saurait ignorer l'évolution conceptuelle que représente la *Phénoménologie de la perception* par rapport à *La structure du comportement* – il n'en demeure pas moins que, dans les intentions, le premier ouvrage opère déjà un déplacement radical par rapport au milieu philosophique au sein duquel il prétend prendre la parole. Il s'agit par conséquent de réactualiser le problème du rapport entre corps et âme – car c'est bien de celui-ci dont il s'agit – sans retraverser les apories de la tradition, mais en s'installant d'emblée dans le débat scientifique qui évite soigneusement ces dichotomies métaphysiques. De reposer la question du rapport entre activité et passivité sans les ramener à la dualité sujet-objet, mais en analysant ce qui est antérieur à ce partage, le *comportement*. En ce sens, le comportement est moins le *thème* du livre – qui est déjà et toujours la perception – que plutôt son appareillage stratégique. Opter pour le champ scientifique, c'est donc déjà se distinguer d'une philosophie intellectualiste qui dissout la perception dans la « pensée de perception » ; adopter le comportement comme chemin de traverse sur le terrain des sciences empiriques, c'est déjà choisir une voie qui permet d'en ressortir pour en arriver à son objet, l'expérience propre[1]. Mais restons pour l'instant

1. Ce refus de la position de « surplomb » qui prendra toute son importance dans la pensée tardive se manifeste déjà dans le second article de Merleau-Ponty sur Gabriel Marcel, où le parti pris existentialiste – même celui du « mysticisme empiriste » dont Jean Wahl qualifiait la réflexion marcellienne – est contrasté avec l'*intuitus mentis* du sujet cartésien derrière la vitre (P1 35 *sq.*).

dans la mise en place de *La structure du comportement*. Merleau-Ponty y étudie tour à tour des conceptions très hétérogènes et peine encore à dégager son propre point de vue, ce qui a poussé nombre de commentateurs à délaisser ce premier livre au profit du second. Nous pensons cependant que dès les années 1933-1938, où il travaille à l'élaboration du premier écrit, se dessine la perspective critique qui se maintiendra à travers toutes les interrogations différentes auxquelles Merleau-Ponty se livrera par la suite : une philosophie qui *dénonce toute pensée de transparence*. Bien que le terme de transparence n'ait pas encore la valeur de « concept opératoire » qu'il prendra plus tard[1], le motif est indéniablement déjà présent et le mouvement d'opacification et de réinsertion de la perception dans la chair, qui mènera vers la *Phénoménologie de la perception*, constitue sans doute le moment unificateur qui rassemble ces analyses composites.

À l'instar de Husserl qui préconisait de débuter par l'attitude naïve et par les « représentations » que nous nous faisons des choses, ce traité sur le comportement du point de vue de la science se doit de repérer la *doxa* dans les « représentations scientifiques » (SC 199) du comportement. Merleau-Ponty débute donc en relevant l'attitude naïve du savoir classique qui revient sous

1. La transparence est pour Merleau-Ponty avant tout un phénomène optique dont il découvre l'importance pour la question de la profondeur du champ grâce aux travaux de Tudor-Hart qu'il cite dès la demande d'allocation de recherche (PrP 28) et auquel il consacrera quelques pages dans la *Structure du comportement* (SC 92-93 et 97). Se libérant de cette signification littérale, on notera que l'utilisation au figuré – généralement critique – tend quelques fois à revenir à une assertion positive (SC 181 ou 286), telle que l'entend la tradition du rationalisme philosophique qui voit dans la transparence l'absence d'obstacles à la pensée.

l'appellation de « pensée de causalité ». Bien que jamais explicitée en détail, cette formule stigmatise de fait toute position confiante dans la possibilité d'une action directe, immédiate et linéaire sur un objet. La cause est événement « antécédent constant et inconditionné » (SC 7), condition nécessaire et suffisante de l'effet et donc toujours vérifiable, pour autant qu'on l'isole correctement. Ce qui se présente comme un réalisme cohérent reviendrait donc à n'être qu'un atomisme disséquant les processus en autant de chaînons indépendants, l'effort consistant à éliminer les éléments extérieurs pour parvenir à une pure relation où la cause donne inconditionnellement lieu à l'effet. Ce causalisme n'est cependant aucunement restreint au monde physique. La réflexologie, à laquelle Merleau-Ponty consacre une ample partie de l'ouvrage, prétend inclure le physiologique, sans pourtant se défaire du postulat causaliste qu'il perpétue. Pavlov étend même son domaine, car il y a maintenant action directe du physique sur le physiologique. Sa théorie du réflexe engendrera des extensions absurdes : dès lors qu'elle présuppose un état originaire de correspondance directe entre stimulus et réaction, elle est contrainte à inventer des « inhibiteurs » qui « brouillent » la transparence du réflexe immédiat. Le problème est insurmontable tant que l'on continuera à appréhender le comportement comme corrélat d'un réflexe se produisant dans un canal vide. Même en concevant une interaction entre les différents canaux, l'existence d'un monde constitué aux connexions préétablies (SC 35) n'est jamais questionnée et on s'engouffre, en décomposant ainsi ce monde en toutes ses connexions fixes, dans d'interminables apories zénoniennes.

Dans la *Structure du comportement*, Merleau-Ponty discute également les positions qui rejettent un tel atomisme matérialiste pour montrer qu'en ultime instance, elles opèrent encore à l'intérieur d'un régime identique. Il y a d'une part le vitalisme qui prétend réintroduire la force vitale là où il n'y a que du mécanique. Bien que cette force échappe à l'explication physicaliste classique, ses effets doivent néanmoins être réintégrés dans le mécanique et qui se réduit finalement à une simple circonstance extérieure (SC 249). Le vitalisme prend dès lors paradoxalement les formes d'une « physique dans le vivant », sans parvenir à penser véritablement la « physique du vivant » (SC 164). D'autre part, on trouve l'intellectualisme qui dépasse en effet le schéma de juxtaposition de l'atomisme, mais ce n'est que pour faire basculer le sensible dans la sphère de l'entendement. Étant donné l'hétérogénéité d'essence entre sensible et perçu, il n'y aurait donc plus un rapport de contiguïté mais une relation de conformité. La pensée néo-kantienne – fortement ancrée dans la France de l'entre-deux-guerres et qui est visée quand il est question de « criticisme » – ne ferait que réduire la perception à un mode de jugement parmi d'autres (SC 217) qui empêche de « mettre la conscience en contact avec une réalité opaque et étrangère » (SC 283). Contre le mécanisme qui pense le comportement à partir d'un état initial de transparence – et dont l'approche n'est pas véritablement mise en question par le vitalisme mais s'en retrouve plutôt confirmée – ainsi que contre l'intellectualisme qui réduit le comportement à l'instrument d'une idéalité, il s'agit de penser l'organisation du champ sensible à partir de la perception. Contre toute doctrine réductrice qui donne lieu, dans le cas de l'intellectualisme, à un modèle transparent à la pensée et, dans le cas du mécanisme, à une « mosaïque » de sensations (Merleau-Ponty se sert ici de l'expression de Wertheimer), il faut au contraire envisager l'« image totale de l'organisme » (SC 22). Cette approche globale, Merleau-Ponty en trouve le principe dans la *Gestaltpsychologie* à laquelle il ne cessera de revenir jusque dans ses derniers écrits. Alors que l'atomisme matérialiste prétend expliquer à travers un morcellement des chaînes causales, l'école des gestaltistes a pour credo que le tout dépasse toujours la somme de ses parties (SC 49). S'il y a bien distinction des parties à l'intérieur du tout, celles-ci ne peuvent être désolidarisées, car elles constituent un ensemble organique. La forme (*Gestalt*) n'est ni dans les choses ni dans la conscience, elle charpente leur rapport, elle est avant tout structure.

Bien plus tard, à l'occasion d'un colloque sur le mot « structure » organisé à Paris en janvier 1959, Merleau-Ponty définira la structure par un syntagme qui convient tout autant à la forme, elle est « principe intérieur d'une distribution observable » (P2 318[1]). Un principe qui est donc bien *observable*, car il s'agit, contrairement à l'usage plus courant qu'en fait ce que l'on range habituellement sous l'étiquette de structuralisme, non d'une structure *du* perçu mais d'une structure *dans* le perçu. Toutefois, et bien que grâce aux termes de forme et de structure (employés souvent indifféremment dans *La structure du comportement*) nombre de réductionnismes hérités se voient balayés, d'autres difficultés subsistent

1. Dans *Parcours deux*, la date indiquée pour l'intervention à ce colloque organisé par Roger Bastide est erronée, puisque l'éditeur Jacques Prunair indique janvier 1961, au lieu de janvier 1959.

néanmoins. Pour Merleau-Ponty, l'école de Koffka et Köhler tend à substantialiser la forme, à l'abstraire des interactions réelles de l'expérience. S'il voyait dans les recherches des gestaltistes ce qui « dispense les neurologues de chercher dans des localisations anatomiques un décalque de fonctions mentales » (PrP 12), une théorie de la forme qui se détache des processus permanents de réajustement dans la perception prend le risque d'établir à son tour un nouvel apriorisme. La preuve, s'il en faut, ce sont les quelques exemples de formes visuelles canoniques, récurrents dans les ouvrages de la *Gestalttheorie*, présentant le risque de placer la forme avant sa perception et de faire revenir en force le platonisme. Même si l'on refuse tout idéalisme et qu'on localise résolument les formes dans l'immanence du monde physique, l'approche gestaltiste manque encore toujours le fait qu'il ne s'agit pas de formes préétablies existant dans le monde, mais plutôt de formes qui sont toujours déjà *émergence* d'un monde. La formulation de la *Phénoménologie de la perception* est explicite : la *Gestalt* « est l'apparition même du monde et non sa condition de possibilité, elle est la naissance d'une norme et ne se réalise pas d'après une norme » (PhP 74).

Dans le quatrième chapitre de *La structure du comportement*, Merleau-Ponty montrera ainsi comment il ne saurait y avoir d'alphabet des formes symboliques, d'ordre aux éléments préétablis, mais uniquement des structures structurées qui sont simultanément des structures structurantes. Ainsi, la conscience perceptive n'est ni le réceptacle de cette « vie des formes » ni un décalque des structures du monde mais le lieu d'émergence du monde (SC 177). En ce sens, il n'y a ni extériorité ni indifférence entre monde sensible et conscience. Le rapport entre la conscience et son corps – Merleau-Ponty rappelle dès le début que c'est là l'enjeu de *La structure du comportement* – n'est pas un rapport instrumental de « moyen », mais un rapport d'enracinement dans un « milieu ». La conscience est « milieu d'univers » et la phénoménologie, en tant que science de ce qui se donne à la conscience, son « inventaire » (SC 215). Si l'on a souvent insisté sur la fécondité de ces idées, qui donneront notamment lieu à la théorie du corps comme milieu et ensuite à la théorie de l'expressivité créatrice, on ne s'est en revanche que rarement interrogé sur la genèse du vocabulaire utilisé.

MILIEU

La notion de *milieu* pour laquelle Merleau-Ponty s'inspire principalement de l'éthologue Jakob von Uexküll[1] et du psychopathologue Kurt Goldstein[2], connaît une tradition plus longue sur laquelle il vaut la peine de s'arrêter. Depuis plusieurs siècles, déjà, le mot *milieu* s'était affranchi de sa signification purement statique (où le *medius locus* déterminait une position médiane dans un espace, entre deux points ou deux extrémités) pour acquérir une signification cinétique et nommer l'espace ambiant que traverse un corps en mouvement. Paradoxalement, cette nouvelle conception cinétique du « milieu » dont Merleau-Ponty se sert pour

1. J. von Uexküll, *Mondes animaux et monde humain* ; *suivi de Théorie de la signification* [1934], trad. fr. P. Muller, Paris, Denoël, 1984.

2. K. Goldstein, *La structure de l'organisme* [1934], Paris, Gallimard, 1951.

sa critique du déterminisme mécaniste dérive elle-même de la mécanique et c'est ainsi que l'*Encyclopédie* de Diderot et d'Alembert lui connaît essentiellement ce sens : « Milieu, s. m. (*Méchan.*) dans la Philosophie mécanique, signifie un espace matériel à travers lequel passe un corps dans son mouvement, ou en général, un espace matériel dans lequel un corps est placé, qu'il se meuve ou non »[1]. Plus exactement, le terme de « milieu » est une traduction du mot anglais « *medium* » que Newton utilisait pour expliquer le phénomène d'action à distance. Contrairement à la mécanique cartésienne, dont Merleau-Ponty montrera dans *L'œil et l'esprit* qu'elle s'élabore à l'aune de l'action « par choc » – la vision, sensation à distance par excellence, est expliquée à travers l'analogie des bâtons de l'aveugle tâtant la surface du sol et des objets –, Newton considère que toute action se produit dans des « milieux fluides ». Ce milieu « fluide » reste toutefois strictement déterminé par ses propriétés physiques et c'est ainsi que la « résistance du milieu » dont il est question dans l'article de l'*Encyclopédie* est ramenée à la « densité » physique des parties composant le milieu. L'air, l'eau et le verre sont donnés en exemple.

On trouve déjà cependant dans cet article de la fin du XVIIIe siècle l'amorce de ce qui, au XIXe, allait devenir la théorie comportementaliste du milieu. « L'eau » lit-on dans cet article non signé que l'on attribue généralement à d'Alembert « est un *milieu* dans lequel les poissons vivent & se meuvent »[2]. C'est cet aspect qui retiendra

1. [Jean Le Rond D'Alembert], Art. « Milieu », J. D'Alembert et Denis Diderot (dir.) *Encycloplédie ou Dictionnaire raisonné des sciences, des arts et des métiers.*

2. *Ibid.*

l'attention de Lamarck qui s'intéresse de près aux *milieux* (l'expression est toujours au pluriel) tels que l'eau, l'air et la lumière pour y puiser sa conception des « circonstances influentes » à savoir l'ensemble des facteurs déterminant du dehors l'organisme. Léon Brunschvicg (dont Merleau-Ponty, nous l'avons dit plus haut, suivit les cours lors de ses études à l'ENS de 1926 à 1930) avait établi que l'explication du vivant proposée par Lamarck n'était rien d'autre qu'une transformation en termes biologiques du système physico-mathématique d'« interactions extérieures » de Newton[1]. Dans cette théorie du milieu vivant, il y a donc action à distance sur l'organisme, que le milieu conditionne par le truchement du besoin. Lamarck insiste cependant sur le fait que, tout en tendant toujours vers le finalisme de la conformation, l'organisme est la source de tout mouvement. Loin de se laisser réduire aux attaques darwiniennes, l'évolutionnisme de Lamarck est dès lors une tentative de penser un rapport dynamique et temporel entre organisme et milieu. Dès le XIXe siècle, le positivisme philosophique de Comte et de Taine mobilisera la notion de milieu pour en faire l'explication d'un certain déterminisme social, faisant de l'homme un simple « produit du milieu »[2] – ce qui revient à sociologiser une théorie bien plus ancienne, celle qui explique le comportement humain par la vie sous certains climats. Sociologisée et rationalisée,

1. L. Brunschvicg, *Les étapes de la philosophie mathématique*, Paris, Alcan, 1912.

2. À l'occasion du 40e de ses *Cours de Philosophie positive* de 1838, Auguste Comte introduit cette notion en la définissant comme « l'ensemble total des circonstances extérieures [...] nécessaires à l'existence de chaque organisme déterminé » (A. Comte, *Philosophie première. Cours de philosophie positive. Leçons 1 à 45*, Paris, Hermann, 1975, p. 682).

l'ancienne « théorie des climats », dont les prémices remontent à la médecine hippocratique, deviendra l'assise pour de nouvelles approches politiques dans la deuxième moitié du XIXe, lorsqu'on assiste à l'émergence d'une véritable gouvernementalité par le milieu ou encore de « mésopolitique »[1].

Contre cette acception du milieu comme force déterministe ou comme vecteur de contrôle, plusieurs travaux en biologie et en philosophie insistent au contraire sur une acception « possibiliste ». Merleau-Ponty s'inscrit dans ce courant. Tout comme son condisciple normalien Georges Canguilhem, qui réactualisera à sa façon une tradition adaptationniste et créatrice inspirée par Goldstein et Uexküll[2], Merleau-Ponty reviendra – à sa manière – à l'intuition dynamique de Lamarck. Dans la *Phénoménologie de la perception*, il file une métaphore musicale pour expliquer qu'il y a entre organisme et environnement un rapport de co-création : tout milieu prédispose certes des paramètres expérientiels, mais ils restent ceux d'une situation ouverte qui « appelle les mouvements de l'animal comme les premières notes de la mélodie appellent un certain mode de résolution, sans qu'il soit connu pour lui-même » (PhP 93). Ce qui vaut pour l'animal vaut aussi pour l'animal humain. La perspective sociologique voulant que l'homme soit avant tout un être *parmi* d'autres paraît alors en quelque

1. F. Taylan, *Mésopolitique : connaître, théoriser et gouverner les milieux de vie* (*1750-1900*), Paris, Publications de la Sorbonne, 2018.

2. *Cf.* G. Canguilhem, « Le vivant et son milieu », dans *La connaissance de la vie*, 2e éd. revue et augmentée, Paris, Vrin, 1992. Canguilhem rédige l'article en 1946-1947 et le révise pour la publication dans *La connaissance de la vie* (1re éd. 1965).

sorte ramenée à une dimension plus primordiale (et correspondant également au premier sens du mot), où *parmi* signifie non seulement « dans un milieu », mais encore *par* et *à travers* celui-ci[1].

En suivant cette intuition, Merleau-Ponty s'intéressera en particulier aux études éthologiques qui établissent que la biologie ne saurait se calquer sur la physique, en envisageant les relations de l'organisme à son dehors selon une relation de causalité immuable. S'il y a rapport *quantitatif* entre environnement et objets physiques, entre le milieu et son organisme, c'est un rapport *qualitatif* qui s'établit. C'est cette qualité que manque le behaviorisme quand il plaque – que l'on nous concède de détourner une célèbre métaphore bergsonienne – du mécanique sur du vivant. Dans les cours sur la *Psychologie et la pédagogie de l'enfant* qui ne sont autres qu'une reformulation des résultats des deux premiers ouvrages, Merleau-Ponty énoncera d'ailleurs plus succinctement ses griefs. Le behaviorisme croit pouvoir se placer dans l'entourage géographique et en déduire des données scientifiques (PPE 432 *sq*). Merleau-Ponty se sert ici de la distinction que le gestaltiste Kurt Koffka propose dans ses *Principles of Gestaltpsychology* entre « entourage géographique » (*geographical environment*) et « entourage de comportement » (*behavioral environment*)[2]. Si la notion d'entourage de comportement est censée opposer au scientisme behavioriste une théorie qualitative

1. Rappelons que le terme français *parmi* dérive du latin classique *per medio. Cf.* L. Spitzer, « Milieu and ambiance. An Essay in Historical semantics », *Philosophy and phenomenological Research* 3, 1942, p. 36.

2. K. Koffka, *Principles of Gestaltpsychology*, New York, Harcourt, 1935.

du comportement, elle manque cependant *ce qui* se comporte, en l'occurrence un organisme. Il semble donc que le reproche majeur à la *Gestaltpsychologie* de Koffka soit qu'elle reste tributaire d''une pensée de l'entourage qui – ne prenant pas en compte le dynamisme de l'organique – ne parvient guère à concevoir une théorie du milieu. Autrement dit, la psychologie de la *Gestalt* manque la dialectique entre le vivant et son milieu, une pensée de la vie lui faisant défaut.

Deux conclusions se dégagent de cette analyse des doctrines de la perception se disant anti-intellectualistes : avant toute chose, l'interprétation mécaniste implique une action immédiate entre perçu et percevant. Le paradigme en est la théorie du réflexe qui suppose que du point de départ au point final, il y ait une transmission directe. Le rire se laisserait alors réduire à l'électrisation du nerf facial, comme dans l'expérience de Georges Dumas (PPE 554). Or, explique Merleau-Ponty, en s'appuyant en particulier sur Kurt Goldstein, s'il y a bien un rapport entre réflexe et réaction, celui-ci n'est pas direct : « Il n'y a pas de rapport entre un *stimulus* et la réponse, mais ce rapport passe nécessairement par un milieu, un champ de forces » (PPE 433). Deuxièmement, penser l'organisation du champ et ses lignes de force, c'est ce que la psychologie de la forme a tenté de faire à travers le concept de *Gestalt*. Si ce concept évite à coup sûr le causalisme, il tend cependant par ailleurs à perdre le lien avec l'expérience concrète, risquant à tout moment de verser dans un formalisme abstrait. Tout en affirmant la coexistence entre structures physiques et psychiques, il n'affronte pas leur relation complexe et se limite à avancer un isomorphisme de principe. Là où le mécanisme postule l'immédiateté, la Gestaltpsychologie soutient la coïncidence des structures. En d'autres termes : quand il y a transparence de structures, la Gestalt apparaît.

Tout en se servant de leurs résultats pour réfuter des positions que l'on pourrait qualifier de « transparentistes », Merleau-Ponty estime que mécanisme et gestaltisme ratent, chacun pour des raisons spécifiques, une pensée authentique de la perception, étant donné que l'élément fondamental leur fait défaut : l'idée du « champ perceptif ». La relation perceptive n'est jamais d'ordre purement causal ni frontal, mais doit être pensée sur un mode écologique, dans la mesure où le sujet et l'objet perceptif sont à leur tour insérés dans un environnement plus vaste qui les enveloppe. Le corps vivant ne possède pas une nature radicalement hétérogène vis-à-vis du milieu pas plus que celui-ci ne contient celui-là sur le mode d'un réceptacle ; le sujet incarné relève plutôt, explique Merleau-Ponty, d'une « puissance qui co-naît à un certain milieu d'existence » (PhP 245). Pour expliquer cette idée d'une « co-naissance » entre sujet vivant et milieu, Merleau-Ponty s'appuie d'une part sur les exemples – négatifs – de la psychopathologie, et de l'autre sur les résultats provenant de l'éthologie animale. Les travaux du zoologue néerlandais Frederik Buytendijk sont mobilisés, pour corroborer l'indissociable corrélation entre le vivant et son milieu, par exemple lorsqu'à l'improviste, dans le vent frais d'un matin d'automne, une nuée d'hirondelles quitte le site de nidification et entreprend son long vol migratoire vers le sud.

En se penchant sur le « milieu », Merleau-Ponty infléchit vers une pensée opératoire une notion qui risquait de conduire à une épistémologie déterministe. Et cela dans la mesure où il insiste sur le fait d'exister à la fois *au milieu* et *par le milieu* : le « “quelque chose” perceptif est toujours au milieu d’autre chose, il fait toujours partie d’un champ » (PhP 10), tout comme c’est à travers cette insertion dans un milieu matériel et concret que la motricité première du corps se traduit en geste effectif. Il suffit de considérer les cas de patients ayant subi certaines lésions neurologiques, et qui possèdent encore la faculté cognitive de reconnaître des figures géométriques sur un fond, mais s’avèrent incapables d’imaginer leur rotation (PP 153) pour mesurer à quel point la plasticité des représentations mentales s’appuie à la capacité pratique du sujet de se mouvoir dans un milieu perceptif. Renversant la conception traditionnelle, qui faisait du corps le simple réceptacle affectif, Merleau-Ponty insiste sur sa motricité inhérente. Le corps percevant est toujours projet, dirigé, en tension : c’est là le sens de la notion husserlienne d’intentionnalité. Mais que projette le corps, entendu cette fois dans les termes d’une « intentionnalité motrice » ? Non pas ses objets ou guère ses « intentions », mais son champ, tel un projecteur, ou encore un milieu.

C’est encore à Buytendijk, qui avait en 1925 coécrit avec le philosophe Helmuth Plessner un essai sur l’expression mimique[1], que Merleau-Ponty emprunte l’idée d’une « intentionnalité de milieu » (*Umweltintentionalität*), une intentionnalité qui dépasse un cadre purement cognitif, et où les différentes parties du corps se reconnaissent et se disposent de manière à

1. F. J. J. Buytendijk et H. Plessner, « L’interprétation de l’expression mimique. Contribution à la théorie de la conscience de l’autre [1925] », dans F. Burgat et C. Sommer (dir.), *Le phénomène du vivant. Buytendijk et l’anthropologie philosophique*, Genève, Metis Presses, 2016.

rendre possible l'appréhension des objets environnants. Des possibilités qui ne sont pas uniquement pensables, mais effectuables, des rapports qui ne sont plus de l'ordre de la représentation mais d'ordre pratique ou moteur. Le milieu environnant agence et installe une situation perceptive à l'intérieur de laquelle le corps vivant doit s'orienter et se mouvoir, et ce avant que n'intervienne la volonté. La plupart des gestes qu'effectue notre corps échappent à notre représentation claire – il s'agit de gestes *à faire* ou de tâches *à accomplir* plutôt que d'objectifs que je voudrais accomplir par ma volonté. Tout cela amène *in fine* à déformaliser et de déinstellectualiser le concept classique d'intentionnalité : « En disant que cette intentionnalité n'est pas une pensée, nous voulons dire qu'elle ne s'effectue pas dans la transparence d'une conscience et qu'elle prend pour acquis tout le savoir latent qu'a mon corps de lui-même » (PhP 269). En tant que *potentialité dans un milieu*, le corps mû ne se laisse réduire ni à une autonomie totale d'un sujet pur, ni à l'hétéronomie d'un environnement. Synthèse en acte, le corps vivant subvertit d'emblée la différence entre le psychique et le physique, et nous oblige à interroger ce que nous pensons savoir du corps et de sa nature.

CORPS ET MÉDIUM : SCHÉMA CORPOREL, MOTRICITÉ ET EXPÉRIENCE

Le corps accompagne et soutient notre existence avec une insistance telle qu'on se demande jusqu'à quel point notre pensée n'en serait pas l'ombre portée. Mais qu'est-ce qu'un corps ? Cette « chose insensée », comme Platon aimait à l'appeler[1], nous accompagne en permanence et nous en savons pourtant si peu, insensibles par définition à cette chose que nous sommes plutôt que nous ne l'avons. Présence discrète qui accompagne et rend possible tous nos mouvements, nous ne pouvons en faire le tour ni le ranger une fois que nous nous en sommes servis. Pour tout être incarné, le corps empêche pour ainsi dire perpétuellement sa propre saisie, puisqu'il ne se laisse jamais envisager de face.

Tout ce que nous pourrons dire d'un corps, de tout corps, nous devrons l'énoncer depuis le point de vue du premier corps qui se donne à nous dans l'expérience : le nôtre. Indissociable de notre identité, il est « moi » tout autant qu'il est « mien ». De ce corps, nous faisons toutefois des expériences très variées. Nous en faisons l'expérience « du dedans », en tant que corps sensible, vivant et moteur, en tant que corps que *nous* agissons et *par lequel* nous agissons. Cet « appareil à vivre qu'on appelle mon corps vivant », comme Merleau-Ponty l'appellera des années plus tard[2], peut aussi se retourner, s'éloigner et devenir « extérieur », chaque fois que nous sentons que se pose sur lui le regard d'un autre. Pour un bref instant, nous ne sommes plus tout à fait « en nous »,

1. Platon, *Phédon*, 67a.
2. Note inédite, 27 septembre 1955. MBNF VIII, fol. 114.

mais imaginons notre corps perçu par les autres, comme un objet exposé à un regard étranger. Notre corps, dans l'expérience de l'être-vu, s'objective, de même que dans ces moments où nous plongeons notre regard dans un miroir et que ce que nous y voyons « du dehors » ne correspond jamais entièrement à ce que nous vivons « du dedans ».

Cette duplicité inhérente au corps constitue une des premières intuitions de Husserl qui distingue – la langue allemande ayant à disposition deux mots là où les langues latines n'en ont qu'un – entre le corps-objet (*Körper*) et le corps-sujet (*Leib*). Ou, plus exactement, un corps vivant, le mot *Leib* ayant la même racine étymologique que la « vie » (*Leben*). Cette dimension vitale de l'expérience charnelle, qui se fait toujours à la première personne, constituera l'un des pivots centraux de la *Phénoménologie de la perception*, et il faudra y revenir. Tout porte à croire, cependant, que Merleau-Ponty ait d'abord adopté une autre distinction, découverte avant même sa fréquentation des écrits de Husserl, dans l'œuvre de Gabriel Marcel. Dans *Être et avoir*, ouvrage auquel Merleau-Ponty consacre par ailleurs dès 1936 une recension[1], Marcel s'interroge sur la manière de rendre compte du fait que je suis un corps, mais que ce corps n'est pas un corps quelconque mais bien *mon* corps. La phrase « Je suis un corps » reste vide, tant que nous n'aurons pas réalisé qu'*être* un corps, cela revient à *avoir* un corps. Cet avoir n'est toutefois pas à confondre avec une possession. Dans *Être et avoir*, le corps joue

1. Il s'agit de la note de lecture d'*Être et avoir* qui fut publiée dans la revue catholique *La Vie Intellectuelle*, XLV (octobre 1936), p. 98-109 (reprise dans P1, 35-44).

ainsi un rôle charnière, car il se situe à l'intersection entre l'être et l'avoir mais également en dehors : le corps « n'est pas » dans la mesure où il ne m'est jamais donné entièrement, qu'il ne deviendra jamais « objet »[1]. Mais si *j'ai* mon corps, s'il est le véhicule de mon agir, je ne peux jamais entièrement en disposer. La *Phénoménologie de la perception* peut être lue comme une réponse à une configuration par trop abstraite, dans la mesure où elle ne tient pas suffisamment compte qu'*avoir* un corps, ce n'est pas agir sur lui, mais par son entremise.

Mais si le corps est plutôt de notre côté que face à nous, si l'on devine sa présence en marge de tous nos gestes plutôt qu'il n'apparaît dans notre visée, comment le thématiser philosophiquement ? Husserl s'était déjà heurté à cette même difficulté. Les corps sont capables « de mouvements spontanés immédiats »[2] et se présentent donc comme un paradoxal médium de l'immédiation : toute perception passe par le corps, mais ce passeur qu'est le corps – cette chose qui est pour moi « la plus proche »[3] – se refuse justement à toute objectivation adéquate. « Ce même corps, qui me sert de moyen de toute perception, me fait obstacle dans la perception de lui-même »[4]. Toute entreprise visant à accéder à cela même qui nous fait accéder au monde est par avance destinée à l'échec. Opérant, mon corps ne le

1. *Cf.* la seconde partie du livre, c'est-à-dire l'« Esquisse d'une phénoménologie de l'Avoir », initialement présentée par Gabriel Marcel lors d'une communication de 1933 devant la Société philosophique de Lyon (G. Marcel, *Être et avoir*, Paris, Aubier, 1968).

2. Hua IV, 152, § 38. E. Husserl, *Idées directrices pour une phénoménologie et une philosophie phénoménologique pures. Livre second : Recherches phénoménologiques pour la constitution*, trad. fr. E. Escoubas, Paris, Puf, 1982.

3. Hua XIV, 58 (nous traduisons).

4. Hua IV, 159. E. Husserl, *Idées*, *op. cit.*, p. 224.

sera qu'aussi longtemps qu'il demeure opératoire et non thématique ; il correspond à mon « je peux », sans pour autant dissimuler que ce « je peux » ne découle pas d'un « je veux », mais qu'au contraire, mon vouloir en dépend. Certes, dans le miroir, nous apparaissons tels que nous apparaissons aux autres, c'est-à-dire vus de dehors, et pourtant, le corps a perdu au passage les caractéristiques que nous lui connaissions ; ce n'est pas un regard que l'on voit, uniquement deux pupilles.

Mon corps représente le « point-zéro de toutes les orientations, en ce sens l'ici absolu de tout là-bas, de tout en dehors de lui »[1], dans la mesure où il ne correspond pas à une forme de vision transcendantale et ne s'inscrit guère dans un espace topographique quadrillé, mais représente justement le point zéro d'un espace de signification dont il dessine lui-même les coordonnées et les déplace en permanence par chacun de ses mouvements. Des expressions telles que « ici » et « maintenant », « haut » et « bas », « droite » et « gauche », seraient dépourvues de toute signification, s'il n'y avait pas au préalable quelque chose comme une situation corporelle à partir de laquelle les énoncer : l'ancrage spatial est la condition pour qu'il y ait un espace de signification ; l'être-orienté du corps sensible est un préalable pour l'orientation dans le sens. Degré zéro de spatialité, le corps ne fait pas partie des choses dénombrables et ne se situe pas au-delà, il n'est pas parmi les objets m'apparaissant pas plus qu'il se dérobe à toute visibilité, mais constitue plutôt un médium de l'apparaître. Si Husserl le décrit comme une « chose originairement donnée » (*original gegebenes Ding*), et même comme la chose qui

1. Hua XV, 273. E. Husserl, *Autour des* Méditations cartésiennes (*1929-193*). *Sur l'intersubjectivité*, Grenoble, Millon, 1998, p. 225.

prédétermine la manière dont se donneront toutes les autres[1], le corps n'est justement pas donné sous forme d'objet, comme quelque chose qu'une conscience aurait face à soi, mais comme moyen, vecteur ou médium « à travers lequel » (*vermittels dessen*) les objets se donnent à voir[2].

Merleau-Ponty, sur lequel ces descriptions exerceront un impact notable, et qui aura notamment l'occasion d'étudier les paradoxes de la corporéité dans ce qui ne sont encore à l'époque que les manuscrits inédits des *Ideen II* lors de sa visite aux Archives de Leuven en 1939[3], reprendra à son compte le concept de *Leib* husserlien, qu'il traduira tantôt par « corps propre » et tantôt par « corps vivant ». Mais avant tout, il saisit parfaitement tout l'intérêt qu'il y a à concevoir le *Leib* non pas tant comme une chose définie par une quelque *qualité* supérieure (la *mienneté* ou la *vitalité*, par opposition aux corps inertes et anonymes) mais par sa nature *opératoire* : pour appréhender ce qui singularise ce corps dont je fais l'expérience à la première personne, plutôt que d'interroger ce qu'*est* ce corps, mieux vaut questionner ce qu'il *fait*. Ce corps qui se confond avec ce que je suis est avant tout un vecteur et un agent, il me *fait faire* et il me *fait voir*. Dans la *Phénoménologie*

1. Hua XV, 567 (nous traduisons).

2. Hua IV, 56 : « Zunächst ist der Leib das Mittel aller Wahrnehmung ». E. Husserl, *Idées, op. cit.*, p. 92.

3. H. L. Van Breda, « Maurice Merleau-Ponty et les Archives Husserl à Louvain », *Revue de Métaphysique et de Morale* 67, 1962, p. 410-432. Merleau-Ponty sera le premier visiteur étranger aux Archives fraîchement transférées en Belgique, grâce à l'effort du père franciscain Herman Leo Van Breda pour sauver les quelque 40.000 pages en sténographie Gabelsberg et éviter qu'elles ne tombent dans les mains du régime nazi.

de la perception, Merleau-Ponty usera d'une métaphore cinématographique en décrivant la présence de mon corps comme « l'obscurité de la salle nécessaire à la clarté du spectacle » (PhP 117). S'il doit pouvoir remplir sa fonction ouvrante, si le corps incarné et vivant doit réellement faire en sorte qu'à mesure que je m'y engage, le monde se déplie pour moi et gagne en consistance, il faut qu'il se mette pour ainsi dire en sourdine, que, de façon passagère, il se fasse oublier. Paradoxalement, le corps-médium doit donc se fondre dans le décor, passer à l'arrière-plan et devenir indistinct, afin de mieux laisser apparaître ce qui sans lui n'aurait jamais de relief. Mon corps accompagne ma perception telle une ombre, discrète mais infaillible, dont j'entrevois la présence dans les marges de mon champ de vision ; en tant que ce qui conditionne toutes mes expériences, je ne peux pas m'éloigner du corps ou le mettre de côté, pas plus que je ne saurais le contempler de face. C'est en ce sens que mon corps est donc doublement *opératoire* : premièrement, au sens où l'opératoire s'oppose au thématique, et que ce qui est « opératoire » (ou *fungierend* comme dit Husserl) n'apparaît jamais comme « thème » ou motif ; deuxièmement, parce ce que ce qui opère échappe non seulement à la logique phénoménale classique – il n'apparaît pas *en tant que tel* –, mais il n'est de plus observable qu'indirectement, dans les effets qu'il produit (dans ce que cela *fait faire* et que cela *fait être*).

À ce propos, Merleau-Ponty n'hésitera pas à reprendre à son compte l'idée qu'il puisse y avoir quelque chose comme une « intentionnalité opérante » (une *fungierende Intentionalität* disait Husserl) qui est celle de l'agir corporel, et qui atteint les objets sans que ceux-ci impliquent une visée thématique : une sorte de synthèse antéprédicative qui ne serait pas tant le fruit d'un acte cognitif que d'une intelligence pratique (PhP XIII). Pour illustrer cette affirmation, Merleau-Ponty renvoie aux métiers où la dextérité est proprement habitualisée, tels que la figure du dactylographe ou du joueur d'orgue. Il va de soi que le dactylographe ou le joueur d'orgue seraient parfaitement capables, si on le leur demandait, de nous renseigner sur l'emplacement des différentes lettres ou notes sur le clavier, mais s'ils sont respectivement de bons dactylographes ou de bons organistes, ce n'est pas en vertu d'un tel savoir-que (*knowing-that*), mais d'un savoir-faire tacite et incarné (*knowing-how*), qui se passe de toute représentation consciente. Et Merleau-Ponty d'évoquer l'exemple des organistes qui doivent parfois s'adapter à des instruments fort différents de ceux qu'ils pratiquent habituellement : pendant la courte répétition avant le concert, plutôt que de tenter d'inspecter l'orgue pour mémoriser l'emplacement des différentes composantes, l'organiste s'installe sur le banc, actionne les pédales et tire les jeux, bref, il « s'installe dans l'orgue comme on s'installe dans une maison » (PhP 170).

Ce type de réflexion permet certes de renvoyer dans les cordes les explications excessivement rationalistes de l'agir incarné, et faire droit à une véritable « intentionnalité motrice » (PhP 128) qui permet à l'être vivant de se mouvoir dans le monde. Reste qu'elle n'élucide guère pourquoi ce type d'intentionnalité motrice ne relève pas seulement d'un automatisme et pourquoi elle peut subir des réorganisations majeures au cours de la vie. Car après tout, que les dactylographes ou les organistes intègrent des artefacts techniques dans leur propre schéma corporel – que ces extensions soient donc pleinement naturalisées grâce à l'habitude – prouve qu'il n'y a rien de naturel ni d'instinctif dans la structure motrice. Si certaines postures peuvent être corrigées par un travail actif, et qu'une telle correction suppose alors une prise de conscience expresse où l'individu doit pour ainsi dire s'auto-objectiver, et se représenter ses gestes de l'extérieur afin de comprendre comment les modifier, un faisceau d'indices convergents indique que dans de nombreuses situations, une réorganisation spontanée a bien lieu. Merleau-Ponty lui-même se passionne pour certains cas de patients neuropsychiatriques ayant subi des amputations, et qui témoignent d'une réorganisation du schéma corporel. Contrairement aux *patterns* innés, pour lesquels Merleau-Ponty renvoie aux études pionnières de Konrad Lorenz sur le comportement des oies grises, le schéma corporel n'est jamais donné une fois pour toutes, mais manifeste une plasticité étonnante. Tantôt il étend les limites du corps naturel, pour intégrer des prothèses artificielles, tantôt il se réajuste à la perte de certains membres, et alloue parfois aux organes restants des fonctions auxquelles rien ne les destinait.

Aujourd'hui, les sciences cognitives reconnaissent généralement à Merleau-Ponty le mérite d'avoir anticipé nombre de découvertes sur la plasticité neuronale. De fait, et dès la *Structure du comportement*, celui-ci mentionne le cas surprenant des patients atteints d'hémianopsie, autrement dit d'une désactivation de la moitié des récepteurs rétiniens (SC 41-44). Alors qu'on pourrait s'attendre à ce que les patients ne disposent plus que de la moitié de leur champ visuel, avec une zone périphérique claire, on constate au contraire que le cerveau a réorganisé le nouveau champ disponible, d'ailleurs toujours bilatéral et restructuré de nouveau selon une polarité entre un centre fovéal clair et une frange périphérique plus floue. Cette réorganisation, commente Merleau-Ponty plus tard, lorsqu'il revient au même exemple dans ses cours de psychologie à la Sorbonne de 1951, « se produit sans aucune espèce de conscience de la part du sujet » : il ne s'agit pas d'un reflet d'un état anatomique réel – puisque dans les faits, la fovéa physiologique est remplacée par une fovéa fonctionnelle –, mais de la capacité d'un organisme à continuer à assurer « une certaine tâche » (PPE 455).

Outre le fait d'avoir anticipé certains aspects de la plasticité neuronale et du *remapping* du cortex somato-sensoriel aujourd'hui bien établis, le courant actuel de l'énactivisme et de la cognition incarnée crédite habituellement Merleau-Ponty d'avoir imposé la notion de « schéma corporel ». À rebours d'une tradition philosophique qui ramène la proprioception à une image ou à une représentation réflexive de soi, Merleau-Ponty convoque les neuropsychiatres de son époque pour montrer qu'il y a bien un schème postural à l'œuvre dans les mouvements du corps qui se passe de toute représentation. Merleau-Ponty semble avoir découvert le concept de schéma corporel en 1939, à l'occasion de la parution de *L'image de notre corps* du neuropsychiatre Jean Lhermitte. Celui-ci reprend le concept à l'ouvrage *Das Körperschema* du psychiatre autrichien Paul Schilder de 1923, qui s'appuyait à son tour sur un article de 1911 paru dans la revue *Brain* où Henri Head et Gordon Holmes introduisaient le concept de « schème »[1]. Dans son influent ouvrage *How The Body Shapes the Mind*

1. H. Head et G. Holmes, « Sensory disturbances from cerebral lesions », *Brain* 34, 1911, p. 102-254 ; P. Schilder, *Das Körperschema*, Berlin, Springer, 1923 ; J. Lhermitte, *L'image de notre corps* [1939], Paris, L'Harmattan, 1998.

de 2005, Shaun Gallagher a attribué à Merleau-Ponty le mérite d'avoir été le premier à avoir clairement distingué entre *schème corporel* et *image du corps*. Mais en est-on si sûr ? Est-il vrai que le schéma corporel ne doit rien à la réflexivité d'une part et, d'autre part, qu'il faut y voir une structure « innée », comme l'affirme Gallagher ? En ce qui concerne Merleau-Ponty, une lecture attentive des passages en question dans son œuvre invite à plus de prudence, comme l'a bien montré Emmanuel de Saint Aubert[1], et d'ailleurs on est en droit de se demander si un schéma corporel ainsi purifié ne ressemble pas à s'y méprendre à un *a priori* transcendantal qu'on aurait cette fois inséré directement dans les structures somatiques. L'idée de « schématisations corporelles dans le mouvement » (*body schematizing movements*) est probablement à la fois plus précautionneuse et plus proche de l'intention initiale de Merleau-Ponty[2]. En tout cas, ce dernier nous aura mis en garde contre toute essentialisation du concept : « la notion du schéma corporel est ambiguë comme toutes celles qui apparaissent au tournant de la science » (PhP 114).

Quoi qu'il en soit, Merleau-Ponty précise bien que si la notion de schéma corporel peut avoir un sens, ce n'est en tout cas pas sur le mode d'une spatialité de position mais de situation, et qu'elle doit être comprise par rapport à un champ d'action latent : « mon corps

1. *Cf.* E. de Saint Aubert, *Être et chair I. Du corps au désir : l'habilitation ontologique de la chair*, Paris, Vrin, 2013, chapitre premier : « Le schéma corporel ou le corps analogique ».

2. D. Morris, « The space of the body schema : putting the schema in movement », dans Y. Ataria, S. Tanaka et S. Gallagher (dir.), *Body Schema and Body Image : New Directions*, Oxford, Oxford University Press, 2021.

m'apparaît comme posture en vue d'une certaine tâche actuelle ou possible » (PhP 116). Avant toute connaissance prédicative, l'expérience motrice déplie le monde et nous fait accéder aux objets par « praktognosie » plutôt que par appréhension conceptuelle. C'est à ce titre que Merleau-Ponty soutiendra que le schéma corporel ne s'éclaircit qu'à l'aune d'une pensée de l'être-au-monde : « Le corps est le véhicule de l'être au monde, et avoir un corps c'est pour un vivant se joindre à un milieu défini, se confondre avec certains projets et s'y engager continuellement » (PhP 97). Alors que *La structure du comportement* débutait volontairement « par le bas », la *Phénoménologie de la perception* s'installe d'emblée dans l'expérience humaine du corps vécu, déplaçant ainsi déjà la perspective. « La vie humaine [...] se comprend elle-même, parce qu'elle est jetée à un monde naturel » (PhP 377). La question de l'humain rejaillit donc comme problème du monde.

DU CORPS AU MONDE : VIRTUALITÉS

Par facilité, on explique généralement la notion d'être-au-monde merleau-pontienne par sa référence à l'analyse existentielle de Heidegger, où l'existence humaine est définie par son « être-dans-le-monde » (*In-der-Welt-Sein*). Or non seulement la formule merleau-pontienne est plus polysémique que celle de Heidegger – l'être-au-monde peut s'entendre non seulement comme un être-*dans*-le-monde, mais encore comme un être-*vers*-le-monde –, mais son emploi dans le contexte de la *Phénoménologie de la perception* prouve qu'elle est parfois plus proche de positions provenant de la psychiatrie ou de la zoologie dont Heidegger rejetait en bloc les conclusions. Si être au monde en tant que corps revient à se joindre à un milieu défini (PhP 97), Merleau-Ponty se range aux conclusions de Jakob von Uexküll, son concept de « milieu » n'étant autre que la traduction du terme allemand *Umwelt* que l'éthologue avait pris soin de distinguer d'*Umgebung* (« environnement ») et de *Welt* (« monde »). Jakob von Uexküll définit l'*Umgebung* par sa localisation dans un espace isotrope, comparable en cela à « l'environnement géographique » de Koffka, alors que l'*Umwelt* serait un espace qualitatif, correspondant à « l'environnement de comportement ». En pensant l'*Umwelt* comme spécificité du vivant par rapport à l'*Umgebung* purement géographique, Uexküll lui confère une acception positive, comme espace signifiant dans lequel le vivant peut s'orienter et qu'il redéfinit, jusqu'à un certain degré, par son action subjective[1]. Uexküll ira jusqu'à soutenir que cette conception du milieu (*Umwelt*) comme écosystème signifiant ne vaut pas que pour l'animal mais aussi pour l'animal humain, ce qui lui attirera les foudres d'auteurs liés à l'anthropologie philosophique comme Arnold Gehlen ou Adolf Portmann (ce dernier étant pourtant peu suspect de verser dans un quelconque anthropocentrisme) mais surtout les foudres de Heidegger. Dans le cours fribourgeois de 1929-1930 sur *Les concepts fondamentaux de la métaphysique : monde, finitude, solitude*, Heidegger consacre en effet un long moment à démonter l'argumentation de Uexküll, et à la retourner en son contraire. Alors qu'Uexküll s'ancre dans la *Umwelt* tout d'abord

1. J. von Uexküll, *Mondes animaux et monde humain* ; *suivi de Théorie de la signification* [*1934*], *op. cit.*, p. 80 et *passim*.

zoologique pour l'étendre ensuite à tous les vivants, humains inclus, Heidegger soutient que seul l'être humain habite pleinement le monde (*Welt*), ramenant l'*Umwelt* animale à une condition nécessairement déficitaire. Alors que pour Uexküll, le monde-milieu (*Umwelt*) est – à la différence de l'*Umgebung* – déjà un monde, pour Heidegger l'*Umwelt* n'est que « pauvreté de Welt », jouant sur la proximité phonétique du préfixe signifiant l'entourage *um-* et du préfixe *un-* indiquant la privation ou le manque[1].

Au regard de la question de l'animalité, force est de constater que c'est trop rapidement que l'on a voulu faire dériver la notion de monde chez Merleau-Ponty de celle de Heidegger : à la différence de Heidegger qui considérait que les tentatives récentes en zoologie de penser l'organisme en rapport avec son milieu demeuraient en dernier lieu futiles pour la philosophie, Merleau-Ponty confirme et prolonge les analyses de Goldstein et de Buytendijk. Contrairement à la conceptualisation heideggerienne, il n'y aurait guère d'encerclement (*Eingenommensein*) et d'accaparement (*Benommenheit*) de l'animal par l'Umwelt, mais au contraire *Auseinandersetzung*, un différend de forces de coloration quasiment spinoziste (SC 95). Loin que « l'organisme s'emboîte chaque fois dans un milieu déterminé » (SC 384), il y est au contraire invariablement engagé. Il n'y a donc guère de césure fondamentale entre

1. *Cf.* M. Heidegger, *Die Grundbegriffe der Metaphysik : Welt, Endlichkeit, Einsamkeit*, F.-W. von Herrmann (ed.), Frankfurt am Main, Klostermann, 1983. Parmi la littérature nourrie sur ce sujet, nous ne renverrons ici qu'à l'essai de F. Dastur, « Pour une zoologie "privative" ou Comment ne pas parler de l'animal », dans *Déconstruction et phénoménologie*, Paris, Hermann, 2016.

le règne animal et humain, mais plutôt une différence quant à la modalité de cet engagement. Bref, Merleau-Ponty ne pense pas le monde selon le critère ontologique de la compréhension (*Verstehen*) de l'être en opposition à une *Umwelt* d'inhibition par les étants-objets, mais comme une « compréhension d'enveloppement » de la potentialité du milieu. Au lieu d'être dépendant des déclencheurs qui seraient comme « gangue et rails du comportement » (N 283), l'homme entretient avec eux un rapport de distance qui représente toujours une distance créatrice. Aussi, la vie humaine « "comprend" non seulement tel milieu défini, mais une infinité de milieux possibles » (PhP 377).

De ce fait, la notion de milieu prend une nouvelle valeur philosophique dans la *Phénoménologie de la perception* en tant qu'elle est redéfinie en rapport au corps : le corps n'est plus « enveloppe transparente de l'esprit » (PhP 187) mais « moyen » pour faire d'un milieu un monde (PhP 144). Tandis que Heidegger voyait dans le milieu le motif de fermeture et d'encerclement, Merleau-Ponty y puise au contraire sa conception d'ouverture. Sans abandonner la possibilité de distinction entre le règne animal et le règne de l'homme, celle-ci sera toutefois une distinction graduelle et non catégoriale[1]. Tous deux sont fondamentalement à la fois *situés dans* et *ouverts sur* un milieu, l'homme doit être envisagé comme l'être qui dans sa condition incarnée potentialise cette ouverture en créant son propre monde. C'est ainsi qu'il n'hésitera pas, quelques années plus tard, à soutenir

1. Sur l'enjeu anthropologique *cf.* E. Bimbenet, *Nature et Humanité : le problème anthropologique dans l'œuvre de Merleau-Ponty*, Paris, Vrin, 2004.

qu'« [a]vant d'être raison, l'humanité est une autre corporéité » (N 269). Tout en maintenant un partage entre animal et humain, dans la *Phénoménologie de la perception*, Merleau-Ponty explique le développement du dernier à partir du premier ; en utilisant la possibilité offerte par la condition d'ouverture, l'homme se libère de sa détermination objective.

Dans le chapitre « La spatialité du corps propre et la motricité », Merleau-Ponty s'intéresse à ce célèbre patient de Kurt Goldstein, Johann Schneider, ce soldat blessé à la tête par des éclats de mine durant la Première Guerre mondiale, et qui ne parvient pas à se représenter des actes ou situations non-actuelles ni même à se représenter soi-même en acte. Maroquinier de profession, il continue à coudre et à couper le cuir, mais il n'est pas en mesure de prendre de la distance vis-à-vis de lui-même, d'objectiver son activité, ni encore moins de se projeter dans des activités différentes. Schneider se confond avec son *Umwelt*, le milieu du maroquinier, dont les possibilités sont limitées et univoques : « Le normal compte avec le possible qui acquiert ainsi, sans quitter sa place de possible, une sorte d'actualité, chez le malade au contraire, le champ de l'actuel se limite à ce qui est rencontré dans un contact effectif ou relié à ces données par une déduction explicite » (PhP 127). Ce qui fait défaut à Schneider, résume Merleau-Ponty, c'est l'accès à la virtualité : il lui manque « un corps virtuel dont le "lieu" phénoménal est défini par sa tâche et sa situation » (PhP 269). Ainsi, le corps concret et anatomique doit se redoubler d'un « corps virtuel », « système d'actions possibles », auquel seront imprimés les changements d'orientation qui conditionnent à leur tour tout déplacement dans l'espace. Merleau-Ponty renvoie aux expériences de Stratton et ensuite de Wertheimer sur les inversions axiales, où un sujet est soumis à des appareils optiques qui renversent l'angle de vue : après une désorientation initiale, où on constate une décorrélation entre la vision et le mouvement moteur, une accommodation se produit, permettant ensuite au sujet de se mouvoir avec assurance dans la pièce. « Ce corps virtuel déplace le corps réel à tel point que le sujet ne se sent plus dans le monde où il est effectivement, et qu'au lieu de ses jambes et de ses bras véritables, il se sent les jambes et les bras qu'il faudrait avoir pour marcher et pour agir dans la chambre reflétée » (PhP 289). Mais loin de n'être qu'une variation ou une abstraction du corps actuel, le corps virtuel conditionne au contraire l'usage de celui-ci, dès lors qu'un corps ne sera un corps habité et vécu qu'à condition d'être capable d'un mouvement libre. Merleau-Ponty y voit une énième confirmation des erreurs du comportementalisme : les *behavioristes* s'avèrent incapables de tenir compte des opérations de virtualisation, à l'œuvre chaque fois que le sujet se trouve face à des objets d'usage. Dans l'exemple que Merleau-Ponty avait mobilisé dans *La structure du comportement*, le propriétaire d'un veston qui voudrait enfiler le vêtement doit être en mesure d'identifier comme manche gauche celle qui se trouve pourtant à sa droite et vice versa. Une inversion virtuelle que l'explication qui consiste simplement à corréler des stimuli proprioceptifs et extéroceptifs est incapable de restituer. En ce sens, la virtualité est synonyme d'un pouvoir de transposition, à l'instar de la mélodie que toute personne capable de chanter sera capable de transposer – spontanément, et sans notion aucune de solfège – dans une tonalité différente[1].

Pour qu'un sujet incarné puisse s'engager dans un monde, paradoxalement, il faut qu'il puisse se dégager de sa situation donnée ; un espacement doit se produire, une désolidarisation des données immédiates, une virtualisation du présent. Pour le sujet non-pathologique, un stimulus n'est pas uniquement un levier d'actualisation, il peut aussi donner lieu à un « mouvement virtuel » annonçant « une certaine puissance d'action dans le cadre du dispositif anatomique » (PhP 126). Ainsi, le corps du sujet normal possède une faculté de non-actualisation, une faculté de « se situer dans le virtuel » (PhP 126). Singulièrement, « se détourner du monde » (PhP 126) constitue donc bel et bien la condition d'une projection de monde. D'une certaine façon, et ce dès la *Phénoménologie de la perception*, ce n'est pas tant le corps physique qui projette devant soi un corps virtuel, prodrome de ses actions futures ; d'une certaine façon, le corps virtuel *précède* le corps physique actuel : « en tant qu'il projette autour de lui un certain "milieu" » (PhP 269), le corps est toujours plus qu'il n'est actuellement, il est tout autant dans ses virtualités[2].

1. Pour une contextualisation générale dans la psychologie de l'époque, où l'on trouve déjà certaines réflexions autour du « mouvement virtuel » (Ribot, Palagyi), de l'« espace virtuel » (Wallon), et du « corps virtuel » (Lhermitte), *cf.* le chapitre respectif dans le vaste travail archéologique sur la notion de virtuel entrepris par M. Parmentier, *Archives du virtuel*, Paris, Vrin, 2023.

2. Sur l'idée de virtualité chez Merleau-Ponty et sa mise en perspective avec d'autres théories du possible et du virtuel *cf.* M. Vitali Rosati, *Corps et virtuel : itinéraires à partir de Merleau-Ponty*, Paris, L'Harmattan, 2009. *Cf.* en outre E. Alloa, « Le théâtre

En ce sens, l'être incarné n'est pas seulement un être « en situation », il se définit comme « possibilité de situations » (PhP 466). Aussi, il faudra définir le corps virtuel comme *virtus* somatique, comme une force opérante excédant toujours ses actualisations concrètes.

De nombreux cas analogues sont analysés également dans les cours de psychologie et pédagogie de la Sorbonne, notamment en rapport au membre fantôme, au dessin enfantin et même à la cybernétique. Merleau-Ponty va même jusqu'à tirer une thèse anthropologique de la notion de virtuel : la capacité de montrer du doigt un point de l'espace suppose d'être « déjà installés dans le virtuel » (P2 43), capacité inaccessible à la plupart des animaux et aux apraxiques. L'espace virtuel est un « espace centrifuge ou de culture » (P2 43). L'idée de virtuel amorce ici une théorie de l'intersubjectivité : le geste de la monstration marque à la fois l'endroit à partir duquel on montre (son hic et nunc) et un ailleurs qui en sera le corrélat ; il engage déjà, selon les notes de cours pour *Le Monde sensible et le Monde de l'expression*, « cet espace virtuel, cet ici par opposition à l'actuel » (MSME 65). Le geste produit donc à la fois une localisation et un dédoublement des plans, il construit un « "espace virtuel", système de correspondances entre propriétés de mon champ actuel et ce que seraient ces propriétés pour moi situées ailleurs ou pour un autre. Montrer, c'est déjà supposer cet espace virtuel ou de culture » (MSME 52). Le corps virtuel renvoie donc non seulement à un champ intersubjectif partagé ; il devient

du virtuel. D'un double impensé chez Merleau-Ponty », dans E. Alloa et A. Jdey (dir.), *Du sensible à l'œuvre. Esthétiques de Merleau-Ponty*, Bruxelles, La Lettre Volée, 2012, p. 317-337.

proprement la condition d'un monde commun. Dans le cours sur *La Nature*, Merleau-Ponty écrira plus tard : « Non plus corps fusion avec un *Umwelt* mais corps moyen ou occasion de projection d'un *Welt* » (N 284).

Paradoxe là encore d'un monde qui doit pouvoir persister au-delà des projections, mais qui ne peut pourtant faire l'économie de celles-ci. Si le monde est stable, si les objets du monde présentent une cohérence qui dépasse leurs modes d'apparitions momentanés, c'est précisément en vertu d'une virtualité inhérente à toute perception. Si le monde était composé d'une myriade d'éléments singuliers, comme pourrait laisser croire une certaine version de l'associationnisme, il ressemblerait alors à une vaste mosaïque composée de parties décorrélées dont, au moindre mouvement, le visage serait bouleversé de fond en comble. Or, dans la perception, la modification constante de l'aspect des choses se double d'un système virtuel de trajectoires dans lequel la conscience recompose spontanément la consistance des objets, et leur confère une persistance au-delà de leur manifestation partielle pour un sujet. C'est en ce sens que le perspectivisme radical de la perception n'est pas incompatible avec le postulat d'un monde qui gagne en consistance grâce à ses présentations partielles. Voilà ce que la Gestaltpsychologie ne parvient pas à penser, car elle reste prisonnière de l'idée d'un monde objectif. En tant qu'elle place le comportement – comme forme parmi d'autres – *dans* le monde, elle ne rend pas compte du fait que le comportement indique avant tout la possibilité de l'*émergence* d'un monde. La *Gestalttheorie* finirait, en somme, par situer les formes dans un monde physique et se bornerait à décrire la correspondance structurelle avec les représentations que nous nous en faisons.

En ce sens, la *Gestalttheorie* constituerait une alliance étrange entre un présupposé physicaliste et une procédure criticiste. Or le monde, soutient Merleau-Ponty, n'est pas, comme le pensait encore le kantisme, un système de relations aprioriques, il n'est pas « comme un cube de cristal » qui laisse voir « ses côtés cachés dans sa transparence actuelle » (PhP 378). Il est au contraire un espace habité, investi et *travaillé*, pour reprendre ce mot de Hegel qui revient fréquemment sous la plume de Merleau-Ponty. En rattachant la genèse du monde au milieu, on empêche de l'idéaliser : à l'instar de l'*Umwelt*, le monde « est une réalité intermédiaire entre le monde tel qu'il existe pour un observateur absolu et un domaine purement subjectif » (PPE 432).

À suivre la notion de *milieu* à travers les réflexions sur la perception, on peut donc observer comment la pensée merleau-pontienne se met en place à partir d'une incorporation de termes techniques pour leur allouer une signification nouvelle. En s'installant dans la non-philosophie, on est spectateur de cette reprise philosophique, de la réélaboration d'un terme qui, loin de se figer en un concept, reste opératoire et multiple. Il ne s'agit donc guère de ramener une notion dans les sphères épurées de l'esprit, mais de se maintenir dans l'entre-deux, conclut Merleau-Ponty dans le résumé de son parcours : « Peut-être ces recherches convergentes finiront-elles par mettre en évidence un milieu commun de la philosophie et du savoir positif, et par nous révéler, en deçà du sujet et de l'objet pur, comme une troisième dimension où notre activité et notre passivité, notre autonomie et notre dépendance, cesseraient d'être contradictoires » (P2 13).

Ainsi, la première phase de Merleau-Ponty participe déjà tout entière de l'effort d'éviter les réductionnismes et de considérer au contraire les intermédiaires. Le « milieu » n'est, dès lors, pas seulement le concept opératoire qui traverse cette période tel un fil rouge, il indique également le projet même de cette pensée. Ce n'est peut-être guère un hasard si Merleau-Ponty y reviendra, bien plus tard, en lui consacrant de nombreuses leçons des cours sur *La Nature* vers la fin des années 1950. On peut d'ores et déjà anticiper quelques-unes des avancées qui se dessineront, et sur lesquelles il faudra revenir[1]. Grâce à la notion d'*Umwelt*, « [l]a vue du monde ne se réduit pas à une somme d'événements extérieurs, ou à un intérieur qui n'est pas pris dans ce monde » (N 232). Si l'on veut comprendre le rôle que joue le milieu pour l'animal – poursuit Merleau-Ponty – il faudrait le comparer à notre conscience onirique dirigée vers quelque chose qui n'est jamais vu pour soi-même (N 233). On pourrait voir dans le rêve la préfiguration d'une « nouvelle notion du possible » qui ne se réduit pas à être un « autre actuel éventuel » (RC 137) mais qui serait le lieu où, dans une série d'images oniriques dont la durée n'excède pas quelques secondes, se profile l'infinitude d'enchaînements possibles toujours en suspension. À la place d'une vision droite et adéquate, les rêveries – comme d'ailleurs aussi la perception à l'état de fatigue que Peter Handke décrivit dans un essai mémorable qui gagnerait à être

1. *Cf.* chap. IV, « De l'intercorporéité à l'interanimalité : l'institution de la vie », p. 221, et chap. V, « Une puissance d'inventer du visible », p. 231.

intégré parmi les classiques phénoménologiques[1] – nous offrent une vision qui ne permet guère la fixation mais qui offrirait plutôt un transparaître des phénomènes. Contre toute épistémologie de la transparence, un retour au comportement dans le milieu est de mise, dans « l'*Alltäglichkeit* [qui] est toujours dans l'Entremonde, toujours en filigrane » (N 268). Au lieu « d'essayer de les serrer entre les pinces des événements parcellaires », il convient de restituer aux choses leur opacité propre, « l'organisme ou l'espèce comme réalité de masse » (N 268 *sq.*). On parvient alors à un « phénomène-enveloppe [...] qui n'est pas à chercher derrière, mais entre les éléments » (N 275).

Ce milieu enveloppant est moins un contenant que l'écart qui soutient les éléments de l'intérieur, et il deviendra l'idée directrice non seulement de l'ontologie du visible (comme nous nous efforcerons de le montrer dans la quatrième partie), mais déjà de la phénoménologie du langage que nous interpréterons comme seconde phase dans la pensée de Merleau-Ponty. La charnière entre cette première interrogation sur la perception et la réflexion sur le phénomène d'expression est constituée, comme on le verra, par la critique et la réinterprétation de la notion classique de transcendance.

1. P. Handke, *Essai sur la fatigue*, trad. fr. G.-A. Goldschmidt, Paris, Gallimard, 1996.

LE PROBLÈME DE LA TRANSCENDANCE

« Il faudrait définir à nouveau la philosophie transcendantale ». C'est sur ce constat que s'était clôturée *La Structure du comportement* (SC 241). Cela peut surprendre, tant l'approche merleau-pontienne semble différer d'une entreprise transcendantale d'empreinte kantienne. L'enchaînement d'exemples, le retour incessant sur les résultats des sciences empiriques, l'insistance sur le préréflexif – voilà tous les critères qui, de prime abord, feraient de Merleau-Ponty un candidat pour une philosophie précritique au sens que lui conférait Kant. Or, il faut se rendre à l'évidence. Merleau-Ponty ambitionne non seulement d'aller au-delà du criticisme, il prétend reformuler son principe même : le transcendantal. Tandis que dans *La Structure du comportement*, cette refonte du statut du transcendantal ne dépasse guère l'état d'une esquisse programmatique, la *Phénoménologie de la perception* la motive avant même de passer à l'analyse du champ phénoménal.

Force est de constater que les philosophies transcendantales classiques postulent d'abord la *nécessité* de l'expérience et cherchent ensuite à établir ses conditions de possibilité, mais qu'à aucun moment, elles ne reflètent la donation effective : voilà le constat dressé dans l'*Introduction* de l'ouvrage de 1945 (PhP 74). Dans un tel système classique, il ne peut y avoir d'extériorité réelle, ni en tant que facticité de la perception ni sous la forme de l'expérience d'un Autre irréductible à moi. L'extériorité est présupposée, mais elle n'a jamais lieu ; le Je transcendantal est anonyme, il n'est ni en moi ni en autrui, et demeure incapable de se brancher réellement sur cette « vie ambiguë où se fait l'*Ursprung* des transcendances » (PP 418).

Malgré cette condamnation qui paraît sans appel, Merleau-Ponty prétend tout de même sauver le projet kantien : c'est d'ailleurs moins l'approche transcendantale qui sera reprochée à Kant mais plus exactement de ne pas « avoir suivi jusqu'au bout son programme » qui consistait à définir la connaissance par la condition factuelle du sujet connaissant (PhP 255). Si Kant a bien vu qu'il ne saurait y avoir de connaissance en dehors de l'intuition sensible, il introduit la couche de l'a priori préliminaire qui, à défaut d'être antécédent du point de vue chronologique, l'est toutefois du point de vue logique[1]. En tant que « l'a priori garde dans sa philosophie le caractère de ce qui doit être, par opposition à ce qui existe en fait et comme détermination anthropologique », Kant introduit une hiérarchie entre « ce que doit être le monde et ce qu'il est effectivement » (PhP 255), hiérarchie qui le rejette en deçà de son propre objectif. « Si un monde doit être possible » : dans cette formule qui revient à plusieurs reprises sous la plume de Kant, le sujet raisonnant est non seulement placé dans une position en quelque sorte *avant* le monde, il en devient en outre comme son législateur car il s'agit de poser les conditions de sa genèse (PrP 50). L'hétérogénéité entre l'esthétique transcendantale d'une part et l'analytique transcendantale de l'autre ne peut être résolue – toujours

1. Kant y revient à plusieurs reprises, notamment dans les *Prolégomènes à toute métaphysique* future (Appendice, 370, n. 1) : « le mot "transcendantal" ne signifie pas ce qui dépasse toute expérience, mais ce qui, à vrai dire, la précède (*a priori*), à cette seule fin de rendre possible exclusivement la connaissance par expérience ».

dans l'interprétation merleau-pontienne – qu'en conférant au sujet le statut d'un Dieu qui pose le monde et non pas d'un homme qui « tient à lui » (PhP 254), ce qui revient en ultime instance à réintroduire le dogmatisme dans une philosophie critique qui s'en voulait affranchie. Ce n'est qu'en apparence qu'une telle philosophie du sujet constituant formerait l'antithèse de la vue naturaliste, celle qui n'envisage qu'un monde peuplé d'objets constitués : toutes deux ne sont que le double aspect que peut prendre le « préjugé d'un univers en soi parfaitement explicite » (PhP 51). L'unique différence est que, dans la version transcendantale, la condition *de facto* se voit redoublée d'une condition *de jure*, bref il *faut* que l'explication soit possible et par conséquent cette explicitation doit déjà être « *faite quelque part* » (PhP 74).

Cette argumentation, qui eut un impact considérable sur des auteurs tels que Paul Ricœur, Emmanuel Levinas, Michel Henry ou Mikel Dufrenne, reste pourtant passablement expéditive. Pour en saisir la portée, une digression sur les sources de Merleau-Ponty (Husserl et Sartre, bien sûr, mais encore, et tout particulièrement, Eugen Fink) s'impose. Avant Merleau-Ponty, l'idée d'une loi inscrite au préalable avait déjà été reprochée à Kant par Husserl lui-même. La philosophie transcendantale est ramenée à une « interrogation régressive » qui se demande « sous quelles formes conceptuelles et quelles formes de loi [*Begriffs- und Gesetzesformen*] doit se présenter un monde objectif (une Nature) en général »[1]. Dans son effort de démarquer sa propre

1. E. Husserl, *Philosophie première*, t. 1 : *Histoire critique des idées*, trad. fr. A.L. Kelkel, Paris, Puf, 1970 [Hua VII 280/81].

philosophie transcendantale de celle de Kant, Husserl estime que, chez ce dernier, l'idée du transcendantal est encore enfermée dans un cadre « scientiste » des seules lois de la nature alors qu'il faut l'« élargir », prendre en compte « les multiples formes de sociétés humaines et les produits culturels prenant naissance dans leur vie communautaire » en tant qu'eux aussi configurent les expériences possibles[1]. La phénoménologie transcendantale est donc la description de la conscience intentionnelle qui, bien plus qu'une simple condition apriorique, serait quelque chose de bien réel, dirigé vers la vie et sa « *plénitude* concrète »[2].

Dans *La transcendance de l'ego* de 1934 dont on sait avec quelle attention elle fut lue par Merleau-Ponty, Sartre mettait déjà en garde tous ceux qui, sous prétexte de vouloir corriger la philosophie critique de Kant, cherchaient à « *réaliser* », c'est-à-dire donner de la réalité factuelle à ce qui n'était, dans la pensée kantienne, qu'une simple forme de l'entendement. Husserl aurait ainsi, dans son « tournant transcendantal », réifié le transcendantal en un ego placé comme en deçà de toute conscience : « Ainsi la conscience transcendantale devient rigoureusement personnelle »[3]. De la sorte, Husserl aurait « alourdi » la conscience et – Sartre joue ici sur les mots – en l'ayant rendue « lourde », il l'a rendue également « pondérable »[4].

1. *Ibid.*, p. 361 [Hua VII 282].
2. *Ibid.*, p. 360 [Hua VII 281].
3. J.-P. Sartre, *La transcendance de l'ego. Esquisse d'une description phénoménologique* [1934], S. Le Bon (éd.), Paris, Vrin, 1992.
4. *Ibid.*, p. 26. Sur l'étrange absence/présence du poids chez Sartre, nous nous permettons de renvoyer à E. Alloa, « Suspension et gravité. L'imaginaire sartrien face au Tintoret », *ALTER. Revue de phénoménologie* 15, 2007, p. 123-141.

Or, il faut, selon Sartre, purifier la conscience transcendantale de toute égoïté car ce serait encore y installer un élément étranger. La conscience doit être pensée comme « claire et lucide » de part en part : « l'objet est en face d'elle avec son opacité caractéristique, mais elle, elle est purement et simplement conscience d'être conscience de cet objet »[1]. Pas de place donc pour un Je qui deviendrait alors fatalement un « habitant » excédant les limites de la simple conscience, un objet *pour* cette conscience qui, de ce fait, ne pourra jamais être sujet *de* cette conscience. Le champ transcendantal est dès lors fatalement une instance « pré-personnelle » qui est le préalable de tout Je empirique. Purifiée de toute structure égologique, la conscience recouvre « sa limpidité première » : pour pouvoir accueillir le *tout*, elle doit être pensée comme *néant*[2]. Avec cette interprétation de la phénoménologie transcendantale, Sartre est passablement éloigné de la lecture qu'en donne Eugen Fink, dont l'article « La phénoménologie d'Edmund Husserl face à la critique contemporaine » est cité à deux reprises.

Dans cet essai paru en 1933 dans les *Kant-Studien* et qui influença très tôt Merleau-Ponty[3], le dernier assistant de Husserl essaie de séparer l'utilisation du mot « transcendantal » en phénoménologie du sens que lui

1. J.-P. Sartre, *La transcendance de l'ego*, *op. cit.*, p. 24.

2. *Cf.* les conclusions de *La transcendance de l'ego* (*ibid.*, p. 74 *sq.*) qui trouveront leur développement ultérieur dans *L'Être et le Néant*.

3. Dans le premier projet de recherche de 1933 (*La nature de la perception*), l'essai est cité (PrP 21). E. Fink, « La phénoménologie d'Edmund Husserl face à la critique contemporaine [1933] », trad. fr. D. Franck, dans E. Fink, *De la phénoménologie*, Paris, Minuit, 1974.

donne au même moment le néokantisme. L'erreur que commet le commun des interprètes de Husserl consisterait en ceci qu'ils appliquent à ce dernier leurs propres grilles de pensée. Si dès 1906, Husserl utilise en partie une terminologie kantienne, il ne prend pas moins le soin de distinguer rigoureusement le sens qu'il lui confère. D'après Fink, il s'agirait de comprendre que, contrairement à la pensée kantienne, l'ego transcendantal est pour Husserl un ego individuel et existant (*seiend*). Au lieu d'une distinction entre un moi empirique et un sujet transcendantal non-empirique, il y aurait donc à distinguer entre un ego empirique qui est l'objet d'une aperception mondaine et un ego transcendantal qui est dépourvu de possibilités d'aperception mais qui n'en est toutefois pas moins un étant[1].

À la fois en défaut et en excès par rapport au sujet kantien – *en défaut*, car il n'y a dans la corrélation avec le monde aucune priorité de la forme de la subjectivité sur les étants du monde en tant qu'objets possibles d'une connaissance, *en excès*, car la conscience n'est pas seulement ce qui contient en soi la forme de toute connaissance possible mais le lieu même de la constitution du monde –, la question spécifique de l'être de ce « constituant » reste toutefois encore en suspens. Tout en se présentant comme le défenseur fidèle de la philosophie husserlienne, il est indéniable que Fink y a déjà greffé une pensée qui lui est propre, fortement influencée par celle de Heidegger. Tout comme Heidegger (et contrairement à Sartre), Fink estime que l'enjeu du transcendantal doit être formulé non pas à partir d'une conscience pure mais à partir de la facticité de l'être engagé dans le monde.

1. *Ibid.*, p. 115.

Si par rapport aux lois épistémologiques kantiennes, Husserl a véritablement opéré une révolution en posant la question de la *constitution*, « la question du mode d'être du constituant lui-même » reste – Heidegger l'insinue dans sa célèbre lettre de 1927 – fondamentalement en suspens[1].

Ces enjeux dont les textes successifs de 1939 de Eugen Fink et Ludwig Landgrebe se firent l'écho et que Merleau-Ponty lut dans la foulée de sa visite à Louvain[2] ne manquèrent de susciter la réflexion de ce dernier. Husserl ne pouvait bien sûr que donner une fin de non-recevoir aux critiques heideggériennes, l'opération de la réduction transcendantale ne mettant au jour à ses yeux que l'être du constituant. Dans la *Phénoménologie de la perception*, Merleau-Ponty indique pourtant comment la phénoménologie ainsi conçue ne se démarque guère de l'intellectualisme ou, pire, du psychologisme : « Cette nouvelle "réduction" ne connaîtrait donc plus qu'un seul sujet véritable, l'Ego méditant. Ce passage du naturé au naturant, du constitué au constituant achèverait la thématisation commencée par la psychologie et ne laisserait plus rien d'implicite ou de sous-entendu dans mon savoir » (PhP 73). Et d'ajouter que « Telle est la perspective ordinaire d'une philosophie transcendantale,

1. Lettre de Heidegger à Husserl du 22 octobre 1927, dans E. Husserl, *Notes sur Heidegger*, trad. fr. D. Souche-Dagues, Paris, Minuit, 1993.

2. Merleau-Ponty eut même un entretien avec Eugen Fink en avril 1939 (*cf.* H. L. Van Breda, « Maurice Merleau-Ponty et les Archives Husserl à Louvain », art. cit., p. 412). Pour plus de détails sur ces articles, mais de manière générale sur la fonction proprement « économique » du transcendantal et ses métamorphoses dans l'œuvre merleau-pontienne, on consultera l'ouvrage classique et richement étayé de Théodore Geraets, *Vers une nouvelle philosophie transcendantale*, *op. cit.* (en particulier le chapitre IV).

et tel est aussi, en apparence du moins, le programme d'une phénoménologie transcendantale » (PhP 73).

À ce compte, toutefois, on peut se demander dans quelle mesure une telle philosophie peut encore prétendre au titre de phénoménologie. Si la description du monde vécu (*Lebenswelt*) n'est qu'une propédeutique vouée à être remplacée par une réflexion transcendantale « où toutes les obscurités du monde seraient éclaircies », « on ne voit pas pourquoi la réflexion aurait besoin de passer par le monde vécu » (PhP 419, n. 1). Mais qu'est-ce alors qu'une pensée authentiquement phénoménologique du transcendantal ? Peut-on encore, sans sujet transcendantal et à partir d'une description des vécus intentionnels, développer une philosophie qui mérite le nom de « transcendantale » ? La thèse sartrienne de la conscience comme instance « prépersonnelle » fournirait en tout cas une alternative au subjectivisme husserlien. Mais en déplaçant l'instance du *Je* pour en faire un *Je* « relatif et prépersonnel », estime Merleau-Ponty (PhP 320, note), on feint de résoudre l'aporie alors qu'en réalité elle ressort renforcée. Dans tout son effort d'abandonner l'idée d'un ego qui serait *face* au monde, le « néant » de conscience à la Sartre finit par réduire l'ego à un réceptacle dont on pourra ensuite faire l'inventaire.

Mettant ses pas dans ceux de Fink, Merleau-Ponty estime au contraire qu'il faut penser le sujet transcendantal comme étant parmi les étants, comme être *intra-ontique*. Si la réduction transcendantale est envisageable, elle ne doit guère être pensée selon le modèle d'un sol ultime qu'il y aurait à atteindre mais au contraire comme un exercice inachevable qui, à travers la modification de l'être-ainsi des étants, laisse plutôt transparaître un sol commun qui n'est jamais possédé.

En concomitance avec sa lecture de Fink, Merleau-Ponty découvre aussi à Louvain les annexes à *L'origine de la géométrie* qui donnent une nouvelle consistance à cette idée : après la révolution copernicienne et galiléenne à l'aune desquelles se mesure la pensée kantienne, Husserl affirme procéder à une inversion de ces mêmes révolutions.

Dans le fragment tardif *Umsturz der kopernikanischen Lehre* (*La terre ne se meut pas* selon sa traduction française[1]), Merleau-Ponty croit déceler l'archétype d'un autre « sol transcendantal », aux antipodes du logicisme du premier Husserl : la Terre – paraphrase-t-il – « n'est pas en mouvement comme les corps objectifs, mais pas davantage en repos, puisqu'on ne voit pas à quoi elle serait "clouée" » (SG 227). « Sol » ou « souche », elle préfigurerait une nouvelle idée du fondement sensible « de notre pensée comme de notre vie » (SG 227). Avant même qu'il puisse y avoir une philosophie transcendantale, l'expérience empirique est nécessaire : « comme Kant lui-même a dit profondément », lit-on déjà dans *Le primat de la perception*, « nous ne pouvons penser le monde que parce que nous en avons l'expérience » (PrP 50). L'erreur de Kant aura cependant été de vouloir chercher un sol plus solide que celui incertain du monde des sens, le seul cependant qui soit à notre disposition. Repenser le transcendantal, la question soulevée à la fin de *La structure du comportement*, revient par conséquent à prendre conscience que le monde serait en somme – si tant est que cette hyperbole a encore un sens – la condition transcendantale du transcendantal lui-même.

1. *Umsturz der kopernikanischen Lehre*, publié dans *Philosophical Essays in Memory of E. Husserl*, M. Farber (ed.), Cambridge (Mass.), Harvard University Press, 1940, p. 307-325.

« Avec le monde naturel et le monde social » conclut-il « nous avons découvert le véritable transcendantal, qui n'est pas l'ensemble des opérations constitutives par lesquelles un monde transparent, sans ombres et sans opacités, s'étalerait devant un spectateur impartial, mais la vie ambiguë où se fait l'*Ursprung* des transcendances, qui, par une contradiction fondamentale, me met en communication avec elles et sur ce fond rend possible la connaissance » (PhP 418 *sq.*). En tant que tel, ce transcendantal est littéralement condition de *possibilité*. C'est bien sur ce dernier terme qu'insiste Merleau-Ponty : en tant qu'il est limité, mais néanmoins inclôturable, le champ permet la variation ; en tant que « principe d'indétermination » (PhP 197), il ouvre la possibilité d'une autre attitude orientée (l'*Einstellung* husserlienne) sur le fond d'un monde caractérisé comme « horizon des horizons »[1].

Parmi les premiers à avoir compris avec lucidité le genre de transformations que Merleau-Ponty imposait au transcendantal, il y a nul autre que le jeune Michel Foucault. La publication récente des inédits du début des années 1950 fait non seulement apparaître une dette bien plus importante à l'égard de Merleau-Ponty que ses prises de paroles postérieures avaient pu laisser entendre ; sur ce point précis, elles attestent d'une lecture des plus fines. Dans *Phénoménologie et psychiatrie*, un imposant manuscrit de 1953-1954 où Foucault témoigne de sa lecture attentive de Husserl et de Merleau-Ponty, Foucault écrit que le transcendantal « n'est plus l'ensemble des constitutions qui étalent leur transpa-

1. Cette idée refait surface dans *Le Visible et l'Invisible* où le champ horizonal apparaît comme « le modèle de toute transcendance » (VI 280).

rence devant un spectateur abstrait, «théorétique» », mais le monde à lui tout entier : « Le transcendantal est devenu le monde lui-même ; la protorégion [du transcendantal] est seulement ma présence dans une région du monde »[1]. En ce sens, le transcendantal est synonyme de l'épaisseur du monde, d'une opacité et d'une ambiguïté d'où jaillissent – Merleau-Ponty les décline au pluriel – « les transcendances » (PP 418).

Ce qui semble intéresser Merleau-Ponty dans la notion de transcendance, ce n'est donc pas tant – comme Husserl dans la phase de l'idéalisme transcendantal – d'y déceler l'occasion d'une nouvelle pensée de fondation, mais plutôt de mettre l'accent sur l'acte de transcender. (On remarquera que, de la sorte, Merleau-Ponty revient paradoxalement en deçà de la distinction rigoureuse, du moins à partir de la *Critique de la raison pure*, entre le *transcendant* comme principe dogmatique précritique et le *transcendantal* comme condition épistémologique de la philosophie critique). Ce n'est toutefois pas d'un dépassement vers un hors-monde qu'il s'agit, mais d'un déplacement permanent vers ce qui, à l'intérieur du monde, échappe à la prise, comme le suggérait l'article d'Eugen Fink de 1933[2]. L'opacité du monde est corrélative et indissociable d'une « transcendance

1. M. Foucault, *Phénoménologie et psychologie* (*1953-1954*), P. Sabot (éd.), Paris, Gallimard-Seuil, 2021.

2. « Ainsi transcender le monde [...] ne conduit pas hors du monde, loin du monde, vers une origine séparée (à laquelle le monde ne serait que relié) comme vers un autre monde ; au contraire, la transcendance phénoménologique du monde en tant qu'ouverture de la subjectivité transcendantale est simultanément la rétention [*Einbehaltung*] du monde dans l'univers, mis au jour, de l'être absolu » (E. Fink, « La phénoménologie d'Edmund Husserl face à la critique contemporaine [1933] », art. cit., p. 124).

active » (PhP 431), une « ek-stase » du sujet « orienté ou polarisé vers ce qu'il n'est pas » (PhP 491), un « acte de transcendance par lequel le sujet s'ouvre et s'emporte lui-même » (PhP 180) et qui n'est pas sans rappeler le « transcendement sans transcendance » que proposait Ernst Bloch dans sa philosophie de l'utopie.

S'ouvre alors une interrogation toute nouvelle, celle sur le statut de la synthèse dans la philosophie transcendantale classique. À bien y regarder, au fil des réflexions de la *Phénoménologie de la perception*, on comprend que Merleau-Ponty joue sur un double tableau, voulant à la fois sauver la dimension pour ainsi dire constructive de la philosophie transcendantale – l'identité des choses qui se donnent dans l'expérience se constitue dans cette expérience elle-même –; et refuser d'autre part la dimension subjective de sa synthèse. Afin d'éviter les contradictions d'un temps objectif, qui marquerait de ses scansions le devenir du monde, l'approche kantienne fait du temps la forme de réceptivité propre au sujet et à ses activités catégoriales, ce qui oblige de considérer l'instance opérant la synthèse comme étant elle-même hors du temps. À la notion de synthèse, Merleau-Ponty préfèrera d'ailleurs celle, plus concrète, de « cristallisation ». Plus qu'à un sujet apriorique, qui opérerait la synthèse entre une intuition et des concepts, il s'intéresse à la manière dont le corps lui-même opère une exploration synthétique, permettant de « rassembler un sens épars dans les phénomènes » (PP 305).

Dès les analyses sur la spatialité, la notion de synthèse avait montré ses limites, puisque face au phénomène de profondeur, on constate que l'on n'est plus en présence de termes discrets : loin de n'être qu'une simple forme de l'appréhension qui permettrait d'expliquer le lien entre une multiplicité de données sensorielles, la profondeur relève d'un champ dont la valeur ne se monnaie pas en unités isolables (PP 313). Mais c'est alors véritablement dans le chapitre sur la temporalité que la notion de synthèse éclate. Marchant sur les pas de Husserl et de ses analyses sur les synthèses passives, il y est question de « synthèses de transition » (*Übergangssynthesen*) qui ne sont envisageables qu'à l'aune d'une temporalisation radicale de l'expérience. À la suite de Husserl, qui avait démontré que le présent vécu n'est pas l'ordre d'un instant ponctuel mais bien d'un « champ temporel » (*Zeitfeld*) qui se déplace continuellement, riche encore d'un passé retenu et enjambant déjà un futur seulement anticipé, la conscience finit par se confondre avec cette source, elle-même mouvante, du flux qu'est le temps en soi. Voilà donc, soutient Merleau-Ponty, « la solution de tous les problèmes de transcendance » (PP 495) : dans l'épaisseur du présent, qu'il faut entendre à la manière d'un champ mouvant, avant toute « intentionnalité d'acte » il y a une « intentionnalité opérante » qui est celle des synthèses passives (PP 478). Site de toutes les synthèses passives, le temps est alors aussi et simultanément un vecteur de dépassement, ou d'*ek-stase*, pour parler comme Heidegger, puisqu'à tout instant, il est déjà hors de l'instant présent, venant mordre sur un avenir déjà en instance d'arriver. Pour des êtres temporels, il ne saurait y avoir d'identité fixe ; celle-ci ne se donne que sur le mode du fondu-enchaîné ou encore, pour user cette fois non pas d'un terme cinématographique mais photographique, d'un certain « bougé » dans la simultanéité (PP 259).

À ce propos, on ne manquera pas de constater que la *Phénoménologie de la perception* est traversée par une hiérarchie à peine voilée, au sein de laquelle la constitution spatiale reste subordonnée à la constitution temporelle, si bien que Merleau-Ponty finit par concevoir « le temps comme sujet et le sujet comme temps » (PP 483). Il est donc indéniable qu'à l'instar de tant d'autres philosophes au début du XXe siècle, le premier Merleau-Ponty célèbre le temps au détriment de l'espace, et qu'en un certain sens, il n'est pas faux de l'inscrire dans cette lignée doctrinale qui considère le temps comme un « schème messianique »[1]. Le chapitre sur le temps couronne la *Phénoménologie de la perception*, et c'est là que doivent se résoudre les contradictions, afin d'offrir une conception cohérente, celle de la « cohésion d'une vie » (PP 481).

Reste à savoir dans quelle mesure une telle volonté de dépassement de la philosophie kantienne peut prétendre réellement mettre en crise quelques-uns des fondements de celle-ci. À faire porter au corps du sujet incarné tout le poids de la synthèse, décrite désormais comme « synthèse corporelle » (PP 174), on ne fait qu'ajourner le problème. Car la *Phénoménologie de la perception* et son insistance sur le corps individuel débouche malgré tout sur un nombre d'impasses, comme celle où toute spatialité et toute temporalité sont désormais arrimées au mouvement du corps propre. Non seulement il faudra faire place à une sédimentation expérientielle, à une histoire perceptive qui accompagne la vie incarnée, mais l'exploration sensible fait apparaître un temps plus

1. I. Thomas-Fogiel, « Spatialiser nos concepts ? La tentative de Merleau-Ponty », *Symposium* 1, vol. 12, 2008, p. 147-161.

vaste, qui enveloppe l'histoire individuelle ; celui d'une Histoire générale et anonyme. La perception n'a rien de personnel, « elle est toujours sur le mode du “On” » (PP 277) ; et atteste d'une « “préhistoire” » (*ibid.*).

L'archéologie de la perception engagée par Merleau-Ponty s'élargit progressivement, au-delà de la situation perceptive individuelle, pour s'intéresser à la longue durée, mais aussi à l'émergence d'un sens qui n'est épisodique ni intemporel, mais bien trans-temporel. Sans jamais démentir le « primat de la perception » qui marque de son sceau toute sa trajectoire intellectuelle, Merleau-Ponty déplace dans les années suivantes son attention vers un tout autre type de transcendance que celui de l'*a priori* de la conscience, en étudiant de près la transcendance du signe, et son étrange paradoxe voulant qu'un signifiant soit l'expression d'un sens qui le dépasse invariablement. Cette transcendance différente, celle du signe, oblige par ailleurs à réinterroger la notion même d'expression.

CHAPITRE III

LANGAGE

EXPRESSION

La hiérarchie de *La structure du comportement* culminait dans le comportement symbolique. On ne dira pas de celui-ci qu'il *a* un sens, mais plus exactement qu'il *est* déjà sens de part en part. La *Phénoménologie de la perception* reprendra à l'endroit précis où s'était arrêté le premier livre, en particulier avec le sixième chapitre « Le corps comme expression et la parole », qui, pour expliciter l'assertion impliquée par le titre, introduit les notions de « corps propre » et d'« expression ». Alors que *La structure du comportement* représente déjà en quelque sorte l'épure d'une ultérieure refonte philosophique de la notion de comportement[1], cette tentative de dépassement du biologique par le comportement symbolique trouve son déploiement dans le pouvoir signifiant

1. *Cf.* à propos de Spinoza : « Spinoza n'aurait pas passé tant de temps à considérer une mouche qui se noie si ce comportement n'avait pas offert au regard autre chose qu'un fragment d'étendue et la théorie des animaux machines est une "résistance" au phénomène du comportement. Ce phénomène reste donc à penser. La structure du comportement telle qu'elle s'offre à l'expérience perceptive n'est ni chose ni conscience et c'est ce qui la rend opaque pour l'intelligence » (SC 137 *sq.*).

du corps analysé par la *Phénoménologie* : « L'usage qu'un homme fera de son corps est transcendant à l'égard de ce corps comme être simplement biologique » soutient Merleau-Ponty (PhP 220), si bien que dans toute ressaisie de l'existence en tant que *Leib* il y a déjà un « acte de transcendance », acte qui « se rencontre d'abord dans l'acquisition d'un comportement, puis dans la communication muette du geste » (PhP 226) et qui conduit jusqu'au langage articulé. Chaque fois, dans cette reprise et cette ressaisie du monde (PhP 226), le corps est « le lieu ou plutôt l'actualité même du phénomène d'expression » (PhP 271), ou plus exactement, il représente le « mouvement même d'expression » (PhP 171). Lorsqu'il s'était agi, dans *La structure du comportement*, de conceptualiser le rapport entre conscience et nature, le risque de l'intellectualisme avait été contrecarré par un dialogue serré avec les études empiriques sur le comportement. Cette fois, Merleau-Ponty s'emploie à réinsérer le problème de l'idéalisation dans le comportement même pour éviter la scission entre ces deux sphères, ce qui ne ferait qu'entériner l'intellectualisme. Dans la parole, il y a bien un acte, mais on ne peut dire d'elle ni « qu'elle est une "opération de l'intelligence" ni qu'elle est un "phénomène moteur" : elle est tout entière motricité et tout entière intelligence » (PhP 227).

Revenons sur ces termes à première vue quelque peu déroutants. De toute évidence, il ne s'agit pas simplement de critiquer un modèle fixiste du langage pour le remplacer par un modèle mobile. S'il y a acte signifiant, il n'y a pas pour autant une « opération intellectuelle », instrumentale, un faire soumis à une volonté. D'autre part, le langage ne se résume pas à une pure passivité, à un phénomène moteur au sens d'un être-mû. Ces deux pensées – intellectualiste pour l'une et naturaliste pour l'autre – se révèlent n'être que deux versions d'un seul et même opérationnalisme[1]. Entre une approche qui ferait du langage l'opération de traduction d'une idée et une approche pour laquelle toute parole n'est qu'une réalisation d'un schéma linguistique, il s'agit de se placer dans la perspective d'un langage se faisant, d'une parole « *in statu nascendi* » (PhP 229). On ne sera pas vraiment surpris que Merleau-Ponty cherche dans la parole expressive – en particulier dans la parole littéraire – un exemple positif pour dépasser son schéma rodé de la double négation (*ni … ni …*). Pour y parvenir, il instaure une corrélation intime entre corps et parole, concevant l'expression langagière comme une potentialisation de la motricité inhérente au corps. Cependant – et on voit ici une fois de plus l'ambivalence fondamentale traversant encore la *Phénoménologie de la perception* – si l'expression n'est pas l'expression d'une idée, elle reste irrémédiablement expression d'une conscience. Dans sa tentative d'enrayer le clivage conscience-corps, Merleau-Ponty en arrive à établir une continuité entre conscience-corps-expression à travers

1. Merleau-Ponty développera ce point plus en détail lors de ses conférences sur *La Nature*. S'il a récusé toute conception qui voit dans le langage la traduction d'une pensée préalable, il démontre les contradictions internes des théories naturalisantes : « Idée très répandue : la cybernétique, la théorie de l'information = un stimulus est un “message” » (N 289). Si la cybernétique avait franchi une étape décisive en affranchissant le vivant de ses déterminations biologiques pour le considérer comme être symbolique, elle a eu la tendance, de par son origine dans la théorie de l'information classique, de le rabattre sur une machine communicante. Or, penser l'interaction du vivant sur le modèle du message-récepteur, c'est retomber dans l'ancienne théorie du réflexe.

la notion de motricité intentionnelle. Tout en insistant sur l'importance de la perception au détriment d'une « idée directrice », la motricité indique encore – dans la *Phénoménologie de la perception* – une modalité de prise sur le monde. À travers le corps (« moyen » et « instrument ») la conscience exprime, non pas un « je pense que », mais un « je peux » (PhP 160). Bref, la possibilité de signification à laquelle Merleau-Ponty fait allusion est avant tout *puissance*. Tandis que le naturalisme manquait *par défaut* la puissance signifiante de l'expression en tant que celle-ci reste déterminée comme réaction à un monde extérieur, la *Phénoménologie de la perception* – en tant qu'elle reste foncièrement assujettie au modèle d'un pôle subjectif actif – est conduite à la manquer cette fois *par excès*, en l'attribuant à un rayon (*Ichstrahl*) de conscience[1].

Il semblerait que Merleau-Ponty ait pris lui-même conscience des apories dans lesquelles s'enlise une approche qui affirme la continuité conscience-corps-expression et qui tenterait de fonder toute expression par un socle émotionnel antéprédicatif. « Tout est perception, mais la perception est tout, c'est-à-dire que notre idée de la perception doit être élargie de manière à rendre possible une analyse de l'entendement. C'est ce rapport ambigu, à double sens, avec renversement, que nous appelons aujourd'hui expression » (MSME 55).

Au fur et à mesure que le phénomène du langage gagne en importance, Merleau-Ponty aperçoit les contradictions d'une pensée voulant déduire le discursif

1. *Cf.* également R. Barbaras, « De la parole à l'être. Le problème de l'expression comme voie d'accès à l'ontologie », dans F. Heidsieck (dir.), *Merleau-Ponty. Le philosophe et son langage*, Paris, CNRS éditions, 1993.

du gestuel[1]. Car si l'intellectualisme manque l'acte expressif en réduisant le langage à une grandeur purement idéelle, à l'inverse, un accès qui se cantonne volontairement à décrire l'acte expressif comme geste est immanquablement amené à manquer l'idéalité propre au langage. Si par une description de la « gesticulation phonétique » (PhP 211) on peut appréhender le passage du comportement-réflexe au comportement symbolique, celle-ci ne pourra rendre compte que des formes les plus rudimentaires, récurrentes et par conséquent les plus prévisibles de la communication. Or, s'il y a bien une propriété que Merleau-Ponty associe au langage et qui le pousse à accorder à celui-ci une attention toujours majeure, c'est sa dimension proprement créatrice, sa puissance d'idéation.

Tant que l'on reste dans une explication du langage comme « puissance motrice » (PhP 462), on rate nécessairement l'*intelligence* propre au langage. À vouloir à tout prix contrer le « point de vue de Sirius » (PM 24) de l'intellectualisme par une approche « par le bas » qui considère le langage comme une forme supérieure de motricité originaire, on ne peut rendre compte de l'idéalité inhérente à tout langage. Merleau-Ponty aura multiplié les exemples de gestes anti-intellectualistes comme l'expression de colère ou le sourire qu'il prend à témoin pour marquer l'indifférence entre l'idée et son expression ; cependant, il semble déjà se rendre compte que cette théorie « émotiviste », où ce qui s'extériorise n'est qu'une traduction immédiate et non encore

1. A. Delcò, *Merleau-Ponty et l'expérience de la création. Du paradigme au schème*, Paris, Puf, 2005, en particulier le chapitre « Le problème de l'insertion directe du discursif dans le gestuel », p. 97-101.

entachée des médiations symboliques et culturelles d'un état intérieur[1], ne saurait expliquer les communications s'effectuant dans des systèmes conventionnels, qui, bien que reposant sur un « clavier de significations acquises » (PhP 217), permettent, comme le jeu musical, une variation infinie de nouvelles significations, précisément de par la différence entre signifiant et signifié.

L'architecture de la *Phénoménologie de la perception* ne laisse aucun doute : le problème du langage est encore subordonné à celui, plus général, de l'expression ; par-delà l'expression langagière, celui-ci englobe encore l'expression gestuelle, musicale, picturale, etc., tout en étant considéré ici uniquement dans la perspective d'un auto-dépassement du somatique. Ainsi s'explique le rejet sans appel de toute linguistique avançant le caractère arbitraire ou conventionnel du langage. La syntaxe d'une langue, ses désinences, ses règles de conjugaison et sa prosodie sont moins la traduction d'une « convention arbitraire » qu'une manière « pour le corps humain de célébrer le monde et finalement de le vivre » (PhP 218). Bref, le problème du langage n'est jamais considéré en dehors de la perspective du corps expressif. Dans cette optique, « il n'y a donc pas à la rigueur de signes conventionnels » (PhP 219). Le langage ne serait pas le miroir d'une cogitation abstraite, « simple notation d'une pensée pure et claire pour elle-même » (PhP 219), mais une ébullition dans l'épaisseur même du corps vivant. Entre les lignes de ce chapitre « Le corps comme

1. Les impasses de l'explication « émotiviste » ont souvent été relevées, *cf.* notamment B. B. Madison, *La phénoménologie de Merleau-Ponty. Une recherche des limites de la conscience*, Paris, Klincksieck, 1973 et R. Barbaras, *Le tournant de l'expérience : recherches sur la philosophie de Merleau-Ponty*, Paris, Vrin, 1998.

expression et la parole » on discerne un jugement sévère sur toute linguistique purement formelle qui penserait pouvoir éliminer des signes leur caractère charnel en espérant pouvoir atteindre un état de « transparence » ou de « clarté du langage ». S'il y a bien un langage primordial, celui-ci serait au contraire plutôt à chercher « dans la gesticulation émotionnelle » (PhP 219).

Or, on peut se demander si ce n'est pas là manquer l'essentiel d'une approche conventionnaliste déliant signifiant et signifié et si la critique de la transparence ne s'applique pas avant tout à sa propre conception. Dans sa suraccentuation de l'enchâssement corporel, la théorie émotiviste avait en effet, malgré quelques mises en garde de type culturaliste[1], fait tendanciellement converger sens et expression du sens vers un état d'indistinction. Critiquant une approche externaliste, Merleau-Ponty avait refusé de réduire la différence entre l'expression de la colère ou de l'amour à une simple différence de mimiques extérieures (que l'on pourrait ensuite expliquer par un conventionnalisme culturel) pour la considérer au contraire comme une « différence des émotions elles-mêmes » (PhP 220)[2]. L'auteur de la *Phénoménologie de*

1. Merleau-Ponty rappelle que la culture conditionne l'expression des états d'âme tels que l'amour ou la colère, en prenant l'exemple du Japon ou des Trobriands (PhP 220). Il y a une tension permanente et souvent relevée dans la *Phénoménologie de la Perception* entre un effort d'éviter toute théorie réductrice ou naïve et d'autre part, l'accent mis sur une « parole première » et un « sens primordial » qui précèderait toute relativisation culturelle.

2. Cette idée quasiment structuraliste de l'expression anticipe les lectures de la linguistique saussurienne (cf. *infra*, « Diacritique », p. 142). Dans les cours de *Psychologie et pédagogie de l'enfant* à la Sorbonne, basés essentiellement sur des analyses de cas déjà cités dans la *Phénoménologie de la perception*, on peut mesurer l'influence

la perception n'a de cesse de répéter qu'il faut retrouver, sous les couches sédimentées et instituées du sens, l'acte inaugural par lequel s'institue tout sens : « Notre vue sur l'homme restera superficielle tant que nous ne remonterons pas à cette origine, tant que nous ne retrouverons pas, sous le bruit des paroles, le silence primordial, tant que nous ne décrirons pas le geste qui rompt ce silence » (PhP 214). Et Merleau-Ponty d'ajouter : « La parole est un geste et sa signification un monde » (PhP 214). Tout conventionnalisme se voit refusé au profit d'une théorie gestuelle du langage (PhP 218), ce qui implique également que chaque geste produit son propre monde.

Les conséquences n'en sont que trop évidentes. La critique de la transparence, déployée ici pour le langage, ne se résout pas dans une récusation de l'intellectualisme. Cette récusation peut au contraire fonder un autre type de transparence, cette fois entre ce qui doit être exprimé (le signifié) et son expression (le signifiant). En enracinant en effet trop profondément l'événement expressif dans un corps sensible d'où il est censé émerger, on risque d'en prédéterminer le statut, alors qu'il s'agissait d'en comprendre le sens. Or le sens n'est ni dans les choses ni encore est-il instauré par un geste symbolique qui ressemblerait au geste de nomination adamique, il n'appartient ni au sujet parlant ni ne dérive du signifié, il se tient au contraire toujours à l'écart. Ainsi, le sens du langage ne saura être réduit au mouvement ni à la pensée, il obéit à une logique immanente et son événement est intra-linguistique.

de la linguistique structurale qui permet un nouveau regard sur les apories faisant surface dans la *Phénoménologie* : « En fait, il n'y a pas d'expressions purement naturelles, ni purement conventionnelles ou sociales » (PPE 556).

Cette conviction permet sans doute d'expliquer pourquoi Merleau-Ponty en vient à détacher le problème du langage de ses investigations précédentes, en lui consacrant l'essentiel de son travail dans les années suivantes, arrivant même à affirmer que « le problème du langage [...] contient tous les autres, y compris celui de la philosophie » (SG 116). « Le problème de la philosophie » serait alors de parvenir à décrire l'émergence du sens sans le réduire à la transparence du signifié et sans le limiter aux signes dans et par lesquels il apparaît, sans ni le réduire à sa simple matérialité ni le spiritualiser et le réduire à ce qu'il signifie (PPE 84). Dans ses cours à la Sorbonne, Merleau-Ponty l'exprimera aussi dans ces termes : « Cette médiation de l'objectif et du subjectif, de l'intérieur et de l'extérieur que cherche la philosophie, nous pourrions la trouver dans le langage, si nous réussissions à l'approcher d'assez près » (PPE 87). Dans les années suivant la publication de la *Phénoménologie de la perception*, les fréquentes références à des ouvrages de linguistique – discipline qui, par définition, envisage le langage indépendamment de ses incorporations singulières – témoignent d'un intérêt croissant pour l'étude scientifique du langage. L'un des commentateurs de la première heure, Xavier Tilliette, avait déjà résumé avec lucidité cette prise de conscience progressive : « le corps n'est plus le véhicule suffisant de l'être-au-monde. L'"excès du signifié sur le signifiant" est moins rapporté à l'inexhaustivité du perçu que reversé sur la richesse créatrice du langage »[1]. Pour expliquer le tournant qui s'est opéré dans les années qui ont suivi la publication de

1. X. Tilliette, « Maurice Merleau-Ponty (1908-1961) ou la mesure de l'homme », dans *Philosophes contemporains. Textes et études philosophiques*, Paris, Desclée de Brouwer, 1962.

la *Phénoménologie de la perception*, les commentateurs se sont principalement appuyés sur les derniers textes, rédigés entre 1959 et 1961. On y trouve en effet quelques indications précieuses, comme lorsque, dans un geste autocritique, Merleau-Ponty considère que sa conception du *cogito* dans la *Phénoménologie de la perception* l'a empêché d'envisager la spécificité du langage, et qu'il fallait par la suite s'atteler à l'explication du « passage du sens perceptif au sens langagier » (VI 230).

Cette prise en considération des manuscrits tardifs pose cependant un problème, car cela revient à postdater le tournant, et à sous-estimer largement ce qui s'est passé entre 1945 et 1952, c'est-à-dire l'année de l'élection de Merleau-Ponty au Collège de France. Bien que l'ensemble des textes de cette époque ne soit toujours pas disponible, un simple examen des titres des cours offerts par Merleau-Ponty traduit sans ambages quelles préoccupations se trouvent au cœur de son travail durant ces années : à Lyon, en 1947-1948, le cours du jeudi est consacré à « Langage et communication » (qui mobilise principalement Saussure et Gustave Guillaume), tandis que l'annonce de son enseignement à l'École Normale Supérieure de 1948 mentionne simplement « Saussure ». En 1948-1949, on trouve un cours consacré à la « Métaphysique du langage », tandis qu'en février-mars, lors des conférences de Mexico, Saussure est à nouveau mentionné (*In.* II 298). En 1949, Merleau-Ponty propose à la Sorbonne un cours portant sur « Conscience et acquisition du langage », et, dans la foulée – si l'on peut se fier aux souvenirs de Claude Lefort – il commence le travail sur ce livre inachevé, publié de façon posthume sous le titre *La prose du monde* en 1969. Après le cours de 1950-1951 intitulé « Les sciences de l'homme et la phénoménologie », où il est notamment question de grammaire pure, en avril 1951 il fera une communication à Bruxelles qui aura pour titre « Sur la phénoménologie du langage » (SG 105-122).

Pour jauger de cet intérêt accru pour la linguistique – totalement absente encore de la *Phénoménologie de la perception* ou alors réduite à sa caricature –, il faut se reporter au numéro spécial de la *Revue internationale de philosophie* de 1939 dédié à Edmund Husserl et que Merleau-Ponty, on le sait, lut très attentivement. Parmi d'autres communications qui finirent par convaincre Merleau-Ponty de l'utilité d'une étude systématique de la phénoménologie (Banfi, Fink, Hering, Landgrebe ou Patočka), figurait également l'article où le linguiste néerlandais H. J. Pos établit un rapprochement entre les tentatives husserliennes et les récentes avancées dans les sciences du langage[1]. Dans la communication *Le métaphysique dans l'homme* datant de 1947[2], le constat d'une « révision des rapports du subjectif et de l'objectif » traversant les sciences de l'homme s'imposerait en particulier dans les récents travaux en linguistique (SNS 106). Les noms d'Antoine Meillet, de Walther von Wartburg et surtout de Gustave Guillaume sont évoqués. Dans d'autres manuscrits successifs on trouvera la présence de Joseph Vendryès et de Karl Bühler, de Jakobson, Troubetzkoy et du Cercle de Prague en général mais aussi la psycholinguistique à laquelle les cours de 1949 à 1952 sur la psychologie enfantine font

1. H. J. Pos, « Phénoménologie et linguistique », *Revue internationale de philosophie* 1, 1939, p. 354-365.

2. M. Merleau-Ponty, « La métaphysique dans l'homme », *Revue de Métaphysique et de Morale* 3-4, juillet-octobre 1947, p. 290-307 (repris dans SNS 102-119).

abondamment référence. Le jugement de Paul Ricœur voulant que Merleau-Ponty « brûle l'étape de la science objective de signes » parce qu'il n'aurait pas fait « le long détour par la linguistique »[1], se révèle donc en tout cas à son tour trop hâtif. Au contraire, la question linguistique est identifiée par Merleau-Ponty comme un vecteur décisif pour reprendre à nouveaux frais toute une série de questions qui occuperont durant ces années le devant de la scène : « la relation linguistique des hommes doit nous aider à comprendre un ordre plus général de relations symboliques et d'institutions » (P2 45).

Bien que Merleau-Ponty s'intéressât donc de près à l'ensemble des linguistes de son temps, un seul provoqua un profond « bouleversement »[2] dans la pensée de Merleau-Ponty : Ferdinand de Saussure. Roland Barthes rappela d'ailleurs à juste titre que ce fut Merleau-Ponty qui, en premier, introduisit le linguiste genevois en philosophie[3]. Plutôt que d'introduction, il serait d'ailleurs plus juste de parler d'utilisation, car, comme de coutume, Merleau-Ponty ne lit pas Saussure en philologue, mais en tant que sol et fertilisant pour ses propres réflexions produisant un état d'entrelacement réciproque où – avec les mots de *Le philosophe et son ombre* décrivant le travail d'exégèse productive – celui « dont on parle et celui qui parle sont ensemble présents, bien qu'il soit, même en droit, impossible de départager à chaque

1. P. Ricœur, « La question du sujet : le défi de la sémiologie », dans *Le conflit des interprétations*, Paris, Seuil, 1969, p. 338.

2. L. Fontaine-De Visscher, *Phénomène ou structure ? Essai sur le langage chez Merleau-Ponty*, Bruxelles, Presses de l'Université Saint-Louis, 1974.

3. R. Barthes, « Éléments de sémiologie [1964] », dans R. Barthes, *L'aventure sémiologique*, Paris, Seuil, 1985.

instant, ce qui est à chacun » (EP 200)[1]. Quoi qu'il en soit, la mobilisation de Saussure par Merleau-Ponty a marqué bien des auditeurs à l'époque, à commencer par Michel Foucault : « je me souviens très bien des cours où Merleau-Ponty a commencé à parler de Saussure, qui, bien que mort il y avait environ cinquante ans, était tout à fait ignoré, je ne dis pas des philologues et des linguistes, mais du public cultivé. Alors, le problème s'est fait jour et il est apparu que la phénoménologie n'était pas capable de rendre compte, aussi bien qu'une analyse structurale, des effets de sens qui pouvaient être produits par une structure linguistique, structure où le sujet au sens de la phénoménologie n'intervient pas comme donateur de sens »[2]. Avant même d'être donc pour la génération de Foucault, que l'on pourrait qualifier de génération structuraliste, la véritable pierre d'achoppement concernant la phénoménologie, le langage constitue pour Merleau-Ponty lui-même un enjeu l'obligeant à renouveler sa propre méthode philosophique.

1. Il va sans dire que le compte-rendu de la différence entre synchronique et diachronique paraît bancal. À l'en croire Merleau-Ponty, il y aurait donc une « linguistique synchronique de la parole » opposée à la « linguistique diachronique de la langue » alors que chez Saussure, la distinction entre la synchronie et la diachronie n'est opérée qu'au sein de la langue. S'agit-il donc simplement d'une lecture faussée ? D'autre part, certains interprètes ont suggéré qu'on pourrait également y voir une déformation implicite mais non moins cohérente, visant à réajuster certaines lacunes dans le système de Saussure. La proximité des hypothèses merleau-pontiennes sur le diachronique avec la correction des théories saussuriennes par la dimension du temps chez ses héritiers aussi différents que Troubetzkoy ou Gustave Guillaume irait en tout cas dans ce sens.

2. M. Foucault, « Structuralisme et poststructuralisme [entretien de 1983] », dans D. Defert et F. Ewald (dir.), *Dits et écrits II. 1976-1988*, Paris, Gallimard, 2001.

LE FANTÔME D'UN LANGAGE PUR

« Ce que nous avons appris dans Saussure » – ainsi débute l'essai *Le langage indirect et les voix du silence* (SG 49) – c'est que les signes sont arbitraires, car – cette idée trouve son développement dans *La Prose du Monde* – les unités de signification (signe, mot, phonème) « ne *veulent* par eux-mêmes *rien dire* qu'on puisse désigner » (PM 47). Cette dernière assertion contient, si on y regarde de près, une thèse double : d'un côté, les unités signifiantes ne sont pas la simple réverbération des choses qui existeraient avant le langage, de l'autre, elles ne contiennent pas plus en elles un sens intrinsèque. Cette double thèse s'attaque à deux mythes guettant toute théorie emphatique du langage hantée par le « fantôme d'un langage pur ». Dans le chapitre qui porte justement ce titre et qui constitue la première partie de *La Prose du Monde*, Merleau-Ponty revient sur cet idéal que « nous vénérons tous secrètement [...] d'un langage qui, en dernière analyse, nous délivrerait de lui-même en nous livrant aux choses » (PM 8). Cratyles modernes, nous fantasmerions sans nous l'avouer sur un « langage préhistorique parlé dans les choses » et rêverions avec nostalgie d'un « âge d'or du langage où les mots tenaient aux choses mêmes » (PM 12) – un âge auquel, rappelons-le, Michel Foucault consacrera le premier chapitre de *Les Mots et des Choses* intitulé justement (comment y voir une coïncidence ?) *La Prose du monde*. Hélas, ce « mythe d'un langage des choses » (PM 12) est du côté des « croyances magiques qui mettent le mot soleil dans le soleil » (PM 10) et ne résiste pas aux arguments des Hermogènes, soient-ils anciens ou modernes.

Or, un deuxième mythe guette, opposé en apparence au premier, et qui n'est toutefois que sa « forme sublimée » : la chimère d'une « langue universelle » (PM 12). Sous le couvert d'une approche rationnelle, la réflexion philosophique sur le langage a souvent pris les formes d'une archéologie de l'*a priori* langagier. À plusieurs endroits, Merleau-Ponty évoque le projet du premier Husserl qui, sur le modèle d'une « logique pure », envisage d'établir les règles d'une « grammaire pure » sur laquelle se grefferait tout langage empirique. Le philosophe-grammairien, lit-on dans les *Recherches logiques*, « met à nu l'armature idéale que toute langue existant effectivement [...] remplit et revêt de matériaux empiriques[1] » et cette « *grammaire générale et raisonnée* » (en français dans le texte !) permettra ensuite de déterminer « comment l'allemand, le latin, le chinois, expriment-ils "la" proposition d'existence, "la" prémisse hypothétique, "le" pluriel, "les" modalités du possible, et du "probable", le "ne pas", etc. »[2]. Cependant, commente Merleau-Ponty, Husserl oublie qu'il ne « suffit pas, pour atteindre à la grammaire universelle, de sortir de la grammaire latine, et que la liste qu'il donne des formes de signification possibles porte la marque du langage qu'il parlait » (PM 38). Mais au lieu de reprocher à Husserl, comme Anton Marty avait pu le faire lors de la parution des *Recherches logiques* en 1900-1901, une « confusion de l'apriorique avec l'empirique », Merleau-Ponty vise plutôt à démontrer l'incongruité d'une théorie postulant

1. E. Husserl, *Recherches logiques*, t. 2 : *Recherches pour la phénoménologie et la théorie de la connaissance*, 1re partie : *Recherches I et II*, trad. fr. H. Élie, A.L. Kelkel et R. Schérer, Paris, Puf, 1961, 134. [orig. p. 338].

2. *Ibid.*, p. 135 [orig. p. 339]. *Cf.* PM 37.

un « langage sans paroles » (PM 24). Par ailleurs, et bien que généralement peu enclins aux constructions intellectualistes, les écrivains eux-mêmes ne sont pas à l'abri du mythe du sens pur. Merleau-Ponty s'étonne ainsi d'un passage où La Bruyère prétend devoir trouver le mot exact, unique et irremplaçable qui puisse traduire sa pensée (PM 11), la tâche de l'écrivain se réduirait dès lors à « *rencontrer* cette phrase déjà faite dans les limbes du langage, de capter les paroles sourdes que l'être murmure » (PM 11). Dans une étrange alliance non avouée, une telle idée de littérature – qui devient bien souvent une « croyance d'état » (PM 11) – rejoint les représentations de l'intellectualisme.

Avec un certain recul, deux déclinaisons majeures d'une idéologie de la transparence de la langue semblent se dégager : dans la première, le signe correspond à l'objet, dans la seconde, il coïncide avec la signification[1]. Pour contrecarrer ces deux mythèmes, la linguistique saussurienne offre deux concepts qui viennent à point nommé : l'idée de l'*arbitraire* ainsi que celle du *différentiel* du signe. À travers l'idée d'*arbitraire*, Ferdinand de Saussure rompt avec l'explication naturaliste du langage. Le signe linguistique n'entretient aucun lien causal avec les objets naturels ni avec la substance phonique ; il dépend d'une *institution* de la signification[2]. Le recours à des notions scolastiques comme *substance* phonique ne doit d'ailleurs pas nous induire en erreur :

1. Nous suivons ici l'interprétation proposée par M. Carbone, « La dicibilité du monde. La période intermédiaire de la pensée de Merleau-Ponty à partir de Saussure », dans E. de Saint Aubert (dir.), *Maurice Merleau-Ponty*, Paris, Hermann, 2008, p. 399-422.

2. Cf. *infra* les reprises ultérieures de Saussure en vue d'une théorie de l'institution historique (chap. IV, « Une nouvelle théorie de l'histoire », p. 171).

est appelée « substance » la parole en tant qu'union entre un ou plusieurs phonèmes et un sens concret, mais si elle est bien le support nécessaire à toute actualisation linguistique, son lien avec la forme virtuelle (la langue) est purement arbitraire. Si cette institution de signification est arbitraire, elle ne l'est pourtant pas – Saussure insiste là-dessus – au sens où elle dépendrait de la volonté du sujet parlant : « Le mot arbitraire », met en garde le *Cours de linguistique générale*, « ne doit pas donner l'idée que le signifiant dépend du libre choix du sujet parlant »[1].

Par *arbitraire*, lit-on encore, « nous voulons dire qu'il est *immotivé*, c'est-à-dire arbitraire par rapport au signifié, avec lequel il n'a aucune attache naturelle dans la réalité »[2]. *En lui-même*, le signe ne veut rien dire. Ce qu'un signe veut dire ne dérive donc pas du rapport qu'il entretiendrait naturellement avec un objet désigné, ni de l'intention du locuteur qui l'emploie. À cette première caractéristique du signe – son *arbitrarité* – s'ajoute une deuxième : sa *différentialité*. Cessant d'être déterminé par son « vouloir-dire » naturel, il va falloir concevoir le signe selon sa position différentielle à l'intérieur d'un champ, celui de tous les signes. Si le signe ne veut donc rien dire par lui-même, qu'il ne possède donc aucune signification substantielle ni de lien naturel avec un objet réel qu'il désignerait, sa détermination s'opère par négation : il diffère de tous les autres signes dont

1. F. de Saussure, *Cours de linguistique générale*, éd. critique par T. de Mauro, Paris, Payot, 2005, p. 101 [140]. Nous laissons ici de côté les problèmes philologiques liés au *Cours* pour n'analyser que le Saussure de Merleau-Ponty, c'est-à-dire celui qui émerge des retranscriptions de Bally et Séchehaye.

2. *Ibid.*

il se démarque. En lieu et place d'une signification substantielle, chevillée au signe, il va falloir concevoir une structure mouvante et oppositive où dans les différents temps et les diverses cultures les rapports entre signifiant et signifié se rejouent et, avec eux, la faculté de synthétiser ou de différencier du signifié. Là où certaines langues distinguent entre deux signifiés quand il s'agit de désigner un enfant de sexe masculin et un enfant de sexe féminin (le *puer* et la *puella* en latin et le *bambino* et la *bambina* en italien), d'autres n'y perçoivent qu'un seul signifié (le *teknon* grec ou la *criatura* napolitaine[1]) « C'est que parler », explique le chapitre *Science et expérience de l'expression*, « n'est pas avoir à sa disposition un certain nombre de signes, mais posséder la langue comme principe de distinction » (PM 46). Et de reprendre encore un exemple saussurien : « Il y a des langues où l'on ne peut pas dire "s'asseoir au soleil" parce qu'elles disposent de mots particuliers pour désigner le rayonnement de la lumière solaire, et réservent le mot "soleil" pour l'astre lui-même » (PM 46).

La perception du monde se révèle être ainsi dépendante des équarrissages mais aussi des recoupements et des remodelages qu'effectue le langage dans le vaste ensemble des signifiés et notre vision sera, sinon soumise, en tout cas fortement influencée par ces lignes de partage qui en dessinent la topologie. Or, cette limitation n'est pas un empêchement, mais la condition même de la communication. « Cette merveille qu'un nombre fini de signes, de tournures et de mots puisse donner lieu à un nombre indéfini d'emplois, [...] c'est le

1. Exemple fourni par Tullio de Mauro dans son « Introduction » à F. de Saussure, *Cours de linguistique générale*, *op. cit.*, p. VIII.

prodige même du parler, et qui voudrait l'expliquer par son "commencement" ou par sa "fin" perdrait de vue son "faire" » (PM 59). En ce sens, le langage « n'est ni dans cet avenir d'intellection vers lequel il va, ni dans ce passé mythique d'où il proviendrait » (PM 58) mais tout entier là où dans un sens wittgensteinien « le langage travaille ».

Lors du colloque à Royaumont dédié à la philosophie analytique, Merleau-Ponty voyait d'ailleurs, au-delà de la lecture donnée par Gilbert Ryle de la phénoménologie, une convergence réelle entre la philosophie post-wittgensteinienne de Ryle et son propre projet phénoménologique : « Outre ce contenu conceptuel qu'on peut essayer de leur donner, les mots font, dans le langage, une espèce de *travail*. Le travail d'un terme comme "si" par exemple, ne serait pas rendu par une analyse conceptuelle du terme "si". Et, avec Wittgenstein justement, [Ryle] a indiqué la possibilité d'une sorte d'élucidation de ces termes, qui n'est pas une description d'objets »[1]. Suivant l'idée d'une *pragmatique ouverte* du langage, il s'agirait donc de revenir à la suggestion de Wilhelm von Humboldt selon laquelle le langage ne

1. Réponse à l'intervention de Gilbert Ryle lors du colloque de Royaumont de 1958, « La philosophie analytique », *Cahiers de Royaumont, Philosophie* 4, Paris, Minuit, 1962, p. 93 *sq.* Il n'est pas établi dans quelle mesure Merleau-Ponty était réellement renseigné sur la philosophie du second Wittgenstein. Selon le témoignage d'un auditeur présent lors de sa seconde conférence à Manchester en 1959, qui portait essentiellement sur la philosophie du langage de Wittgenstein, Merleau-Ponty ne se serait référé qu'au *Tractatus*, sans sembler connaître les *Recherches philosophiques* parues à titre posthume en 1953. W. Mays, « Merleau-Ponty's Visit to Manchester », *Journal of the British Society for Phenomenology* 1, vol. 25, 1994, p. 6.

saurait être considéré sous l'aspect d'une œuvre faite (*ergon*) mais doit être décrit en tant qu'activité se faisant (*energeia*).

C'est encore à Humboldt que Merleau-Ponty emprunte l'idée d'un « tout » ou d'un « univers » langagier qu'il pense devoir appliquer également à la théorie saussurienne. « En somme, ce que nous avons trouvé, c'est que les signes, les morphèmes, les paroles une à une ne signifient rien, qu'ils ne viennent à porter signification que par leur assemblage, et qu'enfin la communication va du tout de la langue parlée au tout de la langue entendue » (PM 59). En forgeant cette alliance surprenante entre Humboldt et Saussure – que ce dernier aurait sans doute récusé – on s'aperçoit qu'en ultime instance, Merleau-Ponty applique une lunette que l'on pourrait qualifier de « gestaltiste » aux deux auteurs dont il retient avant tout le caractère « global ». « [L]a langue est moins une somme de signes », peut-on lire aussi dans *La Prose du Monde*, « qu'un moyen méthodique de discriminer des signes les uns des autres, et de construire ainsi un univers de langage » (PM 45).

Les manuscrits de la *Prose du Monde* traduisent clairement la volonté – volonté jamais abandonnée et qui caractérise sans doute le plus proprement la pensée merleau-pontienne – de tenir les deux bouts de la chaîne : l'attention au langage et, a fortiori, à la réitération rendue possible par la finitude des éléments composant le code signitif ne doit jamais se faire au détriment de la dimension perceptuelle et somatique. En un sens, Merleau-Ponty anticipe déjà les impasses dans lesquelles le structuralisme postérieur s'est engouffré : en désirant poser le langage comme une entité qui précède tout sujet incarné, on arrive à un langage par rapport auquel la parole sera toujours seconde ; à l'inverse, en posant un sujet antérieur au langage, il se limitera à un sujet pensant incapable de parler. Pour qu'il y ait « parole parlante », il faut que celle-ci soit adossée à des locuteurs incarnés. Le défi devient ainsi de penser un processus langagier à même le sensible, une expression déjà à l'œuvre dans le champ perceptif lui-même. Ainsi peut-on lire dans une note en marge, que – contre l'idée de Vendryès – il n'y a pas de structure pure de la langue : « Ces limites et ces valeurs existent, simplement elles sont de l'ordre du perceptif : il y a une *Gestalt* de la langue » (PM 53). Peut-on ouvrir la découverte opérée par la psychologie de la *Gestalt* du rapport entre figure et fond à une détermination plus générale des rapports du sens comme différenciation réciproque des éléments, sans pour autant renoncer à leur fondement sensible ? En d'autres termes : peut-on penser le sensible lui-même comme tissu commun où se reconfigure incessamment le rapport entre un sens apparaissant et un fond inapparent ? La notion saussurienne de « diacritique », purement structurelle à l'origine, gagnera chez Merleau-Ponty la valeur d'un intervalle perceptible rythmant le tissu sensible lui-même et qui permet – à l'instar de l'« iconologie des intervalles » d'Aby Warburg – de parler désormais d'une *aïsthétique des intervalles*.

Diacritique

Si Saussure nous a appris à comprendre que chaque signe « exprime moins un sens qu'il ne marque un écart de sens entre lui-même et les autres » (SG 49), cet écart est précisément ce qui se trouve oblitéré dans la conscience quotidienne du langage. Il s'agit donc, en décrivant la parole que Merleau-Ponty appelle « parole parlante » par opposition à la « parole parlée », déjà sédimentée, de mettre en avant la fonction inventive, créatrice et instituante de l'expression. Celle-ci « ne choisit pas seulement un signe pour une signification déjà définie, comme on va chercher un marteau pour enfoncer un clou ou une tenaille pour l'arracher » mais « tâtonne autour d'une intention de signification » (PM 64). *Le métaphysique dans l'homme* de 1947 insistait déjà sur le fait que le langage n'est ni un objet qui se tiendrait face à nous ni le produit d'une subjectivité intérieure, mais au contraire il faut qu'elle soit « *autour* de chaque sujet parlant » (SNS 107), quasiment « dans l'air » (P2 107). S'il y a donc bien un milieu linguistique dans lequel « baigne » le locuteur (selon l'expression d'Henri Delacroix reprise par Merleau-Ponty), Merleau-Ponty ne se contente pas de transposer le principe qu'il avait dégagé pour le vivant à la sphère du langage. On verra au contraire qu'au contact de la linguistique, le concept de milieu subira une redéfinition où, d'un espace du « *je peux* » il se mue en intervalle diacritique du « *ne pas* ».

Dans la *Phénoménologie de la perception*, Merleau-Ponty avait identifié dans la description du « phénomène de la parole et l'acte exprès de la signification » le moyen de « dépasser définitivement la dichotomie classique du sujet et de l'objet » (PhP 203). Dans la confrontation avec la linguistique saussurienne, Merleau-Ponty se rend compte que ses moyens n'étant pas à la mesure de ses ambitions, son traitement du langage reste pris dans les mailles de l'ontologie classique. Saussure au contraire, en transposant l'étude du langage « dans un milieu nouveau » (RC 34), parviendrait véritablement à penser le rapport entre parole et signification, considérant la parole comme articulation entre signe et signification et produisant un système d'écart qui est à la fois différenciation et mise en rapport. Ainsi, la découverte de Saussure serait avant tout celle de la catégorie du diacritique : « les mots ne sont que diacritiques, *i.e. situationnels* » (PrPa 58). Le diacritique renvoie donc tout d'abord à une explication contextualiste, de sorte que si dans une langue donnée comme le breton, le vert et le bleu sont désignés indistinctement par un seul mot (*glas*), l'usage contextuel permettra de lever l'ambiguïté (PrPa 58). Mais outre la dimension contextualiste, Merleau-Ponty souligne surtout la dimension négative mise au jour par Saussure, pour qui le mot est un signe « qui n'opère que par sa différence, par un certain écart entre lui et les autres signes, et non pas d'abord en évoquant une signification positive » (SG 188). Le langage n'est pas dans le locuteur ni dans les choses, le sens n'est pas caché dans les signes, il ne saurait émerger, d'après Saussure, que de l'espacement de ceux-ci. La signification n'est pas à chercher *dans* les mots ni *sur* eux (« le sens n'est pas sur elle [la phrase] comme le beurre sur la tartine », VI 201). Plus exactement : « Dire qu'aucun signe isolé ne signifie, et que le langage renvoie toujours au langage, puisque à tout moment seuls quelques signes sont reçus, c'est aussi dire que le langage exprime autant par ce qui est *entre* les mots que par les mots eux-mêmes » (PM 62).

La langue est dès lors essentiellement négative, résume Merleau-Ponty (PPE 81), en tant qu'elle ne se situe – ajouterons-nous – qu'*entre* ce qu'elle n'est pas et ce à travers quoi elle apparaît.

Pour expliciter le rôle de l'intervalle dans la signification, Merleau-Ponty met en perspective les découvertes du linguiste genevois avec les théories sur l'acquisition du langage. S'il y a bien de la part de l'enfant un phénomène d'imitation de sons dès les premiers mois, leur valeur signifiante reste incomprise. La compréhension du lien son-signification ne se réalise pas par l'addition de sons singuliers, mais bien par l'intuition de la part de l'enfant d'une cohérence générale. Comme le fait remarquer Jakobson, le système phonématique dessine la signification « comme "en creux" » (PPE 24), et la compréhension de cette puissance de signification précède toute compréhension singulière. Ce qui s'ensuit, toujours selon Jakobson, est un phénomène de réduction et de « déflation » : lorsque l'enfant comprend le principe de la discrétion des phonèmes, il restreint ses propres expressions pour pouvoir les ajuster aux besoins de la communication. Autrement dit : l'enfant doit apprendre à manier son pouvoir d'espacement.

Ce phénomène peut être comparé aux applaudissements après un concert : lorsque les musiciens sont parvenus à envoûter la salle par une performance perçue comme exceptionnelle, la tension accumulée pendant la durée du concert retombe et s'inverse chez les spectateurs en un désir irrépressible de communion extatique par l'applaudissement. Après un temps qui peut être plus ou moins long, la déflagration sonore s'organise toutefois pour faire place à une vibration commune. Il est intéressant de noter que l'accord entre les auditeurs s'effectue non pas par un réglage sur un quelconque applaudissant *lambda* qui battrait plus vigoureusement que les autres, mais bien par une écoute d'un rythme général qui se dégage peu à peu sous l'onde sonore. Le plus grand relief expressif émerge donc singulièrement non pas d'une amplification mais bien d'une interruption, chaque spectateur devant suspendre un battement sur trois pour être en mesure d'épouser ce mouvement qui s'apparente à un reflux de vague émergeant du fond, une dynamique qui n'appartient à aucun mais qui n'est extérieure à personne. Il n'en va donc guère ici d'une puissance du « ich kann » (Husserl) qui trouve sa pérennisation dans le « je peux » de la *Phénoménologie de la perception*, mais à l'inverse d'une puissance de la suspension, d'une potentialité du *ne pas*[1].

En somme, il s'agirait de ne plus rabattre la paire langue-parole sur la paire puissance-acte, mais de repenser les virtualités qui se logent déjà dans toute parole, fût-elle, à l'apparence, pleine. La phonologie rend ainsi plausible l'idée qu'il y ait quelque chose comme une virtualité du sens logé au creux de la parole. Au regard de sa réception au sein de la linguistique structurale, Merleau-Ponty semble néanmoins présupposer qu'une théorie de la différence pure, du simple écart qui

1. À ce propos, *cf.* les travaux de Giorgio Agamben sur la *dunamis* aristotélicienne considérée non pas dans une optique d'actualisation, mais de possibilité de non-action. La meilleure illustration littéraire en est sans doute le *I would prefer not to* du Bartleby de Melville, auquel Deleuze et Agamben dédièrent des analyses mémorables. *Cf.* G. Deleuze, « Bartleby, ou la formule [1989] », dans G. Deleuze, *Critique ou clinique*, Paris, Minuit, 1993 et G. Agamben, *Bartleby ou la création*, trad. fr. C. Walter, Saulxures, Circé, 1995.

récuserait volontairement toute détermination matérielle est condamnée à rester abstraite. « Comme pures différences [les termes opposés] sont indiscernables. Il s'agit, dans l'expression, de réorganiser les choses-dites, de les affecter d'un nouvel indice de courbure, de les plier à un certain relief du sens » (SG 26-27). Car il n'y a – pour Merleau-Ponty (et c'est peut-être ce qui empêche de le ranger du côté de la déconstruction) – pas simplement une flottaison libre des signes. « Les éléments un à un sont arbitraires » – Merleau-Ponty en convient dans une note inédite – mais leur rapport n'en est pas pour autant arbitraire[1]. Il faut abandonner l'idée selon laquelle « la relation du signe au signifié soit connexion purement extérieure comme n° de téléphone et nom. Car il y a relation interne des signes pris comme ensemble articulé avec le signifié pris comme champ » (RULL 127). Bien que la relation entre signe et signification ne soit plus une relation d'essence, elle ne devient pas pour autant, comme le voulait une certaine interprétation de Saussure[2], purement arbitraire, mais s'organise plutôt selon des

1. Note inédite extraite des manuscrits préparatoires au cours *Recherches sur l'usage littéraire du langage* de 1952-1953 au Collège de France (MBNF XI, fol. 65). Désormais RULL 127. Une idée qui trouvait déjà son ébauche dans la *Phénoménologie de la perception* quand, contre une théorie de l'arbitraire du signe, Merleau-Ponty écrit qu'il n'est pas « arbitraire d'appeler lumière la lumière si l'on appelle nuit la nuit » (PhP 218). Rétrospectivement, on pourrait déjà y voir l'intuition que la définition du signe comme arbitraire n'est pertinente que si elle est doublée du caractère différentiel, c'est-à-dire la dépendance réciproque des signes entre eux.

2. Une interprétation d'ailleurs passablement superficielle, car il suffit de se reporter au paragraphe « L'arbitraire absolu et l'arbitraire relatif » du *Cours* pour se rendre compte qu'une arbitrarité partiellement motivée est parfaitement envisagée (*Cours de linguistique générale*, *op. cit.*, p. 180-184 [260-263]).

processus d'agglomération. La métaphore utilisée pour expliciter cette « courbure » centripète est celle de la voûte (SG 64) : composée de pierres différentes, la voûte a une forme qui tient entièrement de l'arrangement, sans mortier, de ses éléments, alors que ses éléments prennent un sens et leur place dans la forme organisée. Dès lors, le sens ne trouve pas sa naissance *dans* les signes, mais à leurs franges, sur leurs bords (SG 66).

Avant même que la notion de « diacritique » n'apparaisse explicitement, son principe fut déjà énoncé lors de la conférence du 13 mars 1945 à l'Institut des hautes études cinématographiques sur « Le cinéma et la nouvelle psychologie » (SNS 61-75). Merleau-Ponty y revient sur l'opinion de la psychologie positiviste selon laquelle notre champ visuel n'est autre qu'une mosaïque de sensations dont chacune dépend d'une excitation rétinienne locale. Or, les nouveaux résultats empiriques en psychologie tendraient à suggérer que la rétine n'a rien d'une surface d'inscription homogène, mais que bien que certaines de ses parties sont aveugles pour certaines couleurs (le bleu ou le rouge), notre vision ne souffre d'aucun trou. C'est que la perception excède toujours le simple enregistrement et se révèle toujours déjà comme une réorganisation des sensations brutes. S'il n'y a pas d'organisation ou de cohésion naturelle entre celles-ci, nous procédons toutefois toujours déjà à leur reconfiguration et leur conférons ainsi un sens, fût-il naissant. Ce que Walter Benjamin disait du concept – qu'il n'est jamais rien d'autre qu'une *constellation* – serait vrai *a fortiori* à propos de la perception, à la fois constellée et constellante. À l'instar des anciens, nous groupons les points au firmament pour en former des ensembles qui sont souvent d'une étonnante longévité (il suffit de penser aux constellations astronomiques que personne en Occident ne penserait à mettre en cause) bien que d'autres tracés soient parfaitement possibles.

Ainsi, quand on nous présente la série {*a b c d e f g h i j*} de la manière suivante :

a b   c d   e f   g h   i f

••   ••   ••   ••   ••

nous accouplerons systématiquement les points par paires a-b, c-d, e-f, etc., alors que l'accouplement en b-c, d-e, f-g est a priori tout aussi envisageable. Cela reviendrait cependant à renverser la distribution des rôles entre figure et fond, ce qui se produit par exemple dans les hallucinations pathologiques du malade qui, contemplant la tapisserie de sa chambre, voit soudain ressortir de façon obsédante ce qui n'était jusque-là que le fond inaperçu. « L'aspect du monde pour nous serait bouleversé si nous réussissions à voir comme choses les intervalles entre les choses – par exemple l'espace entre les arbres sur le boulevard – et réciproquement comme fond les choses elles-mêmes – les arbres du boulevard » (SNS 62).

Traiter cet « objet » qu'est l'intervalle du sens, le mettre au jour dans ses ponctuations multiples et lui restituer sa valeur de possible, c'est ainsi que l'on pourrait résumer le grand projet, avorté, d'une *Introduction à la prose du monde*.

INCARNATION ET EFFACEMENT

Sa candidature au Collège de France, en 1951, est l'occasion de revenir sur le sens d'un parcours. Destinée à figurer dans le rapport qui serait lu à l'Assemblée des professeurs, la lettre qu'il adresse à Martial Guéroult fait mention de « nouvelles recherches [...] qui viennent fixer définitivement le sens philosophique des premières » (P2 41). Avec ses enquêtes sur la situation perceptive, explique Merleau-Ponty, il a découvert « un rapport d'un type nouveau entre l'esprit et la vérité » (P2 41) qu'il s'agit à présent d'expliciter. Il annonce travailler sur un chantier de large empan consacré à *L'origine de la vérité* – il s'agit de l'ouvrage qui, après maintes métamorphoses, paraîtra sous le titre *Le visible et l'invisible* –, mais précise l'avoir également « abordé par son côté le moins abrupt dans un livre dont la moitié est écrite, et qui traite du langage littéraire » (P2 44). Il s'agit de l'ouvrage qui porte pour l'heure encore ce titre de travail « *Introduction à la prose du monde* » (P2 45).

Qu'entend par là son auteur ? La prose du monde, c'est avant tout une formule empruntée : à Hegel plus exactement. Dans la pensée de l'histoire hégélienne tout comme dans son esthétique, la phase prosaïque succède à la phase épique ou poétique, et nomme un nouveau rapport, plus sobre, au réel. L'État romain sera associé par Hegel à cette « prose du monde » – Merleau-Ponty fait lui-même ce rapprochement dans la lettre à Martial Guéroult (P2 45), mais aussi la peinture hollandaise, qui n'hésite pas à mettre en avant les objets les plus triviaux et quotidiens[1]. La prose du monde est du côté de ce « dimanche de la vie » dont Raymond Queneau, autre auditeur assidu à l'École pratique des Hautes Études des cours de Kojève sur Hegel, fera le titre d'un roman qu'il fait paraître en 1952, *Le dimanche de la vie*[2]. Mais peut-être peut-on aussi entendre une lointaine réminiscence de Molière, dont l'un des personnages dans *Le Bourgeois gentilhomme* constate ébahi qu'il a parlé en prose durant toute sa vie sans le savoir.

À la fois composante de cette vaste entreprise nouvelle sur *L'origine de la vérité*, le projet sur *La prose du monde* possède aussi son autonomie par rapport à celle-ci, puisqu'il s'agit pour Merleau-Ponty de répondre à un double cahier des charges : d'une part, il souhaite préciser les implications « sociologiques » de sa phénoménologie incarnée – il indique avoir esquissé une « théorie de l'intersubjectivité » dont il faut « élaborer en toute rigueur les fondements philosophiques » (P2 42) –, et d'autre part, il veut apporter du côté d'une théorie de

1. Si Hegel évoque souvent la « prose » dans sa philosophie de l'histoire, la formule complète de la « prose du monde » se trouve dans les cours d'esthétique que nous reproduisons ici dans la traduction que Merleau-Ponty avait dans sa bibliothèque personnelle, celle de Samuel Jankélévitch parue initialement en 1944 : « Telle est la prose du monde, telle qu'elle apparaît à la conscience de chacun et de tous. C'est un monde fini et changeant, aux prises avec les enchevêtrements du relatif et la pression de la nécessité auxquels l'individu est incapable de se soustraire » (G. W. F. Hegel, *Esthétique*, trad. fr. S. Jankélévitch, Paris, Flammarion, 1979, vol. I, p. 205).

2. R. Queneau, *Le dimanche de la vie*, Paris, Gallimard, 1952. L'exergue de ce roman philosophique est constitué d'une citation de Hegel, tirée de ses descriptions de la peinture hollandaise et de ses scènes quotidiennes : « ...c'est le dimanche de la vie, qui nivelle tout et éloigne tout ce qui est mauvais; des hommes doués d'une aussi bonne humeur ne peuvent être foncièrement mauvais ou vils. »

l'expression une réponse à Sartre, et en particulier au *Qu'est-ce que la littérature ?* de celui-ci.

Cette poétique de l'écriture engagée, que Sartre avait publiée en 1947 dans les *Temps Modernes*, Merleau-Ponty l'étudia minutieusement, ce dont témoignent les notes de lectures qui ne laissent aucun doute sur son appréciation : cette « dialectique de la littérature » l'insupporte, en particulier l'opposition naïve de prose et de poésie. Merleau-Ponty se propose donc d'écrire, à son tour « une sorte de *Qu'est-ce que la littérature ?* » qui traiterait plus spécifiquement du problème du signe – la trace de Saussure est visible – ainsi que du problème de la prose – pris pour l'instant dans son acception purement littéraire[1]. Rappelons sur ce point ce que Merleau-Ponty écrivit dans le chapitre sur la parole dans *Phénoménologie de la perception*, ouvrage que Sartre avait lu avant de rédiger son essai sur la littérature. Malgré les présupposés problématiques déjà relevés, Merleau-Ponty y bat en brèche formellement toute interprétation subjectiviste du langage : la parole n'est pas traduction d'une idée, le langage n'est – Merleau-Ponty cite ici Kurt Goldstein – « plus un moyen, il est une manifestation » (PhP 229). Pour Sartre, qui transpose la question sur le sol de la littérature, il faut distinguer nettement entre prose et poésie, la première n'étant qu'« une certaine espèce d'instrument », moyen pour réaliser un but et donc « utilitaire par essence »[2] ; la parole poétique par contre résiste, selon Sartre, à toute manipulation et ne saurait jamais se transformer en

1. Note de lecture, citée d'après PM VII.

2. J.-P. Sartre, *Qu'est-ce que la littérature ?*, Paris, Gallimard, 1948, p. 26.

instrument. L'opposition entre poésie et prose se laisse, en somme, dit Sartre, résumer à l'existence d'un mode transparent et d'un mode opaque. Il y a prose quand, citant l'expression de Valéry, « le mot laisse passer le regard comme le verre le rayon de soleil »[1] ; il y a en revanche poésie quand les mots sont « à l'envers »[2], que le signe se présente dans son objectité opaque. Selon le genre littéraire, un style tout à fait différent devra être adopté : alors que le poète doit manifester la résistance des signes, le prosateur doit inversement masquer son style en le rendant invisible, car celui-ci détournerait du contenu. « Puisque les mots sont transparents et que le regard les traverse, il serait absurde de glisser parmi eux des vitres dépolies »[3].

Quoiqu'il ne nomme quasiment jamais explicitement Sartre, les notes de travail indiquent sans ambages que son *Qu'est-ce que la littérature?* remplit pour Merleau-Ponty en quelque sorte une fonction d'horizon négatif. Lorsque, dans le cadre de sa préparation du cours de 1952-53 dédié à l'usage littéraire du langage, Merleau-Ponty se replonge dans la poésie valéryenne, Sartre se trouve encore convoqué comme pour mieux s'en démarquer. Ainsi lit-on dans une note de travail non datée : « La poésie de Valéry ce n'est pas, comme Sartre le dit des surréalistes, le langage pris à l'envers, les mots comme choses, ce n'est pas le langage à l'endroit : les mots comme instruments pour traiter les choses, pinces, antennes (Sartre), c'est le langage pris de biais dans son unité latérale d'organisme de

1. J.-P. Sartre, *Qu'est-ce que la littérature ?*, *op. cit.*, p. 26
2. *Ibid.*
3. *Ibid.*, p. 30.

mots, c'est le monde dans [son] unité prélogique » (RULL 135). Par conséquent, il ne saurait y avoir de contradiction entre transparence de la prose ou opacité de la poésie, mais il faut plutôt chercher le sol commun du langage prosaïque et du langage imagé. Tous deux *manifesteraient* quelque chose qui n'est pas en eux, sans que cette « *chose à dire* [...] soit devant nous, distincte de toute parole » (PM 158). Implicitement, Merleau-Ponty reproche en effet à Sartre de traiter le langage comme un registre préformé qui ne laisserait le choix qu'entre opération et désœuvrement. « Chez l'écrivain, la pensée ne dirige pas le langage du dehors » (P2 45), il doit se soumettre à l'inertie des signes, aux limites de modulations, mais dans cette « reprise » de l'instrument signifiant, toute grande prose ne fait rien d'autre que recréer incessamment dans l'écart (P2 45). Il est dès lors absurde de soutenir comme le fait Sartre que le poète – à la différence du prosateur – n'« utilise » pas le langage et que ces deux modes seraient de ce fait absolument « incommunicables »[1]. Tout langage est pour Merleau-Ponty utilisation de la panoplie expressive, tout langage *donne forme* en dé-formant, cette déformation n'étant pourtant pas arbitraire, mais soumise à ce que Malraux appelait la « déformation cohérente » et que Merleau-Ponty qualifie également de « variation systématique » (P2 44). La « prose » qu'indique Merleau-Ponty ne serait opposée à la poésie, ni même limitée à la littérature; elle deviendrait prose *du* et *dans* le monde, reprenant et « relançant » incessamment comme un volant (c'est à Cassirer que Merleau-Ponty emprunte l'image) les possibilités de signification et d'horizons de sens.

1. *Ibid.*, p. 18, 21, 25.

Si distribuer la transparence et l'opacité du langage entre prose et poésie serait donc aberrant pour Merleau-Ponty, l'idée même de transparence subit pourtant insensiblement une métamorphose, au contact des thèses sartriennes. En effet, si Merleau-Ponty avait jusque-là surtout mobilisé l'idée de transparence pour stigmatiser les manquements de l'intellectualisme et qu'elle continuera à nommer toute appréhension réductrice, la transparence se trouve, grâce à l'étude de l'expression, en quelque sorte compliquée, parce que relevée comme propriété du langage même. Dans la *Phénoménologie de la perception*, Merleau-Ponty écrivait que la parole « s'oublie elle-même comme fait contingent, elle se repose sur elle-même, et c'est, nous l'avons vu, ce qui nous donne l'idéal d'une pensée sans parole » (PhP 221 *sq.*). On a vu de quelle manière les textes qui devaient constituer l'*Introduction à la Prose du Monde* poursuivent la critique d'une « pensée sans parole ». Mais il y a plus. Déjà thématique dans cette phrase du livre de 1945, l'idée d'un « auto-oubli » de la langue deviendra maintenant récurrente : *La science et l'expérience de l'expression* commence par ce propos : « Or, c'est bien un résultat du langage de se faire oublier, dans la mesure où il réussit à exprimer » (PM 15). Le langage devenant imperceptible, disparaissant devant le sens dont il est, désormais, le porteur (PM 17), il fait de la transparence non seulement un idéal spéculatif, mais la condition de toute expression. En tant qu'« il se dissimule à nos yeux par son opération même ; son triomphe est de s'effacer » (PM 16). Une première ébauche de cette idée se trouve dans la *Phénoménologie de la perception*, lorsque Merleau-Ponty compare le langage à la description que Proust donne de la Berma dans *Le côté de Guermantes*, où « l'actrice devient invisible et c'est Phèdre qui apparaît » (PhP 213).

Contrairement à ce que l'on pourrait penser, la « vertu » du langage à s'auto-effacer n'est pas en contradiction avec une réhabilitation de la matérialité. Il est important de noter que c'est précisément en décrivant le phénomène linguistique que Merleau-Ponty parvient à défaire l'opposition entre transparence de l'idéalité et plénitude du corps pour les articuler dans un nouveau rapport. Le médium du sens (qu'il soit corps, lettre ou parole) n'opère que par un relatif auto-effacement que l'on pourrait également qualifier, pour emprunter l'expression de Marcel Duchamp, d'« an-esthésie ». Cette anesthésie ne peut avoir lieu que parce qu'il y a un fondement sensible du sens. On voit donc comment la théorie husserlienne de l'incarnation (*Verleiblichung*) – que l'on a généralement interprétée comme embryon de la phénoménologie merleau-pontienne de la chair – ne saurait être pensée sans son revers d'auto-effacement, d'« invisibilisation » du signifiant.

Dans ce sens, cette considération de la dépendance réciproque dépasse aussi bien une certaine sémiologie d'héritage saussurien que la théorie des signes des *Recherches logiques*. Il y a en effet une analogie frappante dans les exemples du *Cours de linguistique générale* et ceux choisis par Husserl dans sa phénoménologie de la signification. Pour exprimer son idée d'indifférence matérielle du signe – concept fondamental pour toute sa sémiologie –, Saussure a recours à l'exemple du jeu d'échecs où précisément la matière du pion, sa taille, sa couleur et jusqu'à un certain degré même sa forme sont indifférentes, aussi longtemps que son sens à l'intérieur du système de jeu, sa relation aux autres signifiants, reste intelligible : « Si je remplace des pièces de bois par des pièces d'ivoire, le changement est indifférent pour le système, mais si je diminue ou augmente le nombre de pièces, ce changement-là atteint profondément la "grammaire" du jeu »[1]. Saussure en conclut que tout ce qui n'influe pas sur la grammaire du jeu doit être considéré comme « extérieur » au signe[2].

De même, Husserl (qui ignorait entièrement le *Cours* édité par les élèves genevois) explique : « Dans ce jeu, on ne considère pas les pièces de l'échiquier comme étant tels objets en ivoire ou en bois, etc., ayant telle forme ou telle couleur. Ce qui les constitue du point de vue phénoménal ou physique est tout à fait indifférent et peut varier *ad libitum*. C'est, au contraire, en vertu des règles de jeu qui leur donnent leur *signification de jeu* déterminée qu'elles deviennent des pièces d'échecs, c'est-à-dire des marques dans le jeu en question »[3]. L'indifférence historique de la sémiologie et d'une certaine phénoménologie à la question non seulement hylétique mais proprement *matérielle* semblerait donc s'expliquer par l'indifférence catégorielle du matériel pour toute théorie de la

1. F. de Saussure, *Cours*, *op. cit.*, p. 43 [91].

2. *Ibid.*

3. E. Husserl, *Recherches logiques*, t. 2, *Recherches pour la phénoménologie et la théorie de la connaissance*, 1re partie : *Recherches I et II*, *op. cit.*, p. 79. Dans le texte : « Die Schachfiguren kommen im Spiel nicht als diese so und so geformten und gefärbten Dinge aus Elfenbein, Holz u. dgl. in Betracht. Was sie phänomenal und physisch konstituiert, ist ganz gleichgültig und kann nach Willkür wechseln. Zu Schachfiguren, d.i. zu Spielmarken des fraglichen Spiels, werden sie vielmehr durch die Spielregeln, welche ihnen ihre feste *Spielbedeutung* geben » (Hua XIX/1, § 20, p. 74).

signification. Bien que Merleau-Ponty insiste à maintes reprises sur les apports fondamentaux à la fois de la linguistique saussurienne et des *Recherches logiques* husserliennes, il leur reproche de ne pas avoir considéré la dimension corporelle des signes, leur épaisseur matérielle. Si le signe fait œuvre de transcendance, s'il est donc renvoi vers une signification qui le dépasse, ce n'est pas en vertu d'une quelconque transparence du support. Le support matériel (le *Zeichenträger*) ne se résume pas à la quantité négligeable ou encore au tiers superflu dans la relation qu'entretiennent le signifiant et le signifié (*Bezeichnendes-Bezeichnetes*) ; il est ce qui rend possible ce rapport en tant que médium opératoire. Cette indifférence se révèle ne pas être simplement le produit d'une pensée anti-matérialiste (et l'indifférence ne saurait par conséquent être renversée en un matérialisme affirmé de la signification), mais indique bien une indifférence *phénoménale*, une non-thématisation dans l'apparaître.

Ce qui reste à penser n'est donc plus simplement le rapport entre visibilité et invisibilité caractérisant la structure figure/fond de la *Gestaltpsychologie* ou de chose/horizon de la phénoménologie classique, mais cette relative imperception qui est déjà impliquée dans toute matérialisation du sens dont parle le dernier Husserl dans la *Logique formelle et transcendantale*[1].

1. À plusieurs reprises, Merleau-Ponty citera ce passage tiré de *Logique formelle et transcendantale* (§ 3) « en parlant, nous effectuons d'une manière continue une activité d'opinion, activité interne, se fusionnant avec les mots, leur donnant pour ainsi dire une âme. Ayant reçu ainsi une âme, les mots et les discours entiers *rendent* alors pour ainsi dire *corporelle* [*verleiblichen*] en eux une opinion et la portent en eux corporifiée [*verleiblicht*] à titre de sens »

Le langage ne saurait jamais être au-delà des signes, de ses réactualisations matérielles ; il n'y est pas pour autant contenu, le sens n'étant ni immanent ni transcendant au langage (SG 68). Penser le langage dans son devenir revient à critiquer toutes les positions qui le conçoivent depuis un état déjà accompli. Les tentatives de formalisation du langage se fourvoient en ceci que leur théorie générative ne se conçoit qu'à partir de l'acte de langage déjà abouti, du *Dit*. La formalisation, à laquelle est dédié le chapitre « L'algorithme et le mystère du langage » dans *La Prose du monde*, peut fixer un « certain nombre de rapports transparents » parce qu'il prend appui sur ce qui se présente comme la « forme adulte du langage » (PM 9). De même, la théorie de l'acquisition enfantine du langage de Piaget qui se présente pourtant comme une théorie générative rabat en fin de compte elle aussi la potentialité sur l'acte dans la mesure où elle ne décrit l'apprentissage du langage toujours que du point de vue adulte (PPE 186).

Sans penser le Dire à partir du déjà Dit mais sans pour autant reléguer le langage dans une sphère de potentialité pure, sans isoler une structure linguistique abstraite ou alors tout concéder à l'incarnation aboutie dans une formule signifiante concrète, il faut s'installer à l'endroit du langage se faisant, entre le donné et ce qui permet la donation. Décrire « à la jointure des signes »,

(Hua XVII 26 *sq.* ; E. Husserl, *Logique formelle et logique transcendantale : essai d'une critique de la raison logique*, trad. fr. S. Bachelard, Paris, Puf, 1965). On notera également l'expression « Sprachleib » dans le texte inédit que Merleau-Ponty étudia lors de son séjour à Leuven en 1939 et qui est publié dans E. Husserl, *L'origine de la géométrie*, trad. fr. J. Derrida, Paris, Puf, 1962.

dans leur « agencement charnel » (PM 169) l'éclosion de ce *faire sens*, immatériel mais non pour autant idéel : c'est la nature de la signification qu'il faudra désormais comprendre dans sa dimension *diacritique*[1].

Du littéral au latéral

C'est donc bien autour de la question du « corps transparent du langage » (PM 67) que Merleau-Ponty en vient à chercher un renouvellement de sa pensée qui ne se bornerait pas à réinsérer les sens dans un corps vivant, mais à faire du corps lui-même un « système diacritique » (N 285), sous-tendu de latences, émaillé de trous[2]. Si le langage n'est pas dans le corps par lequel il se donne, il n'est pas autre part. C'est ce *dia*, ces interstices où se distinguent les phénomènes, distinction qui précède tout acte du « sujet » ou de son « faire » et qui est antérieure à tout dualisme. Merleau-Ponty qualifie cela aussi par la formule d'« écart [...] par rapport à la non-différence ou à l'in-différence » (P2 272).

La pensée doit en quelque sorte épouser le mouvement même de cette différenciation préalable de toute différence, elle doit se lover dans les déhiscences signitives. Or, « si c'est le rapport latéral du signe au signe qui rend chacun d'eux signifiant » et que, par

1. Pour un traitement plus approfondi de cette question, je me permets de renvoyer à mon article E. Alloa, « The Diacritical Nature of Meaning. Merleau-Ponty with Saussure », *Chiasmi International – Trilingual Studies Concerning Merleau-Ponty's Thought* 15, 2013, p. 167-180.

2. Par ailleurs, on pourra relever que, dans une note de travail du 27 octobre 1959, la perception est qualifiée de « système diacritique, relatif, oppositif » (VI 262).

conséquent « le sens n'apparaît donc qu'à l'intersection et comme dans l'intervalle des mots » (SG 68), cela voudra dire que la pensée devra devenir elle-même latérale, indirecte, sans quoi elle risquerait de substantialiser encore l'écart, l'intervalle. Tentation à laquelle Merleau-Ponty n'échappe pas entièrement quand il préconise de considérer « la parole avant qu'elle ne soit prononcée, le fond de silence qui ne cesse de l'entourer » ou encore de « mettre à nu ces fils de silence dont elle est entremêlée » (SG 75). Comment ne pas être attiré par cette pureté de la trame, où l'on rêve de pouvoir laisser derrière soi la mixtion louche des paroles impropres ? « Le philosophe parle – écrira Merleau-Ponty plus tard – mais c'est une faiblesse en lui, et une faiblesse inexplicable : il devrait se taire, coïncider en silence, et rejoindre dans l'Être une philosophie qui y est déjà faite » (VI 164). Ce n'est toutefois que pour se corriger immédiatement, car, malgré tout, cette coïncidence est illusoire, la philosophie n'étant pas plus déjà disponible dans le silence que le sens ne saurait être trouvé, en se détournant une fois pour toutes des mots, dans les blancs de la page. D'où cet « effort absurde » (VI 164), mais inéluctable de devoir perpétuellement dire et redire, recouper et ressaisir cette interstitialité qui – contrairement à ce que Husserl affirmait au sujet de l'horizon – ne pourra jamais être « possédée »[1]. De la sorte, la notion de *latéralité*, que Merleau-Ponty découvre en se confrontant à la linguistique, en arrivera à constituer le modèle directeur de sa dernière philosophie.

1. E. Husserl, *Méditations cartésiennes*, trad. fr. G. Peiffer et E. Levinas, Paris, Vrin, 1969, § 19.

Amener à l'expression pure de son propre sens l'expérience muette encore, – cette « petite phrase » de Husserl que Merleau-Ponty ressassait inlassablement[1] – ce n'est peut-être rien d'autre que « mettre en mots » ce silence (VI 164), ce « pli dans le tissu » (SG 68), ce creux dans le paraître. Si, comme l'a montré Paulhan, ce creux « on ne peut le considérer en face, il ne reste plus qu'à le penser "de biais", à "mimer" ou à "manifester" son mystère » (PM 163). Il faudra chercher un discours latéral, diagonal, une *oratio obliqua* comme auraient dit les rhéteurs médiévaux, pour cet acte d'articulation antérieur à l'énonciation, ce processus de phénoménalisation préalable au phénomène cristallisé. Adopter un regard oblique, c'est considérer le sens comme un sens à distance et la parole à partir du silence, « comme les sourds regardent ceux qui parlent » (SG 58).

C'est sans doute encore la signification qu'il convient de donner au fameux texte sur « Le langage indirect », conçu comme partie intégrante de *La Prose du monde*, que Merleau-Ponty détachera et publiera en 1952 dans une version remaniée dans *Les Temps Modernes* (1952) sous le titre « Le langage indirect et les voix du silence ». En 1953, au moment même où il semble vouloir abandonner définitivement le projet de *La Prose du monde*, les découvertes sur la nature diacritique du langage se voient transférées au monde sensible en général : « Toute position d'un en soi (figure) suppose, latéralement, la position d'un fond qui, lui, n'est pas ob-jet, en soi – le fond ou horizon fait partie de la

1. Pour l'historique et les transformations de cette « petite phrase » on consultera le sixième chapitre (« L'expérience, l'expression et la forme dans l'itinéraire de Merleau-Ponty ») de J. Taminiaux, *Le regard et l'excédent*, Den Haag, Nijhoff, 1977, p. 90-115.

définition de l'être » (MBNF X, fol. 204v. ; MSME 205). Dans le cours sur *Le monde sensible et le monde de l'expression* sont alors successivement envisagées ces questions de méthode dans leur ensemble : comment retrouver cette émergence latérale des objets dans mon champ perceptif? Comment être attentif à ce qui demeure inaperçu sans être pour autant invisible par nature ? Là encore, on retrouve l'idée de la philosophie comme méthode pour appréhender l'obvie, pour prendre à rebrousse-poil ce qui allait de soi. Si l'*ob viam* est ce qui nous égare, une approche indirecte signifie prendre cette expérience au sérieux et en faire le point de départ d'une nouvelle méthode qui, à sa manière, comporte également des implications éthiques[1].

Il y a pourtant un « autre » langage, un « langage » qui s'écarte du langage verbal et s'articule différemment, selon une logique qui lui est propre : c'est la peinture. Ce n'est peut-être pas un hasard si Merleau-Ponty fera dans la période successive, celle qui élargit le champ au-delà de l'expression proprement langagière, un interlocuteur privilégié[2]. La peinture constitue pour Merleau-Ponty

1. *Cf.* également E. Alloa, « La parole oblique : Merleau-Ponty et les enjeux d'une éthique de l'indirect », *Phainomenon : revista de fenomenologia* 18-19, 2011, p. 157-174.

2. Récemment, plusieurs études ont mis en évidence le rôle, souvent marginalisé par les premiers commentateurs, de la musique comme source féconde de la pensée du dernier Merleau-Ponty. Si celles-ci ont le mérite de dresser un portrait plus équilibré de l'auteur, personne ne met cependant en doute que l'art pictural reste – avec la littérature – l'inspiration primordiale de Merleau-Ponty. En novembre 1959, Merleau-Ponty assiste à une interprétation du *Leonore* no. 2 de Beethoven, la première version de l'ouverture du *Fidelio*, qui l'incite à un rapprochement de la musique avec la peinture. En tant qu'ils sont tous deux à leur façon des arts du silence, ils convergent

un système expressif dont le sens procède différemment du langage verbal. « Art muet » par excellence, celle-ci est bien la *voix du silence* comme Malraux aimait à la qualifier. Or, en tant que voix, la peinture n'est justement pas muette, mais fait entendre les blancs entre les choses ; elle ne parle pas d'autre chose, c'est plutôt que, des choses, elle parle *autrement*. Car jamais l'homme ne se sentira chez soi dans la peinture comme il peut se sentir chez soi dans le langage (PM 156), qu'il soit peintre ou simple spectateur ; jamais le procédé pictural ne saurait se posséder lui-même comme peut le laisser croire l'usage des mots. Voilà le sens du « doute » que Merleau-Ponty décèle chez Cézanne dès le texte homonyme rédigé en 1942, incertitude permanente quant à la maîtrise sur le monde et sur ses *moyens* d'expression. La toile du peintre devient le site d'une expérience de la dessaisie, une exposition à un dehors où l'enveloppe protectrice du langage quotidien se désagrège. Il n'est dès lors plus étonnant qu'au contact de ces « voix du silence », la réflexion sur la philosophie du langage se mue progressivement en une réflexion sur le langage de la philosophie.

Lors de la discussion à la Société française de Philosophie en novembre 1946, Émile Bréhier avait adressé une des critiques les plus sévères à l'écriture merleau-pontienne dont l'écho résonne jusqu'à nos jours : « Je vois vos idées s'exprimant par le roman, par la peinture, plutôt que par la philosophie. Votre philosophie aboutit au roman » (PrP 78). Merleau-Ponty n'y

vers la philosophie : « [...] la musique comme la peinture est au monde sensible ce qu'est la philosophie au monde entier » (Note inédite du 15 novembre 1959, MBNF VIII, fol. 289).

répondit pas directement. On sait aujourd'hui qu'à l'âge de vingt ans, il fut la « plume » d'un ami explorateur, Jacques Heller, qui au retour de quatre années passées dans les régions polaires du Canada, lui demanda de mettre en fiction ses souvenirs sous forme d'un roman intitulé *Nord. Récit de l'arctique*[1]. Contrairement à maints intellectuels de sa génération – Jean-Paul Sartre, Simone de Beauvoir, Albert Camus ou Emmanuel Levinas – il semble que Merleau-Ponty n'a jamais nourri de projet littéraire, malgré (ou à cause ?) de l'expérience liée à la rédaction de *Nord*. Ce qui ne l'a pas empêché de chercher par la suite une très grande proximité avec la littérature et avec la peinture.

Pour Merleau-Ponty, les arts du langage comme ceux de l'image ont la même visée que la philosophie – la vérité –, à ceci près que leur procédé n'est pas le même, et qu'ils procèdent selon un « style » différent. Plutôt qu'une philosophie de la littérature ou de la peinture, Merleau-Ponty considère que ces « styles » de recherche de la vérité doivent amener la philosophie à repenser son mode d'existence, sa manière de procéder. La question des moyens de la philosophie et de son rapport à la non-philosophie s'impose dès lors comme un des enjeux majeurs. La solution ne pouvant consister en un exil hors de la philosophie pas moins que dans sa dissolution, mais bien en une radicalisation interne. En ce sens, celui qui, lors de la session de 1946, anticipe ce mouvement nécessaire, c'est bien Jean Beaufret affirmant que le seul reproche qu'il ait « à faire à l'auteur, ce n'est pas d'être allé "trop loin", mais plutôt de n'avoir pas été

1. E. Alloa, « Le premier livre de Merleau-Ponty, un roman », *Chiasmi International* 21, 2019, p. 253-268.

assez radical. Les descriptions phénoménologiques qu'il nous propose maintiennent en effet le vocabulaire de l'idéalisme » (PrP103).

Après avoir mis à nu le langage comme objet de réflexion, Merleau-Ponty prend conscience que bien plus qu'une question régionale, la question du langage décide de la destinée même de toute pratique réflexive. Aussi, toute interrogation sur la philosophie du langage suppose une interrogation sur le langage de la philosophie. Tandis que Merleau-Ponty se résoudra à abandonner le projet de *La prose du monde* – à ce jour, aucune hypothèse concernant cet abandon n'est tout à fait conclusive[1] – la question d'un langage *autre*, d'une altération de la pratique descriptive donc, perdurera. À l'instar de l'acte pictural mettant au jour un sens opérant, il s'agit de trouver un « langage opérant, ce langage-là qui ne peut se savoir que du dedans, par la pratique » (VI 166). Au-delà aussi bien du rêve d'une coïncidence silencieuse que, d'autre part, d'un discours réifiant posant ses objets de pensée devant soi comme *ob-iectum* (comme autant de *Gegen-Ständlichkeiten*), « ce serait un langage dont [le philosophe] ne serait pas l'organisateur, des mots qu'il n'assemblerait pas, qui s'uniraient à lui par entrelacement naturel de leur sens, par le trafic occulte de la métaphore – ce qui compte n'étant plus le sens manifeste de chaque mot et de chaque image, mais les rapports latéraux, les parentés, qui sont impliqués dans leurs virements et leurs échanges » (VI 164). Si, en un mot, la question du langage avait permis à Merleau-Ponty de

1. *Cf.* les indications fournies par Claude Lefort dans l'« Avertissement » à son édition posthume de *La prose du monde* en 1969 (PM I-XVI).

s'extraire de la surdétermination par le corps vivant de sa première philosophie, ce sont à présent les limites du langage considéré en lui-même qui le conduisent – nous y reviendrons plus tard – à une reconsidération de la question du corps, dont la surdétermination antérieure se présente de plus en plus comme sous-détermination.

La latéralité du signe, au-delà du sens que la linguistique saussurienne veut bien lui accorder, acquiert encore une autre fonction dans la trajectoire de Merleau-Ponty. Inaugurant une conception non-substantielle et relationnelle du signe, elle suppose de prendre en considération tout le champ des signifiants dans lequel celui-ci s'insère, elle renvoie également, chez Merleau-Ponty, à une dette intersubjective et transhistorique. Un sujet parlant n'invente jamais complètement les mots par lesquels il s'exprime ; il hérite d'un clavier expressif dont il devra apprendre à jouer, et tout Dire s'apparente donc, dans une certaine mesure, à une redite. Ainsi, tout sujet parlant est entouré par d'autres sujets parlants autour de lui et avant lui. Impossible de parler sans se rapporter à une parole déjà instituée. Quelle marge y a-t-il alors pour une parole pleinement expressive, une parole qui ne se bornerait pas à redire ce qui a déjà été dit – et peut-être mieux dit – par d'autres ?

Pour Husserl, dont Merleau-Ponty étudie au tournant des années 1950 très scrupuleusement les manuscrits liés à la *Krisis*, la réponse est toute trouvée : la parole vivante est une parole qui désenfouit un sens oublié. La phénoménologie de la parole doit porter sur l'expression d'une signification que la sédimentation temporelle avait fini par occulter. Merleau-Ponty aime à citer cette formule de Husserl : « c'est l'expérience [...] muette encore, qu'il s'agit d'amener à l'expression pure de son propre sens » (PhP X, PhP 253-54). S'il l'adopte, Merleau-Ponty soumet toutefois cette formule husserlienne à une dialectisation préalable, car de ce que cet effort d'explicitation traduit, on ne peut proprement *rien dire*. Ce sens tacite, premier, n'acquiert toute sa signification que dans et par sa retraduction. Plus tard, lorsqu'il convoque Proust et son effort pour exprimer les nappes successives de l'expérience vécue, Merleau-Ponty se souvient de la formule de Husserl, mais elle prend cette fois une tournure nouvelle : « parler ou écrire, c'est bien *traduire* une expérience, mais qui ne devient texte que par la parole qu'elle suscite. » (RC 41).

Le défi d'une description phénoménologique – qui n'ambitionne rien de moins que de *faire parler* l'expérience elle-même – est alors confronté au paradoxe suivant : si elle use d'un vocabulaire trop souvent ressassé, elle deviendra formulaire et répétitive, incapable de restituer une expérience vivante ; si son langage est trop insolite voire déroutant, elle sera incapable de se faire entendre. Voilà pourquoi l'exercice d'explicitation par le langage d'une expérience tacite n'équivaut pas seulement à une simple redite, mais exige une expression inventive. Ce point, Husserl l'a visiblement sous-estimé dans son archéologie phénoménologique de la signification. On touche là à un « cercle vicieux », soutient Merleau-Ponty (RC 41). De deux choses l'une : soit l'expression réactive une signification dont on avait oublié le sens premier, mais alors l'invention se résume à une relance, et l'expression n'est pas muette, elle est seulement devenue inaudible. Soit l'expression est au contraire à ce point novatrice qu'aucun des contemporains n'en intercepte la portée. Merleau-Ponty décrit ainsi le défi de toute expression : « S'exprimer, c'est donc une entreprise paradoxale, puisqu'elle suppose un fond d'expressions apparentées, déjà établies, incontestées, et que sur ce fond la forme employée se détache, demeure assez neuve pour réveiller l'attention » (PM 51). On touche là à ce qu'on peut qualifier du *paradoxe de l'expression*. L'expression créatrice s'apparente alors à une invention dont seul l'avenir permettra de constater – et là encore qu'à titre posthume – le génie[1]. Et pourtant, l'incompréhension que suscite l'usage inventif suppose encore que le *geste* expressif ait été compris pour ce qu'il est. C'est ce paradoxe que dans *La Prose du monde* Merleau-Ponty résume sous le titre de la « parole conquérante ».

Les avant-gardes ont de tout temps mis en circulation des expressions nouvelles, dont l'efficace se mesurera à l'aune de leur reprise. Les premiers lecteurs de Rabelais ont dû être déboussolés face aux nombreux néologismes que celui-ci forge à partir du latin ; des siècles plus tard, plus personne ne contesterait leur place dans la langue française. Face à la « parole instituée », réduite à la fonction d'échange, la « parole conquérante » (PM 196) fait apparaître un horizon de possible, un sens potentiel dont on ne mesure pas encore toutes les implications dans le présent. Or cette parole conquérante n'est autre qu'une parole *instituante*, celle qui par anticipation mais aussi par reprise fait apparaître, dans l'enchaînement réglé des signes, des possibilités d'agencements inédits, ou mieux, celle qui sera instituante quand elle aura déplacé à son tour l'ordre institué. Car il faut bien se

1. Pour un développement plus détaillé, *cf.* B. Waldenfels, « Le paradoxe de l'expression », dans M. Merleau-Ponty, *Notes de Cours sur* L'origine de la géométrie *de Husserl*, suivi de *Recherches sur la phénoménologie de Merleau-Ponty*, sous la direction de R. Barbaras, Paris, Puf, 1998.

rendre à l'évidence que l'« expressivité est temporaire » (PM 53). Mais quand l'expressivité se sédimente dans des expressions que d'autres reprendront à leur tour, il y a *Stiftung*, dit Merleau-Ponty de ce terme husserlien que lui-même propose de traduire par « institution ».

L'intense confrontation de Merleau-Ponty avec le phénomène linguistique débouche aussi sur cela : sur la nécessité de considérer le langage comme une institution parmi d'autres, soumise à des lois synchroniques mais aussi à des processus diachroniques, garantie d'un sens partagé mais aussi vigie mouvante d'un ordre en sursis. Autrement dit, le problème de l'expression débouche sur la question de l'Histoire et sur la mise en place d'une signification persistante, partagée par tous les locuteurs d'une langue. L'étude approfondie du phénomène expressif, expliquera-t-il dans le cours *Le problème de la parole* de 1953-1954, l'amène à considérer un enjeu central, et pourtant délaissé par les philosophes du langage, celui de l'« institution » : « Reste à étudier comment la parole se fait institution » (PrP 202). Au début des années 1950, la notion d'institution, dont on n'a mesuré que récemment toute l'importance dans l'œuvre merleau-pontienne, apparaît donc en lien avec la question langagière et sa nature intersubjective partagée. Mais de fait, elle fait déjà son apparition plus tôt, en relation avec la question de la rencontre avec autrui.

CHAPITRE IV

HISTOIRE

UNE NOUVELLE THÉORIE DE L'HISTOIRE

L'élection au Collège de France en 1952 signe indéniablement un tournant dans le parcours de Merleau-Ponty. S'il ne marque aucune rupture franche – les ruptures sont généralement rares dans son parcours –, le moment témoigne néanmoins d'une réorientation générale, impliquant une ouverture à des thèmes et à des auteurs nouveaux, ainsi qu'une remise en question de certains partis pris antérieurs. Dans le premier cours proposé pour le printemps suivant, intitulé *Le monde sensible et le monde de l'expression*, Merleau-Ponty n'hésite pas à procéder à une autocritique et repère des insuffisances dans sa *Phénoménologie de la perception*. L'« analyse du monde perçu » avait visé à le « dégager dans ce qu'il a d'original », vis-à-vis de l'univers de la science objectivante, mais reste prisonnière d'une série de concepts hérités par la tradition philosophique (perception, conscience, synthèse, le dualisme matière et forme) qui hypothèquent le projet dans son ensemble (MSME 46). Dans cet exercice d'auto-analyse, Merleau-Ponty considère avoir péché par une approche à la fois trop statique et trop subjectiviste de la situation perceptive, qui accorde à une conscience transcendantale toute la tâche de constituer le monde sensible, de sorte que celle-ci « retrouve dans les choses ce qu'elle y a mis » (MSME 46). Le long détour par les phénomènes expressifs aura permis d'opérer ce décentrement dans la théorie merleau-pontienne du sens, et de s'ouvrir à la compréhension d'un sens à la fois plus anonyme, partagé et mouvant.

Dans le document transmis à Martial Guéroult en vue de la candidature au Collège dès 1951, mais également dans les « Titres et travaux », qui contiennent des indications précieuses sur les projets d'enseignement et d'écriture que Merleau-Ponty souhaite remettre sur le métier, on retrouve l'insistance sur le thème de la vérité et de son histoire. Non content d'avoir réhabilité la perception sensible comme source de connaissance véritable, il réinscrit manifestement cette connaissance par les sens dans un champ plus vaste, transhistorique et interpersonnel. « Dans l'histoire comme dans la perception – lit-on alors dans le projet pour un enseignement sur *L'histoire et l'intersubjectivité* – il y a une semence de vérité [...] notre expérience est un devenir vers la vérité » (P2 34). Dès ce moment, il a le projet de rédiger un ouvrage sur *L'origine de la vérité* – en quelque sorte un pendant merleau-pontien de *L'origine de la géométrie* de Husserl –, qui, après avoir subi de multiples métamorphoses, se présentera comme l'ensemble textuel publié de manière posthume par Claude Lefort sous le titre *Le visible et l'invisible*. Par ailleurs, un faisceau d'indices concordants laisse penser que Merleau-Ponty a imaginé, du moins pendant un temps, de consacrer à l'histoire un ouvrage à part entière. S'il n'en fut finalement rien, et que *Les aventures de la dialectique* de 1955 sont en définitive ce qui s'en rapproche le plus, plusieurs sections des cours au Collège de France sont explicitement consacrées à la question de l'histoire. En ce qui concerne cependant le cours où celle-ci fut vraisemblablement traitée de la manière la plus approfondie – le cours du lundi de 1953-1954 intitulé *Matériaux pour une théorie de l'histoire* – les commentateurs en sont réduits à des conjectures, car de ce cours nous ne possédons aucune trace écrite, exception faite de notes de lectures éparses (MBNF XII, fol. 170-174) et d'un résumé (RC 43-56).

Quoi qu'il en soit, il ne fait pas de doute que la question de l'histoire émaille tous les enseignements de ces années. À juste titre, on a pu soutenir que le passage au Collège de France coïncide avec un passage « de l'expression à l'histoire », ou encore « de l'historicité de l'expression à l'histoire elle-même »[1]. Dans la leçon inaugurale prononcée au Collège de France le 15 janvier 1953, et intitulée *Éloge de la philosophie*, cette transition en cours se mesure dans la discussion critique de Bergson. On sait tout ce que la pensée du temps chez Merleau-Ponty doit à Bergson, et notamment à sa conception du mouvement rétrograde du vrai, pour laquelle l'événement rend rétrospectivement nécessaire sa propre advenue. Mais l'approche métaphysique du temps fait aussi obstacle, selon le propos de la leçon inaugurale, à une approche historique de celui-ci. Tandis qu'est honorée la manière dont Bergson aura amorcé, à mesure que se construit sa pensée, un « passage d'une philosophie de l'impression à une philosophie de l'expression » (EP 34), ce qui manque au fond à

1. D. Belot, « "Un tableau de l'histoire humaine" : Merleau-Ponty au-delà de Bergson », *Archives de Philosophie* 69, 1, 2006, p. 22.

celle-ci, c'est une théorie satisfaisante de l'histoire. À force d'avoir insisté sur l'énergie créatrice, coextensive à la vie elle-même, Bergson serait passé à côté de la dimension historique de toute expression. Alors même qu'il avait raison de dire que la vie doit se déchiffrer comme on déchiffre un visage, Bergson n'aurait pas été en mesure de comprendre toutes les forces qui entrent en jeu dans l'acte créatif, de sorte qu'il se serait fourvoyé en croyant que « le tableau est "un acte *simple* projeté sur la toile", quand il est le résultat sédimenté d'une série d'efforts d'expression » (EP 69). L'approche métaphysique de la vie, telle que Bergson la propose, implique certes une métaphysique du devenir, mais celle-ci se montre incapable de tenir en compte les forces concrètes faisant advenir le changement. Pour reprendre l'argument déjà déployé quelques années plus tôt, dans « Le métaphysique dans l'homme », « il manque à son œuvre un tableau de l'histoire humaine qui donne un contenu à ces intuitions, qui paradoxalement restent très générales » (SNS 170 n.). Mais à quoi correspondrait alors une théorie de l'histoire satisfaisante aux yeux de Merleau-Ponty ?

Si l'on ne peut que remarquer l'abondante littérature historienne dont se nourrissent les réflexions de Merleau-Ponty au cours de ces années – l'historiographie des croyances avec Lucien Febvre en particulier, mais aussi l'École des Annales et sa version géohistorique avec Fernand Braudel, la sociologie historique de Max Weber, l'histoire des sciences d'Alexandre Koyré, l'égo-histoire de Philippe Ariès[1], etc. –, sa référence principale se situe

1. La bibliothèque personnelle de Merleau-Ponty contient un exemplaire du premier livre de Philippe Ariès, *Le temps de l'histoire*. Paris, Éditions du Rocher, 1954.

pourtant en dehors du domaine strict de l'historiographie. Merleau-Ponty n'hésite pas à soutenir qu'il revient à Ferdinand de Saussure d'avoir renouvelé de fond en comble l'approche de l'histoire. Lorsque celui-ci décrit un processus où les hasards objectifs établissent un sens par chacune de leurs reprises subjectives, il « pourrait bien avoir esquissé une nouvelle philosophie de l'histoire » (EP 56).

Une telle affirmation est pour le moins surprenante, en tout cas à la lumière d'une lecture canonique de Saussure (celle du structuralisme notamment), qui considère que la linguistique saussurienne permet de congédier définitivement toute explication du langage par l'histoire. Pour mieux mesurer la portée d'une telle affirmation, il faut la recontextualiser. Autant Merleau-Ponty reproche au bergsonisme une approche trop métaphysique au problème du devenir, autant il se démarque des réponses proposées par l'hégélianisme, dont la vision reste encore trop rationaliste. Récemment redécouvert et publié, le cours *Problèmes de la philosophie de l'histoire* que Merleau-Ponty tient dans l'après-guerre – les éditeurs estiment qu'une datation à l'année 1947-48 serait la plus plausible – avait déjà permis de constater l'ampleur des controverses, celles qui opposent les tenants d'une ligne rationaliste et téléologique d'une part et, d'autre part, ceux qui insistent sur la contingence des faits historiques. En 1951, l'esquisse de projet pour le Collège de France ramasse en quelques lignes ces enjeux :

> Les questions débattues entre ceux qui font de l'individu un sujet de l'histoire, et ceux qui le font objet de l'histoire, ou entre ceux qui voient dans l'histoire une raison qui se manifeste, et ceux qui ne voient

> en elle qu'une suite de hasards, seraient susceptibles d'une solution positive si, au lieu de les poser à propos de l'histoire économique ou de l'histoire politique, on les posait à propos de l'histoire du langage, dans laquelle le sujet parlant et la communauté linguistique, les hasards et l'ordre systématique de l'idiome sont inséparablement à l'œuvre (P2, 31).

La lecture peu orthodoxe que propose Merleau-Ponty de Saussure, et où celui-ci se voit mélangé à des linguistes qui s'opposent pourtant à lui sur de nombreux points – en premier lieu à Gustave Guillaume et à son idée d'une chronogenèse du langage – ne s'embarrasse pas outre mesure de la dichotomie entre la dimension diachronique (et donc historique) du langage et sa dimension synchronique (et donc structurale), pour insister plutôt sur la perspective d'une structure mouvante, portée par les actes de parole eux-mêmes. La difficulté que rencontrent les linguistes pour isoler des langues à l'état pur, dont on pourrait établir les règles immuables – les frontières entre le moyen français, l'ancien français, le roman ou encore le latin vulgaire paraissent parfois bien arbitraires – est celle à laquelle se heurte toute entreprise historiographique, quand elle veut immobiliser son objet : « dans ce mouvement perpétuel des langues où passé, présent et avenir sont mêlés, aucune coupure rigoureuse n'est possible, et [enfin], il n'y a, à la rigueur, qu'une seule langue en devenir » (PM 55-56). Ni téléologique ni aléatoire, ce devenir est soutenu par un « faire » linguistique dont il faudra désormais redéfinir les termes. Le fil conducteur de cette redéfinition sera fourni par la notion de *praxis*, qui permet à Merleau-Ponty d'entrecroiser la linguistique et le matérialisme dialectique.

Dès *La Structure du comportement*, les quelques occurrences de la notion de *praxis* témoignent déjà de l'ambition de dépasser l'opposition entre activité et passivité. Mais ce n'est qu'après 1945 que la notion de *praxis* gagnera en consistance conceptuelle, et cette fois, à la faveur d'une confrontation avec Marx. Merleau-Ponty se souvient de la leçon d'Engels et de Marx qui insistaient, dans *La sainte famille*, sur le fait que « l'*histoire* ne fait *rien* [...]. C'est au contraire l'*homme*, l'homme réel et vivant qui fait tout cela »[1]. L'action humaine a un nom précis, dans le vocabulaire marxiste, il s'agit de la *praxis*. Dans « Marxisme et "philosophie" marxiste », une note inédite récemment retrouvée, et probablement liée au cours *Problèmes de la philosophie de l'histoire* donné en 1947-1948, Merleau-Ponty évoque déjà l'idée d'une enquête sur l'« origine de la vérité », par laquelle on apprendrait à ne plus opposer la nécessité à la contingence de l'histoire et de sa *praxis* concrète : « la vérité ne se trouve pas *avant* le monde, l'histoire, la culture, elle n'est pas non plus un produit arbitraire (comme le soutient le pragmatisme) elle est au cœur de ce monde, dans le drame, dans *praxis* ». Et d'évoquer un « noyau de praxis par-delà passivité et activité » (In II, 201).

Dans *Les aventures de la dialectique*, Merleau-Ponty reconnaît à Lukács le mérite d'avoir dissipé – et ce en particulier dans l'ouvrage *Histoire et conscience de classe* (1923) – les malentendus qui se sont greffés sur cette notion pourtant centrale. La *praxis* n'est pas plus le

1. F. Engels et K. Marx, *La sainte famille, ou Critique de la critique critique*, trad. fr. E. Cogniot, Paris, Les éditions sociales, 1969.

nom d'une doctrine « spontanéiste » de l'agir qu'elle n'est le vecteur d'un Esprit à l'œuvre dans l'Histoire (AD 76). Contre Sartre, qui sous le titre de *praxis* croyait trouver dans les *Thèses sur Feuerbach* la désignation d'un agir pur faisant entrer le prolétaire dans l'Histoire, Merleau-Ponty insiste sur le caractère confus et trans-subjectif de la *praxis*, qui se voit exposée à une adversité dont elle n'a pas choisi les paramètres. Au fond, Marx avait déjà réfuté une telle vision spontanéiste, lorsqu'il écrivait, dans *Le 18 Brumaire de Louis Bonaparte* : « Les hommes font leur propre histoire, mais ils ne la font pas de plein gré, dans des circonstances librement choisies ; celles-ci, ils les trouvent au contraire toutes faites, données, héritage du passé »[1]. Les réflexions de Marx analysant les révolutions du XIXe siècle marquent le regard que Merleau-Ponty porte sur celles du suivant (on se souviendra qu'il avait prévu de consacrer la troisième partie de *La prose du monde* à la question de la révolution[2]). Qu'une praxis puisse devenir révolutionnaire ne dépend ni d'un instinct révolutionnaire naturel des masses ni d'un théoricien qui s'arrogerait le droit de renseigner les prolétaires sur leur volonté profonde qu'ils devraient ensuite réaliser : elle n'est pas l'action de *quelqu'un* en particulier, pas plus

1. K. Marx, « Le 18 Brumaire de Louis Bonaparte [1852] », trad. fr. M. Rubel, avec la collab. de L. Janover, dans M. Rubel (dir.), *Œuvres IV. Politique I*, « Bibliothèque de la Pléiade », Paris, Gallimard, 1994.

2. « Je n'ai nullement renoncé, en 1950, à écrire sur la politique ; j'ai au contraire toujours pensé que *La Prose du monde* aurait une seconde partie sur le catholicisme et une troisième sur la révolution » (Lettre à Sartre du 8 juillet 1953, P2 145).

qu'elle n'est l'expression d'une liberté inhérente, comme le voudrait l'approche sartrienne[1].

Dès *Humanisme et terreur*, Merleau-Ponty se débat avec cette question : comment expliquer que l'Union soviétique soit passée, de la révolution d'Octobre, à la mise en place d'un nouveau régime d'exploitation ? L'explication rationnelle ou téléologique semble aussi peu pertinente que celle qui ferait des faits historiques un simple enchaînement de hasards. Pour Merleau-Ponty, la *praxis* linguistique – celle qui décrit comment les langages évoluent au gré du temps – éclaire en retour la *praxis* politique, au-delà de l'alternative rationaliste et relativiste de l'histoire : il est plus plausible de considérer que l'évolution qui a conduit « d'Octobre 1917 aux 10 millions d'esclaves » s'est faite « de proche en proche, sans vue délibérée, de crise en crise, d'expédient en expédient et que, dans sa signification sociale, elle échappe à ses propres artisans » (SG 334). Les acteurs de l'Histoire, ceux donc qui ont fait advenir le stalinisme par leur agir concret, ne l'ont vraisemblablement pas plus désiré qu'ils ne l'ont anticipé. Avec le « reflux » de la Révolution, remarquera-t-il plus tard dans une note de travail, on se retrouve devant « une angoisse qui tient à l'épaisseur, à la non-transparence de l'histoire[2] ».

1. Sur les différences entre Sartre et Merleau-Ponty concernant la politique, en particulier concernant le concept d'événement, *cf.* les chap. IV et V de J. Revel, *Foucault avec Merleau-Ponty : ontologie politique, présentisme et histoire*, Paris, Vrin, 2015. Judith Revel fait apparaître comment la linguistique structurale prépare une conception à la fois anonyme et ouverte de l'histoire : la négativité des signes et de leur espacement renvoie à une productivité inhérente ; ce qui, ne cessant jamais de produire de la différence en avant de soi, inaugure constamment des nouvelles formes d'être et d'être ensemble.

2. Note inédite du 25 octobre 1958. MBNF VIII, fol. 179.

Si l'histoire doit redevenir « ce qu'elle doit être pour le philosophe : le centre de ses réflexions » (SG 88), c'est à condition d'abandonner toute position de surplomb, toute recherche d'un principe extérieur qui en gouvernerait le développement. Une *théorie* de l'histoire ne pourra que se fourvoyer, faute de comprendre qu'elle n'émerge qu'à partir d'une *praxis* de celle-ci : « Pas plus que le langage, l'histoire nous est extérieure » (P2 46). À ce titre, et comme le souligne le résumé du cours sur *Matériaux pour une théorie de l'histoire* de 1953-1954, il s'agirait de l'envisager plutôt comme « milieu de vie » (RC 45), ou encore comme espace d'une *praxis* humaine. L'histoire relève alors de ces dimensions partagées qui ne deviennent que ce qu'elles ont toujours été, quoiqu'elles aient besoin, pour le devenir, d'être reprises dans le cadre de l'agir collectif (RC 45). En ceci l'histoire présente des ressemblances avec le langage, explique Merleau-Ponty, tout comme avec l'art. Il y a bien quelque chose comme *du* langage, *de* l'art, mais l'unité de ces sphères symboliques n'est définie par aucune essence préalable ni aucun cadre qui les contiendrait du dehors. Systèmes en devenir, ils se définissent à la fois par rapport à un présent et par rapport à une longue durée, dont ils constituent pour ainsi dire le schéma mouvant. L'histoire « est une *Gestalt* » (HT 139).

À l'un des rares endroits où il se laisse aller à des considérations sur les arts en général, Merleau-Ponty évoque l'unité de la peinture qu'il propose de concevoir à son tour comme la résultante d'une *praxis* collective, passée et future, qui fournirait en quelque sorte l'épure d'une nouvelle théorie de l'histoire. Contre les explications institutionnalistes de l'art, et non sans une pique contre Malraux, il estime que l'unité de la peinture ne se joue pas au musée, qu'il soit réel ou imaginaire, mais doit être décrite dans l'immanence d'un faire, visant à la fois à configurer cette œuvre-ci et à reconfigurer pour l'avenir ce que l'on entend par « art ».

> L'unité de la peinture, elle n'est pas seulement au Musée, elle est dans cette tâche unique qui se propose à tous les peintres, qui fait qu'un jour au Musée ils *seront* comparables, et que ces feux se répondent l'un à l'autre dans la nuit. Les premiers dessins aux murs des cavernes [...] appelaient un avenir indéfini de la peinture, et c'est ce qui fait qu'ils nous parlent et que nous leur répondons par des métamorphoses où ils collaborent avec nous (SG 75).

Pour Merleau-Ponty, chaque art est donc à considérer comme une totalité, pour peu que l'on redéfinisse le sens de ce terme. Contre toute pensée des fondamentaux, où tout serait joué, une fois pour toutes – tantôt dans un passé mythique, tantôt dans un futur glorieux –, la totalité serait à concevoir de manière beaucoup plus prosaïque comme un ordre en train de se faire, un peu comme lorsqu'il invoquera l'exemple du cinéma, pour dire qu'en voyant un film, celui-ci nous fait assister au « miracle » d'une totalité à l'œuvre, celle qui est en train de se faire sous nos yeux (N 205).

Le détour par la linguistique et par l'histoire de l'art permet à Merleau-Ponty de proposer sa propre conception, renouvelée, de l'histoire. Autant les années précédentes l'auront parfois vu commenter à chaud le cours du monde dans les billets écrits pour *Les temps modernes*, dès 1950 les circonstances politiques le poussent à prendre du recul : « J'ai décidé, depuis la guerre de Corée [...] de ne plus écrire sur les événements à mesure qu'ils se présentent » (P2 145). Avec *Les Aventures de la dialectique*, paru en 1955, et rédigé en 1953-1954, Merleau-Ponty livre non seulement – par le biais d'une discussion de la question communiste – sa version des raisons de la brouille avec Sartre, mais également une critique d'une vision trop linéaire de l'histoire, qu'elle soit le fait d'une historiographie « événementielle » classique ou celle du Parti communiste français. Merleau-Ponty le martèle dès la préface des *Aventures de la dialectique* : « Pour traiter les problèmes de ce livre, il faut une philosophie de l'histoire et de l'esprit » (AD 9). La philosophie de l'histoire à laquelle doit s'adosser le propos récuse alors simultanément la position – incarnée par Raymond Aron par exemple – selon laquelle les événements historiques seraient le résultat de la contingence de l'Histoire et la position, incarnée par un marxisme orthodoxe, qui considère que, tôt ou tard, le sens naturel de l'Histoire (l'avènement d'une société sans classes) se réalisera. Par-delà l'alternative d'une histoire stroboscopique, faite de moments discontinus, et d'une histoire aimantée par le *telos* de son achèvement, Merleau-Ponty indique une troisième voie, dont il précise, dans les résumés de cours, les grandes lignes :

> Il n'y a pas histoire si le cours des choses est une série d'épisodes sans lien, ou s'il y a un combat déjà gagné dans le ciel des idées. Il y a histoire s'il y a une logique *dans* la contingence, une raison *dans* la déraison (RC 46).

Entre excès de sens et son défaut, l'histoire est quelque chose qui requiert une attention perceptive, le développement de ce que Merleau-Ponty appelle aussi la « perception de l'histoire ». Mobilisant là encore la notion de *Gestalt*, il s'agit de repérer le frayage d'un ordre situé entre sens et non-sens, comme si autant de tesselles, disjointes en apparence, viendraient peu à peu s'agréger en une mosaïque dont l'agencement secret n'apparaîtrait qu'après coup. Renvoyant dos à dos ceux pour qui le futur est déjà écrit et ceux pour qui l'histoire n'est qu'une succession d'événements fortuits, Merleau-Ponty insiste sur le lien intime entre sens et histoire. Pour qu'un sens puisse se déployer, il faut qu'il se déploie sur un horizon d'orientations alternatives, et comporter qu'il puisse toujours en être autrement. Comme il le précisera plus tard dans « Le langage indirect et les voies du silence », une telle conception se démarque aussi bien de l'histoire empirique, qui n'est « attentive qu'aux événements et reste aveugle aux avènements » (SG 77), que du rationalisme historique, pour qui l'avènement est déductible de structures de nécessité. Il faudrait alors admettre plutôt un genre d'avènement qui n'est pas déductible, pas plus qu'il ne doit être « dérivé de celui, s'il existe, des événements purs » (SG 85). Tout en installant une temporalité qui est celle de l'irréversibilité – d'un axe temporel que l'on ne parcourt donc pas à sa guise, mais qui pousse vers l'avant –, il n'empêche pas pour autant l'imprévu, parce que « l'avènement est une promesse d'événements » (SG 87)[1]. L'histoire devra être pensée comme ce qui *institue* un devenir et l'horizon d'un sens partagé. En ce sens, et pour emprunter à une sémantique

1. Sur la notion d'événement et celle d'avènement, que Merleau-Ponty dit d'ailleurs avoir emprunté au jeune Ricœur, *cf.* R. Terzi, « Événement, champ, trace : le concept phénoménologique d'institution », *Philosophie* 131, 4, 2016, p. 52-68.

popularisée par Fernand Braudel, il ne faudrait pas confondre l'événementialité de l'Histoire et l'histoire événementielle. Tandis que l'histoire événementielle considère l'Histoire comme une succession de grands événements, mis en œuvre par des « grands hommes », l'évémenenementialité de l'Histoire n'est jamais successive ou épisodique, mais inaugurale ou ouvrante. Merleau-Ponty les appelle aussi « événements-matrices » (IP 44), et donne comme exemple la révolution néolithique ou la révolution industrielle, qui instituent des ordres d'intelligibilité et de l'agir radicalement neufs.

L'ample réflexion menée par Merleau-Ponty autour des enjeux de l'histoire, et qui occupe une place centrale dans les années 1951-1955 en particulier, débouche dès lors sur une notion-clé de cette période : la notion d'institution. Dans le cours décisif de 1954-1955 sur *L'institution – La passivité*, Merleau-Ponty résume les résultats de ses propres travaux antérieurs, lorsqu'il parle des actes instituants comme d'« événements-matrices » et qu'il fait de l'institution « ce qui rend possible [une] série d'événements, [une] historicité : événementialité de principe » (IP 44).

De la constitution à l'institution : Autrui

Si nous faisons l'hypothèse, dans la périodisation que nous proposons de l'œuvre de Merleau-Ponty, que l'histoire fournit en quelque sorte le cadre général dans lequel s'inscrivent les diverses problématiques affrontées durant ces années, nous voulons également suggérer que l'on peut identifier un concept opératoire qui travaille de part en part cette période : la notion d'*institution*. Plus récemment, celle-ci a fait l'objet d'un regain d'attention de la part de la philosophie contemporaine, sans que ceux qui s'en servent omettent de préciser que sa signification exacte demeure souvent floue. Afin d'essayer d'y voir un peu plus clair, nous proposons de procéder par approximations successives. Dans un premier temps, il peut être utile de retracer le déplacement que la notion d'institution opère par rapport à une phénoménologie husserlienne classique, et notamment à l'égard du concept de constitution. Or Merleau-Ponty ne cache pas qu'en déplaçant le cadre conceptuel, il souhaite avant tout s'affranchir des impasses auxquelles mène d'après lui une philosophie de la conscience. L'institution, détaille l'annonce du cours consacré précisément à cette notion, sera employée comme « remède aux difficultés de la philosophie de la conscience » (RC 123). Il ne s'agit pas pour autant d'abandonner les acquis d'une phénoménologie de la perception. Le point de départ initial de Merleau-Ponty, la situation perceptive, n'est jamais démenti, mais se voit reconceptualisé de fond en comble – il s'agit de « nouvelles recherches qui viennent fixer le sens philosophique des premières » (P2 41) –, notamment sous l'effet d'une théorie différentielle et diacritique du champ perceptif. Celui-ci manifeste alors, comme le précise *Le monde sensible et le monde de l'expérience*, une capacité d'organisation interne et autonome, qui ne dépend plus réellement d'un sujet constituant. La paire gestaltiste de la figure et du fond se voit soumise à son tour à une dynamisation radicale, si bien qu'il faudra plutôt parler d'un différentiel de contraste entre un mobile et un mouvant, tandis que l'espace perceptif devra être pensé dans sa dimension temporelle : celle d'un devenir des formes tout comme des sujets expérientiels[1].

Dès le premier cours au Collège de France, Merleau-Ponty souligne alors comment cette pensée du devenir – un devenir *vers* la vérité – doit être ramenée à sa dimension la plus matérielle et concrète. Car il s'agira de comprendre « la possibilité pour le sujet de se vivre dans une perception anonyme, institutionnelle »[2]. Autrement dit, le décentrement par-delà le sujet constituant se double d'emblée d'une réflexion sur l'institution. Il faudra attendre les années suivantes, et les cours explicitement consacrés à la question de l'institution, pour mesurer ce que Merleau-Ponty entend par là. Au fond, tout l'enjeu consiste à désindividualiser mais aussi dé-transcendentaliser l'approche classique de la perception, pour s'ouvrir à la possibilité d'un horizon de perceptions divergentes voire d'une histoire des perceptions. Comme il l'expliquera dans le double cours *L'institution-La passivité* de l'année 1954-55, l'institution n'est autre chose que l'« établissement dans une expérience (ou dans un appareil construit) de dimensions [...] par rapport auxquelles toute une série d'autres expériences auront sens et formeront une *suite*, *une* histoire » (IP 38). Ou, pour emprunter à la caractérisation proposée dans le résumé de cours, ces réflexions ont pour but d'accompagner le développement « de la phénoménologie en métaphysique de l'histoire » (RC 65).

1. Nous rejoignons ici la belle lecture de S. Kristensen, « Maurice Merleau-Ponty, une esthétique du mouvement », *Archives de Philosophie* 69, 1, 2006, p. 123-146.

2. MBNF X, fol. 32 (raturé). Le feuillet n'a pas été inclus dans l'édition de MSME.

L'insistance sur l'historicité et sur l'intersubjectivité, bref, sur la transversalité et la mutation des perceptions singulières, n'est pas qu'une manière de réinscrire une enquête sur les structures de la connaissance sensorielle dans une théorie plus vaste de la signification ; elle est également une façon d'insister sur l'orientation résolument réaliste de son entreprise. Pour démentir une fois pour toutes le soupçon d'idéalisme qui pèse sur toute phénoménologie d'héritage husserlien, Merleau-Ponty insiste sur l'ancrage matériel et réel des expressions sensibles. Un passage du cours sur *L'institution* résume remarquablement ce qui sépare une phénoménologie de l'institution d'une phénoménologie de la constitution : « constituer en ce sens est presque le contraire d'instituer : l'institué a sens sans moi, le constitué n'a sens que pour moi et pour le moi de cet instant » (IP 37).

Grâce à la notion d'institution, Merleau-Ponty souhaite donc se défaire des vestiges d'idéalisme dont la théorie de la constitution de Husserl est inévitablement mâtinée, sans pour autant renier une certaine impulsion initiale donnée par Husserl, puisqu'il s'agit encore toujours de décrire ce qui confère aux objets leur persistance, bien que cette fois, cette persistance doit être conçue par-delà leur donation momentanée à une conscience. L'institution devra ainsi se concevoir comme une sorte de dilatation de la perception, d'épaississement au-delà du sujet individuel. Inversement, le sujet expérientiel gagne en consistance, pour devenir un sujet de sédimentations et d'habitudes, mais – et c'est peut-être un point où Merleau-Ponty dépasse grandement la perspective d'une phénoménologie génétique telle que l'envisageait Husserl – il demeure encore un réceptacle de faisceaux préinvindividuels, précédant la naissance du sujet singulier. « Si le sujet était instituant, non constituant, on comprendrait au contraire qu'il ne soit pas instantané, et qu'autrui ne soit pas seulement le négatif de soi-même » (RC 60). Car la reconceptualisation des objets signifiants s'accompagne non seulement d'une reconceptualisation de la subjectivité, mais aussi de l'intersubjectivité et de l'*alter ego.* Autrui, explique Merleau-Ponty, n'est pas « constitué-constituant [...] mais institué-instituant », entraînant d'emblée la dyade hors d'un simple face-à-face, et vers un « champ intersubjectif ou symbolique, [celui] des objets culturels, qui est notre milieu, notre charnière, notre jointure – au lieu de l'alternance sujet-objet » (IP 35).

Afin de mesurer proprement le chemin parcouru par Merleau-Ponty dans sa manière de concevoir l'intersubjectivité, un retour en arrière s'impose. Dans la *Phénoménologie de la perception*, dans sa réflexion sur la façon dont autrui m'apparaît, le parcours de Merleau-Ponty avait croisé celui de Husserl. Ce dernier se voit alors crédité d'avoir poussé le plus loin la voie transcendantale, qui consiste à constituer tout objet possible à partir de la sphère de l'ego, non sans reconnaître qu'avec l'*alter ego,* la conscience touche au plus paradoxal de tous les « objets ». Avec sa Cinquième *Méditation cartésienne*, Husserl lui-même posait d'ailleurs déjà la question en ces termes : « comment se fait-il que mon *ego*, à l'intérieur de son être propre, puisse, en quelque sorte, constituer l'"autre" "justement comme lui étant étranger", c'est-à-dire lui conférer un sens existentiel qui le met hors du contenu concret du "moi-même" concret qui le constitue ? »[1]. On frôle un

1. E. Husserl, *Méditations cartésiennes, op. cit.*, § 44.

paradoxe majeur, dès lors que cette « autre » conscience, à laquelle une transcendance irréductible est reconnue, est supposée provenir de l'immanence stricte de l'*ego*, et donc ne rien comporter qui lui soit étranger. On tient là toute la tension, que Husserl n'occulte pas du reste, entre une exigence idéaliste et une exigence réaliste traversant la phénoménologie, puisque l'*alter ego* ne peut tirer son sens que de l'acte signifiant que lui confère la conscience transcendantale, mais que, d'autre part, il faut que l'*alter ego* soit bien un *ego* à part entière, et dont l'essence ne soit pas subordonnée au sujet constituant. Tout en reconnaissant à Husserl le mérite d'avoir posé les termes de cette tension, Merleau-Ponty concluait dans la *Phénoménologie de la perception* que la voie transcendantale adoptée menait invariablement vers une impasse. Tout raisonnement qui expliquerait autrui par une analogie avec l'ego resterait insatisfaisant, car il présupposerait ce qu'il s'agissait d'expliquer. Il réitère plus tard ce même constat : « Cette difficulté de principe, posée comme une borne au début de la cinquième *Méditation cartésienne*, elle n'est nulle part levée » (SG 117). Merleau-Ponty conclut que faute d'avoir quitté les ornières d'une théorie de la constitution, Husserl ne sera jamais parvenu à affronter pleinement la question de l'altérité.

Ce constat amène Merleau-Ponty à explorer, dans les années d'après-guerre, d'autres voies qui ne passeraient pas par l'analyse constitutive. Durant l'intense activité de conférencier à laquelle il s'adonne entre 1945 et 1951, la question de la relation avec autrui tient une place de choix – longtemps inaccessibles, les nombreux textes des conférences de cette période récemment édités en attestent. Si le chemin mène donc *in fine* Merleau-Ponty d'une phénoménologie de la constitution transcendantale à une théorie de l'institution d'autrui, tel qu'elle se voit essentiellement esquissée vers la moitié des années 1950, il vaut la peine toutefois de s'arrêter sur les différentes étapes qui jalonnent cette trajectoire. Dès 1946, avec son exposé auprès de la Société française de philosophie sur *Le primat de la perception et ses conséquences philosophiques*, on peut déceler une inflexion méthodologique qui éloigne le concept de situation perceptive du soupçon de solipsisme. La question d'autrui ouvre d'emblée à un champ partagé, dans lequel il faudra concevoir la situation perceptive à la manière d'une situation intersubjective ou encore *commune* :

> De même que la perception d'une chose m'ouvre à l'être, en réalisant la synthèse paradoxale d'une infinité d'aspects perceptifs, de même la perception d'autrui fonde la moralité en réalisant le paradoxe d'un *alter ego*, d'une situation commune, en me replaçant moi, mes perspectives et ma solitude incommunicable dans le champ de vision d'un autre et de tous les autres (PrP 70).

Pourtant, qu'il puisse y avoir quelque chose comme une communauté de situation ne va pas de soi, bien au contraire. Dans *Le primat de la perception*, Merleau-Ponty semblait surtout donner des gages aux défenseurs du solipsisme, et donc à ceux qui estiment que l'on ne quitte jamais réellement la sphère du Moi. Il admet ainsi : « Je ne saurai jamais comment vous voyez le rouge, et vous ne saurez jamais comment je le vois » (PrP 52). Ce genre de propos résonnent comme un écho lointain des arguments du sophiste Protagoras, pour lequel un abîme incommensurable sépare deux personnes et leurs perceptions des couleurs respectives[1]. Dans la *Phénoménologie de la perception*, l'exemple mobilisé était celui du deuil : je peux éprouver de l'empathie pour l'ami ayant perdu un proche, mais je ne peux prétendre savoir ce que cela fait pour lui de traverser cette épreuve (PhP 409).

Dans les années suivantes, Merleau-Ponty ne cessera de revenir à la problématique de la relation à autrui, aussi bien dans ses cours que dans ses conférences publiques. Lors de l'année sabbatique 1948-1949 qui le mènera au Mexique, entre autres destinations, il affronte directement la question, comme en témoignent les deux versions d'une conférence intitulée simplement « Autrui », prononcée au début de l'année 1949 à Mexico City. Deux approches y sont successivement discutées et écartées, celle de l'idéalisme transcendantal de Husserl et celle du factualisme sartrien. À l'approche husserlienne, qui tentait de faire dériver l'*alter ego* d'une conscience constituante qui en fonde la possibilité, Sartre avait en effet opposé, dans *L'Être et le néant*, une approche insistant sur la facticité de la rencontre. Dans sa formule la plus ramassée, la position sartrienne s'énonce ainsi : « On *rencontre* autrui, on ne le constitue pas »[2]. Autrement dit, l'existence de l'*alter ego* ne découle d'aucune nécessité transcendantale qui permettrait ensuite un monde intersubjectif partagé ; son existence s'impose dans la facticité pure de sa contingence. L'autre est là, et s'impose à moi, comme fait empirique indubitable. Pour séduisante qu'elle ait

1. *Théétète* 154a.

2. J.-P. Sartre, *L'être et le néant : essai d'ontologie phénoménologique*, A. Elkaïm-Sartre (éd.), Paris, Gallimard, 2017, éd. corrigée.

manifestement paru d'abord à Merleau-Ponty – les échos dans la *Phénoménologie de la perception* en attestent –, l'option sartrienne le satisfait de moins en moins à mesure que le temps passe. S'il en retient, vis-à-vis du transcendantalisme husserlien, l'inflexion résolument réaliste, il reproche à Sartre de n'avoir pas su réellement décrire les caractéristiques propres à la relation à autrui. À trop vouloir insister sur la rencontre effective, et donc sur le face-à-face avec *cet* Autre concret, Sartre n'aura finalement décrit que ce cas de figure particulier : celui qui se prête si commodément à une reprise dialectique classique, et donc au modèle d'une lutte existentielle des individualités, s'affrontant pour une reconnaissance réciproque. Sous l'emprise de la lecture par Kojève de la lutte pour la reconnaissance chez Hegel – on sait toute l'importance qu'eurent, directement ou indirectement, les cours de Kojève sur toute la génération des intellectuels des années 1930 –, Sartre se sera donc surtout concentré sur un type de l'expérience d'autrui – le face-à-face – qui éclipse tous les autres.

Or pour Merleau-Ponty, on ne rencontre jamais frontalement l'autre; une description phénoménologique fine nous permettrait de constater que l'autre se glisse toujours latéralement dans notre champ, il surgit de droite ou de gauche, nous tombe dessus ou nous surprend par-derrière, mais en tout cas, il ne vient jamais vers nous en ligne droite : son altérité, la capacité à nous surprendre et à nous dérouter, dépend justement du fait qu'il n'est jamais tout à fait dans l'axe de nos visées. Si, par certains aspects, Merleau-Ponty semble anticiper les réflexions d'un Levinas sur l'altérité, sur un point précis en revanche, il se démarque aussi des descriptions lévinassiennes sur le « face-à-face » avec l'autre. Dans *Totalité et infini*, sa thèse de doctorat, Levinas évoque ainsi le pouvoir déroutant et destituant qu'a le visage qui se dresse face à moi et qui interrompt le vouloir du sujet : dans « l'*en face* », aucune médiation n'est possible, il y a « transparence totale du regard dirigé sur le regard, la *franchise* absolue du face à face »[1]. On peut tenter d'imaginer ce que Merleau-Ponty, qui devait faire partie du jury de la thèse sur *Totalité et infini*, qui sera soutenue finalement en juin 1961, quelques semaines après sa mort, aurait objecté du point de vue de la justesse descriptive. Car à plusieurs reprises, il tient à souligner que le face à face est une fiction de symétrie : « On ne remarque pas assez qu'autrui ne se présente jamais de face » (PM 185).

Pour ce qui concerne un dialogue potentiel avec Levinas, on en reste réduit bien sûr à des conjectures spéculatives. Concernant la théorie de l'intersubjectivité de Sartre, néanmoins, les choses sont relativement claires. Au demeurant, lorsque Sartre pense pouvoir résoudre le problème de la relation à autrui en substituant à une théorie de la constitution une théorie de la rencontre, son empirisme apparent trahit de fait encore une approche trop formaliste. Au lieu d'une structure de polarité ou d'opposition que Sartre voit à l'œuvre, il s'agit pour Merleau-Ponty de faire place au phénomène d'« empiètement » permanent, de soi sur autrui et d'autrui sur soi[2]. Dans la même optique, la théorie de

1. E. Levinas, *Totalité et infini : essai sur l'extériorité*, Paris, Le livre de poche, 1990.

2. Ce concept d'empiètement, que Merleau-Ponty trouve dans le roman *Le Sang des autres* (1945) de Simone de Beauvoir,

l'institution, qu'il commencera à formuler au début des années 1950, aura pour but de proposer une description capable de dépasser à la fois l'impasse husserlienne et l'impasse sartrienne, afin de rendre compte des rapports proprement « latéraux » caractérisant l'intersubjectivité. Pas plus qu'on ne constitue autrui on ne le rencontre, autrui « s'institue », tout comme le soi résulte d'un tel processus. Il n'y a dans l'institution aucun privilège exclusif de la première personne; l'existence d'autrui ne tient pas qu'à moi et au privilège d'une conscience constituante. Mais d'autre part, autrui ne se limite pas à *cet* autre-*ci*, qui, *en ce moment*, se tient face à moi et auquel je suis prêt à concéder une réciprocité spéculaire. Impossible de saisir l'altérité, quand on l'appréhende de face; on serait mieux avisés de prendre au sérieux son caractère fuyant et élusif. Dans les cours à la Sorbonne, Merleau-Ponty insiste sur ce point, où autrui n'est ni un *ineffable* abstrait ni un objet livré en toute transparence : derrière les traces attestant de sa présence, « [a]utrui ne fait que transparaître » (PPE 567).

En cours d'élaboration dans cette période du début à la moitié des années 1950, la théorie de l'institution a donc un double objectif : elle doit rendre compte de l'individuation particulière des sujets, mais aussi du lien qui les unit. Parler d'institution de la subjectivité, c'est alors tantôt insister sur la dimension processuelle de sa construction, tantôt sur son rapport inséparable à la dimension de la signification. Lorsqu'on perçoit autrui,

lui servira d'appui pour une théorie proprement anti-sartrienne de l'intersubjectivité. Pour une reconstruction du concept d'« empiètement », et ses reconceptualisations progressives, *cf.* E. de Saint-Aubert, *Du lien des êtres aux éléments de l'être : Merleau-Ponty au tournant des années, 1945-1951*, Paris, Vrin, 2004.

on ne perçoit pas d'abord un corps auquel on confère ensuite un surplus d'âme ou de conscience ; ce corps animé est un corps expressif, et il est d'emblée installé dans un univers de signification auquel je participe à mon tour. Percevoir une autre personne, ce n'est pas tant constater la présence d'un étant distinct du mien, mais être d'emblée impliqué dans des actes expressifs qui sollicitent ma réponse. Tout autre – on pourrait paraphraser ainsi la doctrine merleau-pontienne de l'altérité – est un *tout autre signifiant* ; même dans l'impénétrabilité de ses gestes ou dans sa mimique étrange, ce non-sens relatif ne se démarque que sur fond d'une signifiance toujours supposée. Il peut y avoir incompréhension et dissensus, mais en posant l'hypothèse d'un autre soi, on fait déjà l'hypothèse d'un horizon de sens qui, n'appartenant ni à l'un ni à l'autre, est d'emblée trans-subjectif. Même dans le phénomène d'empiètement, dont Merleau-Ponty ne manque pas de rappeler le côté souvent violent, il y a néanmoins conscience d'une appartenance à un même horizon symbolique : « nous empiétons l'un sur l'autre en tant que nous appartenons au même monde culturel, et d'abord à la même langue, et que mes actes d'expression et ceux d'autrui relèvent de la même institution » (PM 194).

Comment comprendre alors cet étrange concept d'institution, qui revient maintes fois dans les textes de cette période ? Ce qui complique la réponse tient au fait que Merleau-Ponty fait jouer le concept sur plusieurs tableaux à la fois. Comme on a déjà pu le voir, et on le verra encore par la suite, l'institution se voit attribuer une fonction explicative générale pour décrire des processus à la fois linguistiques, esthétiques, sociaux, politiques et affectifs. En traduisant ainsi la notion husserlienne de *Stiftung*, Merleau-Ponty la déplace et l'amplifie considérablement. Pour Husserl, la *Stiftung* nomme l'instauration d'un contenu de sens, mais aussi l'acquisition d'une signification qui se sédimente et qui continue d'opérer, au-delà d'un acte de conscience concret. La notion de *Stiftung* prend place dans le cadre plus général de la phénoménologie génétique de Husserl, et vise à rendre compte de la relation entre la conscience et l'idéalité : bien que les objets idéaux soient transtemporels, leur intuition et de leur saisie ont bien une histoire ; en d'autres termes, l'idéalité n'est pas simplement donnée, elle doit être intuitionnée par un acte de conscience.

Le point de départ est donné selon Husserl par une *Urstiftung*, par laquelle une signification est instaurée (ce sera par exemple un proto-géomètre établissant le théorème dit de Pythagore), mais pour que cette signification ne tombe pas dans l'oubli, son sens doit être réactualisé par des reprises – « la vie de la conscience est soumise, ici comme partout ailleurs, au grand principe de l'itération »[1] – que Husserl appelle également *Nachstiftungen*. Étant donné que toutes les idéalités ne peuvent être vécues en même temps, le processus génétique implique des actes collectifs mais aussi passifs. Aussi, la *Stiftung* renvoie non seulement à l'établissement d'un contenu de sens, mais aussi à l'acquisition d'un sens qui s'installe et continue d'opérer, au-delà d'un acte concret de conscience. Cette dimension collective, historique et passive de la *Stiftung* de Husserl explique certainement pourquoi Merleau-Ponty ait pu vouloir l'adapter à ses propres fins. Elle n'en présente pas moins des limites

1. Hua XI, 409 (nous traduisons).

claires, dès lors que la *Stiftung* husserlienne ne quitte jamais le cadre d'une pensée du fondement. Ce n'est probablement pas un hasard si Emmanuel Levinas et Gabrielle Pfeiffer, dans leur première traduction française des *Méditations cartésiennes*, ont rendu *Stiftung* par « fondation » et *Urstiftung* par « fondation première »[1].

Loin d'un tel cadre fondationnaliste, lorsqu'il propose d'expliciter la *Stiftung* sous les auspices du concept d'institution, Merleau-Ponty s'installe d'emblée dans un champ intersubjectif et culturel. Concernant le problème de la relation à autrui, la théorie de l'institution incorpore pour ainsi dire les acquis du tournant expressif ainsi que ceux tirés de ses analyses de l'histoire, puisqu'il s'agit de soumettre le concept d'ego et d'alter ego à une dynamisation considérable. À l'instar de l'expression dont Merleau-Ponty disait déjà en 1946 que le moment de sa genèse – l'événement expressif – a été oublié, et que l'expression « s'est sédimentée, institutionnalisée, devenue "seconde nature" » (PrP 160), c'est désormais la subjectivité tout entière qui devra être considérée dans sa dimension sédimentée et institutionnalisée. Fidèle à sa reprise toute idiosyncratique de Hegel, on pourra donc affirmer que pour Merleau-Ponty, la nature du sujet sera à concevoir comme une nature seconde. Dire qu'autrui est institué ne veut donc aucunement dire qu'il est institué par moi, par « apparentement » (PM 186) ou par une conscience qui lui attribuerait sa signification ; ce serait plutôt prendre la mesure du fait que si autrui est institué, je le suis tout autant. Loin d'une

1. E. Husserl, *Méditations cartésiennes*, trad. fr. G. Peiffer et E. Levinas, Paris, Vrin, 1931.

vision sartrienne, qui ferait que, par la rencontre avec un dehors, je « rentre » en moi, l'institution au sens que lui prête Merleau-Ponty se place par-delà l'alternative du pour-moi et du pour-autrui. Autrui n'est ni ego ni objet, mais plutôt « un moi qui est autre, qui siège ailleurs et me destitue de ma position centrale » (PM 187).

Si autrui m'apparaît comme ce qui ne coïncide ni avec l'ordre de la première ni avec celui de la troisième personne, s'il est donc le marqueur d'une non-coïncidence foncière, c'est parce qu'il fait écho à un écart originaire qui m'habite à mon tour : « il faut que je me saisisse d'emblée comme excentrique à moi-même » (PP 512). L'altérité de l'autre ne fait que redoubler une altérité que je porte déjà en moi et en me découvrant sous le regard d'autrui, de cet autre et de tous les autres, actuels et potentiels, je me découvre comme ce que je n'ai jamais tout à fait été pour moi-même. Dire que nous sommes toujours « mêlés au monde et aux autres » (SNS 63), c'est dire aussi que les autres se mêlent inextricablement à ce que nous tenons pour nôtre. En lieu et place de la théorie de la constitution husserlienne, qui se proposait d'accorder le même statut de conscience à un organisme reconnu comme semblable au mien, la théorie de l'institution découvre que tout sujet est toujours en déphasage avec la représentation qu'il se fait de lui-même ; qu'il y a donc de l'altérité au cœur même de l'ego.

DÉSIR : L'INSTITUTION D'UN SENTIMENT

Si altérité il y a, si l'autre ne coïncide jamais tout à fait avec celui que je crois avoir face à moi, et si je ne suis jamais tout à fait celui que je croyais être, c'est aussi en raison de la nature temporelle de nos existences. Être dans le temps – perdurer – équivaut alors inévitablement à devenir. À son tour, et comme pour tant d'autres phénomènes chez Merleau-Ponty, la subjectivité doit être conçue comme une subjectivité *se faisant*. Il y a par conséquent, à côté d'une histoire collective, également – et pour faire écho au sous-titre du cours sur *L'institution* de 1954-1955 – une histoire personnelle dont la théorie de l'institution vise à décrire le développement. Une scène célèbre tirée d'*À l'ombre des jeunes filles en fleur* de Marcel Proust fournit l'occasion d'en préciser les contours. Il s'agit de la « petite bande » de jeunes filles à Balbec, dont la rencontre – qui a lieu avant que le protagoniste ne connaisse Albertine – n'a rien d'un face-à-face, mais procède plutôt d'une cristallisation successive.

Bien qu'il saisisse quelques éléments de visage séparés, le jeune Marcel s'avère incapable de différencier des personnalités ; il est toujours question d'une « petite bande », d'un « polypier », d'un agrégat aux formes mouvantes dont les propriétés sont tantôt animales tantôt végétales. « Zoophytiques », elles forment une colonie toujours sur le point de se fondre dans cette mer qu'elles côtoient à longueur de journée : emblème d'un stade où le désir reste encore polymorphe, la bande des filles se voit comparée à une procession d'antiques Néréides aux contours fluides et au rire cruel. Leur cortège évoluant le long de la digue de Balbec constitue alors un spectacle fascinant pour Marcel, qui ne perçoit tout d'abord qu'un essaim mobile, un flot de matière ductile dont seule l'impression passagère fixe une quelconque unité. Peu à peu, une ligne de progression émerge, il sera question d'une frise antique exposée au soleil d'un rivage grec. À mesure que les lignes se cristallisent, les traits singuliers se font plus distincts, et des corps individuels finissent par émerger. D'une attraction vague pour ce corps à la limite entre les règnes (humains, animaux et végétaux) et les genres (bien que féminins en apparence, ces corps ne semblent pas encore tout à fait sexués), la fascination deviendra plus nette et orientée. Un sentiment jusque-là inconnu se fait jour dans le narrateur, et l'être désiré se découpe sur fond du collectif. Le sentiment se fixe sur la fille au polo noir poussant le vélo, et dont Marcel apprendra plus tard le nom : Albertine. À l'individuation de l'être aimé correspond une individuation du sujet, au prisme d'une histoire personnelle qui se construit par l'épreuve successive des sentiments. Selon Merleau-Ponty, Proust décrit mieux que quiconque ce processus de « cristallisation » (RC 62) : quelque chose se met en place qui se présente comme « toujours déjà là », et qui résulte pourtant d'un façonnement. On retrouve la double formule de l'inconscient selon laquelle toute rencontre avec l'objet désiré provoque toujours à la fois un « je ne savais pas » et un « je l'ai toujours su », et qui nous met face à l'entrecroisement de deux temporalités, celle d'un futur inaccessible et celle d'un temps mythique, de ce qui a « toujours déjà été ». Le sentiment amoureux pour Albertine est préparé par d'autres transports mûris durant l'enfance, tout comme le visage d'Odette ne trouve grâce aux yeux de Swann que parce qu'il croit y retrouver les visages peints par les maîtres de la Renaissance italienne si souvent admirés au Louvre.

Avec la notion de « cristallisation », la section du cours de 1954-1955 portant sur l'« institution d'un sentiment » mobilise un concept cher à un autre écrivain qui n'est pas Proust, mais que Merleau-Ponty avait analysé de pair avec l'auteur de la *Recherche* quelques années auparavant, à l'occasion du cours *Recherche sur l'usage littéraire du langage* de 1953 : Stendhal. Ce dernier avait en effet proposé dans *De l'amour* (1822) de comparer l'émergence du sentiment amoureux au processus chimique de la cristallisation :

> Aux mines de sel de Salzbourg, on jette dans les profondeurs abandonnées de la mine un rameau d'arbre effeuillé par l'hiver; deux ou trois mois après, on le retire couvert de cristallisations brillantes [...] Ce que j'appelle cristallisation, c'est l'opération de l'esprit, qui tire de tout ce qui se présente la découverte que l'objet aimé a de nouvelles perfections[1].

Plus que dans les romans stendhaliens, c'est pourtant dans *À la recherche du temps perdu* que Merleau-Ponty interroge les traces d'une telle théorie de la cristallisation. Dans *Du côté de chez Swann*, Odette ne suscite d'abord aucun désir à Swann, jusqu'au jour où elle est un peu malade, et qu'il lui rend visite. Lorsque, dans un geste fugace, Odette incline quelque peu la tête et plie légèrement la jambe, une réminiscence se produit et Swann reconnaît dans la posture une figure féminine peinte par Botticelli. Une attraction commence à naître, dont Proust souligne malicieusement le paradoxe :

1. Stendhal, *De l'amour*, Paris, Garnier-Flammarion, 1965.

Swann ne s'éprend pas pour Odette elle-même, mais pour le signe ou le renvoi qu'elle incarne. Au passage, il relance une question ancienne, celle de la tension entre le *quoi* de l'amour et le *qui* de l'amour : aime-t-on réellement quelqu'un ou bien n'aime-t-on que les qualités d'une personne ? Proust semble plutôt se ranger du côté des sceptiques qui, comme Blaise Pascal, soutiennent qu'« [o]n n'aime jamais quelqu'un, on n'aime que des qualités ». Merleau-Ponty cite cette phrase dans ses analyses sur « L'expérience d'autrui » (PPE 565), et propose une reformulation plus nuancée : « On n'aime pas des qualités, mais on n'aime qu'à travers des qualités ». Non sans ajouter immédiatement que dans ce cas, « autrui, en tant que vivant est toujours menacé par la possibilité de stéréotypie que renferme son rôle » (PPE 566).

Toujours est-il qu'avec *Du côté de chez Swann*, Proust aura fait d'Odette l'exemple-type d'un amour procédant par idéalisation, avant que ne se découvre l'écart qui sépare la projection libidinale de la réalité. Cet écart ne marque pourtant pas la fin de l'amour – toujours selon la théorie tragique de Proust reconstituée par Merleau-Ponty –, mais plutôt sa condition nécessaire : Albertine tour à tour fugitive et prisonnière incarne alors à la perfection ces « intermittences du cœur » qui oscillent entre les tourments de la privation et la déception liée à la découverte que la possession n'apaise aucunement le désir. On découvre que le désir est cette illusion réelle, celle de ne pas pouvoir rejoindre pleinement l'autre pour se fondre avec lui et, d'autre part, de ne pas pouvoir le ramener complètement à soi. Entre pulsions appropriantes et pulsions d'autodissolution, mais encore entre jalousie et ennui, s'installe tant mal que bien une subjectivité désirante qui se sait redevable à des forces centrifuges.

Dans un autre registre, les descriptions de la *Recherche* de Proust permettent aussi à Merleau-Ponty d'affiner sa critique de Sartre et de sa théorie dialectique des sentiments. La leçon proustienne tend à prouver que le sentiment – l'amour, la jalousie etc. – ne relève pas plus du sujet expérientiel que de l'objet de son attention. Le sentiment serait plutôt de l'ordre de ce qui se tisse et s'« institue » entre les deux. Tant et si bien qu'on finira par s'interroger si c'est la relation qui précède l'institution ou l'inverse, et s'il n'y a pas quelque chose comme une « institution d'un *entre* les deux » (IP 66). C'est bien en ce qu'il dépasse la sphère imaginaire d'un sujet solitaire que l'amour est réel. L'amour est-il « phénomène d'une réalité » s'interroge Merleau-Ponty, pour ajouter « Contradictoire peut-être, mais réel à ce titre ? » (IP 66)

Lorsqu'il analyse la phénoménologie proustienne des sentiments, Merleau-Ponty entrecroise plusieurs fois celle-ci à des motifs empruntés à la psychanalyse freudienne. L'exploration au cœur du roman de toutes les nuances affectives suscitées par la relation avec autrui doit être prise, selon l'analyse du double cours sur *L'institution-La passivité* comme la confirmation que, dans toute perception d'autrui, il y a toujours à la fois projection et introjection, tout comme elle comporte, en empruntant à la théorisation freudienne proposée dans les *Trois essais*, des éléments de sadisme et de masochisme. On a souvent critiqué Merleau-Ponty pour ne pas avoir suffisamment pris en compte la dimension de l'inconscient, qu'il aurait – le reproche est déjà celui que lui fait Jacques Lacan, auquel le lie pourtant une solide amitié, lors du colloque de Bonneval en 1960 – réduit à une simple possibilité non encore actualisée de la vie intentionnelle. Le reproche n'est peut-être pas tout à fait abusif. Mais par rapport à une phénoménologie classique, l'adoption de motifs psychanalytiques représente sans conteste un déplacement notable, car il revient à insister sur la part onirique présente dans tout acte perceptif. L'imaginaire cesse de se situer du côté de l'objet absent – comme chez Sartre –, pour venir nommer au contraire une trame de fond qui tapisse à tout moment la perception présente. Plutôt que de ranger les rapports imaginaires dans une modalité qui supposerait, comme dirait Husserl, un changement d'attitude (*Einstellungswechsel*) par rapport à l'acte perceptif ordinaire, la perception et l'imagination s'emmêlent et font dire à Merleau-Ponty qu'il y a quelque chose comme un « onirisme de la veille » (notamment IP 194).

En insistant sur la part onirique dans la relation perceptive, il pose également les bases pour un concept d'intentionnalité élargi. Non content d'avoir accordé, dès la *Phénoménologie de la perception*, une véritable « intentionnalité motrice » au corps propre, c'est la dimension proprement désirante de l'intentionnalité que Merleau-Ponty met désormais en avant par une confrontation renouvelée avec la psychanalyse. Outre l'« intentionnalité du rêve » (IP 207), il y a bien une *intentionnalité libidinale*, qui tient au fait que tout mouvement désirant fait surgir son objet tout à la fois dans une proximité et dans une inaccessibilité foncière. L'analyse du corps esthésiologique doit se prolonger jusqu'à la prise en compte d'un corps libidinal. Dans la relation désirante, le corps de l'autre est non seulement visé ; notre corps investit celui de l'autre tout comme il se laisse investir par lui. Ou, comme Merleau-Ponty le redira plus tard, si le corps comme pouvoir de se projeter dans l'autre est déjà empreint de désir, « la structure esthésiologique du corps humain est donc une structure libidinale, la perception un mode de désir, un rapport d'être et non de connaissance » (N 272)[1].

Dans ce moment de passage – l'un des nombreux – vers l'ontologie de la dernière période (*cf.* le chap. v de ce livre), il y a toutefois aussi une mise en garde contre une lecture « naturalisante » de la *libido*. Merleau-Ponty insiste sur le fait que, s'il n'est pas faux de soutenir que la psychanalyse freudienne a rattaché le développement humain aux instincts, sa découverte plus fondamentale est que l'instinct – et à plus forte raison l'instinct sexuel – n'a chez l'homme rien de naturel, mais résulte d'une histoire et d'une socialisation (SG 288-289). À ce titre, le sujet est la résultante d'une succession de vécus qui se cristallisent, par la reprise dans un agir, en histoire. « L'idée d'institution est justement cela : fondement d'une histoire personnelle à travers la

1. Une note inédite postérieure confirme cette idée : « le désir n'est pas prévision ou recherche d'un état de plaisir, il est intentionnalité, i.e. recognition aveugle, i.e. transcendance ». Note d'avril 1960 (« Chair »). MBNF VIII, fol. 341. Le désir deviendra alors un moteur central de l'ontologie du sensible de la dernière période, Merleau-Ponty invitant à le considérer du « point de vue transcendantal = membrure commune de mon monde comme charnel et du monde d'autrui » (N 287). Les implications de cette dynamique ontologique du désir, qu'on n'entrevoit ici qu'en pointillé, ont été pleinement développées par R. Barbaras, *Le désir et la distance : introduction à une phénoménologie de la perception*, Paris, Vrin, 1999 et dans ses ouvrages postérieurs.

contingence » (IP 73). La cristallisation est par ailleurs contemporaine d'une entrée dans le domaine de la symbolisation, puisqu'elle se manifeste selon des formes expressives accessibles aux yeux de tous. On peut parler de la symbolisation nécessaire d'un événement affectif, lui-même causé par des circonstances contingentes, qui font alors office de « matrice symbolique » (IP 108)[1]. Tout cela inaugure toutefois une situation paradoxale, puisque dès lors que la perception s'installe au niveau symbolique, elle cesse de pouvoir prétendre à une visée adéquate, si bien que la reconnaissance d'autrui sera synonyme d'une méconnaissance et que sa perception équivaudra à une imperception.

« Si le sujet était instituant, non constituant, explique Merleau-Ponty dans le résumé du cours sur *L'institution dans l'histoire personnelle et publique*, on comprendrait au contraire qu'il ne soit pas instantané, et qu'autrui ne soit pas seulement le négatif de moi-même » (IP 123). La rencontre n'est pas un *hapax* isolé dans le temps ; elle possède sa propre temporalité, une durée qui la singularise. La rencontre amoureuse est pour Merleau-Ponty l'emblème d'une institution intersubjective, qui se fait par nappes et par strates temporelles. Si événement il y a, ainsi qu'épreuve, il y a également une dynamique d'entraînement où la question de l'initiative se brouille ; des modes d'être s'entrelacent, se laissent modifier mutuellement, et instaurent un devenir qui transcende la perspective individuelle des amants. L'histoire d'une individuation personnelle – l'individualisation

1. Pour une exploration de ce motif de la « matrice symbolique », *cf.* R. Kaushik, *Merleau-Ponty between Philosophy and Symbolism : The Matrixed Ontology*, Albany (NY), SUNY Press, 2019.

pourra-t-on dire – tient alors à cette myriade d'événements affectifs dont seule la reprise sur le mode de la réponse affirme rétrospectivement l'advenue. Le « Soi » qui se construit dans ses manières à chaque fois singulières de répondre aux interpellations auxquelles il est soumis rétroprojette après coup le récit d'une trajectoire nécessaire, et tout se passe alors comme si cette genèse « responsive » du sujet obéissait à la même logique que la parole créatrice : une fois prononcée, elle inaugure non seulement un champ nouveau, mais opère également un geste de rétroaction par lequel elle pose sa propre possibilité, si bien que son émergence apparaîtra comme naturelle, telle une simple actualisation d'un préalable déjà posé.

Avec la notion d'« institution », Merleau-Ponty aura donc tenté d'amarrer solidement la phénoménologie husserlienne de la *Stiftung* – avec ses différents moments d'institution originaire (*Ur-Stiftung*), de reprise instituante (*Nachstiftung*) et d'institution finale (*Endstiftung*) – à la tradition de la philosophie dialectique qui insiste sur la médiateté du devenir, individuel et collectif. En un sens, les différents cours proposés dès 1953 au Collège de France explorent tous à leur manière cette dimension construite ou mieux « instituée » des êtres historiques, et rappellent l'élément « institutionnel ou culturel de toute perception » (MSME 177). Dans un passage de la *Phénoménologie de la perception* qui semble anticiper les développements postérieurs, on trouve déjà une insistance sur la « médiateté » du comportement humain :

> Les sentiments et les conduites passionnelles sont inventés comme les mots. Même ceux qui, comme la paternité, paraissent inscrits dans le corps humain sont en réalité des institutions. Il est impossible de superposer chez l'homme une première couche de comportements que l'on appellerait « naturels » et un monde culturel ou spirituel fabriqué. Tout est fabriqué et tout est naturel chez l'homme, comme on voudra dire (PP 221).

Si nature il y a, il faudra la concevoir – à la suite de Hegel – comme une « seconde nature », qui rejette à l'infini toute idée de « rapports sociaux transparents » (RC 56). Mais la métaphore de la « seconde nature » est encore ambiguë, car elle pourrait laisser croire, à tort, qu'il s'agit de la création d'un ordre parallèle à celui de la nature, à un ordre créé pour ainsi dire *ex nihilo* par l'humain et à l'usage exclusif de celui-ci. Comme on pouvait déjà lire dans *La structure du comportement*, ce qui définit l'humain « n'est pas la capacité de créer une seconde nature – économique, sociale, culturelle –, au-delà de la nature biologique, c'est plutôt celle de dépasser les structures créées pour en créer d'autres » (SC 189). Par-delà la cristallisation d'une histoire personnelle, cette capacité « restructurante » fait également signe vers la capacité de destituer et de ré-instituer des structures collectives nouvelles, bref, de permettre à un collectif humain d'organiser l'ordre politique – et donc indirectement le destin – que ses membres veulent se choisir.

POLITIQUE : DU POUVOIR INSTITUANT

Dans sa préface au cours sur *L'institution – la passivité*, Claude Lefort déploie les différentes facettes contenues dans l'usage novateur que propose Merleau-Ponty du terme d'institution, expliquant que dans ses deux versants – celui de l'action instituante et celui de l'ordre établi par celle-ci –, il ne faut pas voir deux moments successifs d'un même processus, mais plutôt deux forces constamment en tension. En même temps que sa perpétuation, sinon que sa pétrification, l'institution contient – en tant qu'établissement – par ailleurs une dynamique subversive, celle qui appelle à réactiver au sein même de l'ordre établi cette même force instituante. « La portée philosophique de cette reformulation du concept d'institution est explicite » soutient Lefort, qui s'emploie alors à distinguer ce qui sépare une philosophie de l'institution d'une philosophie (kantienne ou husserlienne) de la constitution[1]. Étonnamment, Lefort ne souhaite pas commenter celle qui serait, outre la portée philosophique, la portée proprement *politique* de la notion d'« institution ». Il aurait pourtant été bien placé pour le faire. Élève de Merleau-Ponty avant de devenir son ami, se retrouvant après la mort subite de celui-ci devant la tâche gigantesque d'organiser l'édition des notes inédites, Claude Lefort est aussi l'auteur d'une des œuvres de philosophie politique les plus raffinées de la deuxième moitié du XXe siècle. De quelle manière Lefort et en général la théorie politique se sont-ils inspirés de motifs merleau-pontiens ? Quels

1. Claude Lefort dans la *Préface* à *L'Institution – la passivité* (IP 6).

germes d'une théorie proprement politique trouve-t-on dans ces réflexions des années 1950 ? Contiennent-elles des éléments permettant d'établir un lien de continuité entre la théorie merleau-pontienne de l'institution d'une part et, pour ne retenir que celle-là, la proposition de Cornelius Castoriadis d'autre part de concevoir la société comme une « institution imaginaire » ?[1]

Avant toute chose, il convient de préciser que Merleau-Ponty n'a jamais élaboré de théorie politique à part entière. Contrairement à Hannah Arendt, par exemple, à aucun moment il ne répond à la question « Qu'est-ce que la politique ? ». Pour autant, ce n'est pas tout à fait sans raison si certains théoriciens politiques ultérieurs se sont réclamés d'un héritage merleau-pontien. Étienne Tassin pour sa part considérait que la plus grande leçon politique de Merleau-Ponty consiste dans la démonstration que la politique n'est pas une affaire de réussite ou d'échec mais de risque : celui de vivre à plusieurs. Être exposé à d'autres, avec lesquels il faut imaginer une vie collective, serait donc la première description de la condition humaine[2]. Constat ontologique, provoquant proprement

1. Impliqué comme Lefort dans l'aventure du groupe *Socialisme ou barbarie*, Cornelius Castoriadis a reconnu sa dette à l'égard de Merleau-Ponty, et notamment en ce qui concerne la reprise de la *Stiftung* husserlienne en termes d'institution. Des différences notables séparent Merleau-Ponty de Castoriadis, en ce qui concerne la manière d'appréhender le temps. Tandis que pour Merleau-Ponty, le temps fournit le modèle de ce que signifie pour lui l'institution, Castoriadis invite à faire du temps lui-même la résultante d'un processus instituant (C. Castoriadis, « Merleau-Ponty et le poids de l'héritage ontologique », dans *Fait et à faire. Les carrefours du labyrinthe V*, Paris, Seuil, 1997).

2. É. Tassin, *Le maléfice de la vie à plusieurs : la politique est-elle vouée à l'échec ?*, Paris, Bayard, 2012.

le tournis – dans *Signes*, il est question du « vertige de la vie à plusieurs » (SG 275) –, dans *Humanisme et terreur*, la « vie à plusieurs » était également associée à un véritable « maléfice » (HT XXXIV), tenant à la perversion progressive de tout idéal émancipateur. Les Révolutions s'inversent en Terreur, et l'élan libératoire des grands soirs se retourne en camisole des lendemains.

On peut considérer que la notion d'institution est appelée à rendre compte de ce double visage de la politique, au lieu de l'envisager comme renvoyant à deux réalités ontologiquement distinctes. Elle reprend et approfondit, au milieu des années 1950, l'interprétation si incisive que Merleau-Ponty avait proposée en 1949 de la figure tutélaire de la théorie politique moderne : Machiavel. À l'occasion du congrès « Umanesimo e scienza politica » qui s'était tenu à Rome et Florence en septembre 1949, Merleau-Ponty avait proposé une communication intitulée initialement « Machiavélisme et humanisme », et dont le texte parut dans les *Temps modernes*, avant d'être repris en 1960, dans *Signes*, sous le titre « Note sur Machiavel ». Dans sa lecture, Merleau-Ponty met en évidence le changement radical que l'on observe chez le penseur florentin. La question de la bonne politique ne se pose plus en termes d'un ordre sociétal qui s'érigerait en rempart contre le désordre ; le désordre et le conflit sont désormais envisagés comme cadre incontournable de toute politique. Il faut savoir gré à Machiavel, poursuit la note, d'avoir montré dans quelle mesure le devenir historique est marqué par la lutte et que la politique n'est pas une affaire de principes, mais de rapports humains (SG 278). Le florentin est alors célébré pour son sentiment aigu de la contingence ou de l'irrationnel, acceptant que le destin humain soit marqué par les revers et les incertitudes – la fameuse *fortuna* –, mais que cela ne s'oppose en rien à une conscience de la liberté (SG 275), puisque là où il y a de l'incertitude, il y a aussi de la marge.

Il est intéressant de noter que, dans la « Note », ce que Machiavel appelle *fortuna* est reformulé par Merleau-Ponty en termes d'adversité : il y a une réalité historico-sociale qui se met au travers des desseins individuels, mais elle constitue également, de par sa résistance, le terreau de concrétisations possibles, accessibles à un art de l'agir que Machiavel qualifie aussi de *virtù*. Quoique Merleau-Ponty n'établisse pas lui-même explicitement cette connexion entre sa lecture de Machiavel et sa théorie de l'institution postérieure, elle semble évidente et Claude Lefort ne manque pas de l'indiquer, lorsqu'il explique que « la *virtù* consiste à prévoir, à forger des institutions qui résistent à l'adversité »[1]. Le sens politique de l'institution se précise, à mesure que Merleau-Ponty approfondit ses réflexions sur la contingence à partir de Machiavel.

Dans *Le Prince*, le penseur florentin compare la *fortuna* à une rivière puissante et imprévisible qui, faute de digues capables de contenir son impétuosité, ravage le territoire qu'elle traverse[2]. Par cette métaphore, Machiavel déboute à la fois tous ceux qui s'en remettent exclusivement à la Providence divine et tous ceux, d'autre part, qui pécheraient par orgueil en surestimant le pouvoir de l'initiative humaine. À son tour, lorsqu'il pose

1. C. Lefort, « Machiavel et la verità effettuale », dans *Écrire, à l'épreuve du politique*, Paris, Calmann-Lévy, 1992.

2. Machiavel, *Le Prince* [1513], § XXV.

quelques jalons en direction de ce qui s'apparenterait à une politique de l'adversité, Merleau-Ponty épouse de près les idées machiavéliennes : une telle politique se tient à égale distance de tout volontarisme historique et de toute pensée de la nécessité. Mesurer tout le poids de la contingence revient alors à accepter qu'un devenir historique se heurte constamment à des forces contraires qui contredisent tout récit qui se voudrait linéaire, et illustre sans doute aussi en partie ce qu'il faut entendre par une « *virtù* sans aucune résignation » (SG 47).

Appliqué à la question de la révolution, cela permet d'apporter des éclaircissements importants. Quand on contraste les réflexions politiques merleau-pontiennes avec celles de son temps, mais aussi avec le regain d'intérêt contemporain pour ces enjeux, on ne peut que constater leur particulière insistance sur l'ambiguïté foncière qui se loge dans tout pouvoir instituant. Une révolution ne peut pas être anti-institutionnelle, sous peine de se contredire : la révolution permanente conduit au paradoxe qu'elle supposerait une « autocontestation du pouvoir », ce qui mènerait à un ultralibéralisme empêchant toute redistribution véritable des rapports de force (IP 163). Une révolution ne peut pas être anti-institutionnelle, tout au plus « ré-institutionnelle » : c'est en ce sens que toute révolution est bien sûr « renversement d'institution précédente » (IP 42), mais qu'elle est également « réinstitution » (*ibid.*), si bien que l'institution n'est pas le « contraire de [la] révolution », dans la mesure où la « révolution est une autre *Stiftung* » (IP 44). La révolution défait les institutions existantes, mais seulement dans la mesure où elle en crée d'autres qui sapent d'emblée son ambition totalisante.

C'est peut-être dans ces passages, dont la portée n'est pourtant jamais pleinement exploitée, que se dégage le plus clairement l'écart qui sépare une théorie de l'institution d'une théorie de la constitution. Une pensée de la constitution – telle que développée par Husserl – s'avère incapable de décrire les forces de désagrégation, tout comme elle s'avère inapte à rendre compte des effets rétroactifs du constitué sur le constituant. Or c'est précisément l'un des avantages d'une approche s'appuyant sur la notion d'institution que de montrer que toute force instituante est non seulement déterminée par l'institution préalable dont elle hérite, ne fût-ce que comme ce dont il faut se défaire, mais aussi que l'acte instituant est constamment déterminé par son propre résultat – l'ordre institué – qui le hante pour ainsi dire par avance, puisque sa forme figée conteste à tout moment la spontanéité de sa naissance.

Par l'attention accordée à la genèse de l'ordre comme sur le moment inaugural de toute institution, Merleau-Ponty se démarque également du contractualisme. Sans nier que les institutions sont souvent le résultat d'une association volontaire, les approches contractualistes ratent d'après lui que la naissance d'un nouvel ordre social s'amorce bien avant toute association explicite. Là encore, l'instauration d'un nouvel ordre est générative plutôt que décisionnelle : « L'institution réside dans le même genre de l'Être que la naissance et n'est pas plus qu'elle un acte : il y aura plus tard des institutions décisoires ou contrats, mais ils sont à comprendre à partir de la naissance et non l'inverse » (IP 38). Autrement dit, et tout comme il avait relevé la persistance de la force « parlante » dans la parole parlée, Merleau-Ponty insiste cette fois sur la présence en creux de tout ordre institué d'une force instituante initiale. On assiste par ailleurs à une transposition significative du thème de l'oubli des origines de Husserl : tout en partageant avec ce dernier l'accent mis sur une reprise nécessaire (*Nachvollzug*) de l'acte initial où un principe (une loi géométrique, une règle logique, une découverte scientifique) s'était donné à voir dans une expérience vivante, il déplace également le curseur en mettant en évidence la nature non seulement vivante mais aussi *contingente* de toute fondation symbolique. Si tout ordre symbolique établi – qu'il soit culturel, social ou politique – suppose un acte instituant préalable, sa justification ultime demeure toujours précaire, parce que les conditions de son institution seront forcément contingentes et partielles. Ainsi, la Déclaration des Droits de l'Homme et du Citoyen aspire certes à une validité universelle, mais le fait qu'elle ait été proclamée en 1789 par une assemblée dont il est du moins douteux qu'elle soit considérée comme représentative par le reste de l'humanité fragilise incontestablement ses prétentions.

À travers son insistance sur les circonstances contingentes de toute fondation politique ou sociale – et donc sur le fait que si fondation il y a, il y a également absence de fondement ultime ou définitif –, Merleau-Ponty a préparé, dans les réflexions des années 1950, le terrain pour le courant de la théorie politique rangée sous le nom de « post-fondationnelle »[1]. Sans surprise, celle-ci se réclame volontiers de l'héritage de Machiavel comme du premier penseur ayant associé la politique au conflit et

1. O. Marchart, *Post-foundational Political Thought : Political Difference in Nancy, Lefort, Badiou and Laclau*, Edinburgh, Edinburgh Univ. Press, 2008 ; R. Esposito, *Pensiero istituente : tre paradigmi di ontologia politica*, Torino, Einaudi, 2020.

à la non-identité. Le conflit n'est pas fondé sur des enjeux extérieurs, ni même sur des factions préexistantes, mais doit être considéré comme primordial et donc instituant ; il constitue l'horizon indépassable de toute politique, et le nier revient à nier les circonstances conflictuelles qui ont engendré la naissance d'un ordre politique. Quant à la non-identité, elle se présente sous forme d'un décalage entre ceux qui ont institué l'ordre et ceux pour qui cet ordre a été institué. Ce décalage, que le contractualisme peine à prendre en considération, est pourtant au cœur de tout ordre, même démocratique, dans la mesure où le peuple *par lequel* il y a gouvernement n'est jamais tout à fait identique à celui *pour lequel* il y a gouvernement. En affirmant un gouvernement par le peuple, la démocratie nomme un ordre qui ne se soutient que d'un pouvoir qu'il inaugure par la même occasion. Quand le *dêmos* se révèle donc être intérieurement travaillé par un écart, par la non-identité, toute politique prétendant parler en son nom devra rendre compte de ce pouvoir inaugural.

Pour Lefort, et dans cette même tradition post-fondationnelle qui s'en inspire, le politique doit donc être analysé – en termes aussi bien conflictuels que non-identitaires – comme un espace de la division. Cette division pourra être alors soit thématisée, soit occultée, et ces attitudes distinctes sont caractéristiques des différents régimes démocratiques ou totalitaires. Sera appelée totalitaire toute politique qui nie cet écart, pour affirmer au contraire la fiction d'un corps politique unitaire. Mais une fois encore, c'est Machiavel qui fraie la voie, lorsqu'il établit un lien entre conflictualité et apparition. La scène de l'apparaître est donc, de par sa division interne, d'emblée une scène politique. On trouve chez l'auteur du *Prince* l'intuition d'une « institution politique du social », où l'ordre de la coexistence n'est plus donné par une quelque loi divine, mais résulte de transactions conflictuelles et antagonistes. Plutôt que de nier le conflit, et tenter de le faire disparaître au profit d'un retour à l'harmonie préétablie, Machiavel aurait compris que l'antagonisme de ses corps (les Grands et la Plèbe) est un ingrédient productif et nécessaire pour le salut de la communauté.

Comme le dit bien Lefort, Machiavel n'interroge pas les apparences du pouvoir pour tenter de percer ses intentions véritables ; son propos est de faire coïncider le pouvoir avec l'extériorité même. Sa critique se déploie dans le seul ordre de l'apparaître, dès lors qu'il se convainc que le souverain n'existe qu'en vertu du pouvoir que les regards qui se posent sur lui sont prêts à lui accorder, que l'être du prince est donc fondamentalement au-dehors[1]. Bref, il n'y a pas de désir du prince qui puisse faire l'économie d'un détour par le désir du peuple. Même le plus autoritaire des souverains est contraint d'adopter, ne fût-ce qu'un temps, le regard de ses sujets, et il n'est donc guère surprenant que dans le Préambule au *Prince*, Machiavel justifie son propos en insistant sur le privilège que lui confère paradoxalement sa position d'infériorité : pour extérieur et imparfait que soit son point de vue, il permet de regarder le prince comme celui-ci ne s'est jamais vu, c'est-à-dire depuis la position du « bas ».

Si à bien des égards, il y a indéniablement eu un héritage politique de la pensée merleau-pontienne, et notamment dans la tradition post-fondationnaliste

1. C. Lefort, *Le travail de l'œuvre – Machiavel*, Paris, Gallimard, 1972.

engagée par Lefort, il faut reconnaître que ces motifs ne sont présents qu'en pointillé dans la « Note sur Machiavel » tout comme dans les textes sur l'institution. On peut d'ailleurs se demander si Merleau-Ponty aurait été prêt à en tirer les mêmes conclusions normatives. La question se pose : y a-t-il de la place pour des critères permettant de comparer les ordres politiques entre eux ? Doit-on s'en tenir à une simple phénoménologie descriptive, qui se bornerait à aligner les processus instituants, ou bien y a-t-il des éléments qui permettraient de distinguer entre des institutions de types identitaires ou fascisants et d'autres qui permettent l'émancipation ? Merleau-Ponty n'en dit finalement pas beaucoup, mais juste assez pour confirmer que cette question l'agite manifestement. Il évoque la distinction entre sociétés fermées et ouvertes, bien qu'il précise que c'est « dans un sens autre que Bergson » (IP 118). Les sociétés fermées, qui sont également qualifiées de « fausses », refusent « de mettre tous les hommes dans le jeu, d'essayer le brassage vraiment universel » (IP 118-119). L'idée d'un « brassage vraiment universel » rejoint par ailleurs la critique adressée à l'égard d'un faux universalisme, celui qui proclame sa vérité depuis le perchoir d'un point de vue dominant. Tout au contraire d'un universalisme de surplomb, en saillie par rapport à une situation qu'il prétend expliquer, se dégage ici une pensée du commun qui est résolument ancrée à même le sol, et s'élève pour ainsi dire en contre-plongée. Avant même d'être ascendant, c'est un universalisme par accointances et réfractions, émergeant des branchements latéraux entre les êtres et les situations. Plus tard, Merleau-Ponty y reviendra, dans l'une de ses inventions conceptuelles les plus fécondes, mais dont il faut aujourd'hui déplier encore toutes les potentialités, lorsqu'il évoque un « universel latéral »[1].

Si l'on revient à la discussion sur les sociétés fermées telles que les définit Bergson, et Merleau-Ponty à sa suite, celles-ci, bien qu'elles soient indubitablement la résultante d'une institution, se présentent comme nécessaires, et refusent ainsi leur façonnement historique, la contingence de leur devenir. Toutes concentrées à invoquer l'unité sociale – au nom d'un peuple ou d'une tradition –, de telles sociétés ne peuvent que s'« enfermer dans un îlot de coutumes » (IP 119), refusant d'exposer les principes qui ont rendu possible leur association à la possibilité d'être revus à tout moment. Mais les positions libéralistes ne s'en sortent pas forcément mieux. À l'occasion d'un entretien de 1958, Merleau-Ponty évoque ainsi le malentendu qui consiste à voir dans l'absence de toute institution politique la garantie d'une liberté non entravée. De fait, une telle vision libéraliste ne peut que déboucher sur un éclatement individualisé, où la communauté politique vivrait dans la « docilité à chaque frisson de l'opinion ». Un ordre libre ne peut vivre au rythme des instantanés, mais suppose de mettre sur place « des institutions qui implantent dans les mœurs cette pratique de la liberté » (SG 434). On n'en saura pas beaucoup plus. Faut-il y voir l'amorce d'une réflexion sur une éducation politique ? Merleau-Ponty se serait alors

1. Un « *universel latéral* dont nous faisons l'acquisition par *l'expérience ethnologique*, incessante mise à l'épreuve de soi par l'autre et de l'autre par soi » (SG 150). Pour une contextualisation de ce terme, *cf.* E. Alloa, « Merleau-Ponty à Madagascar. L'épreuve de l'étranger et la décolonisation de la pensée », *Chiasmi International* 19, 2018, p. 115-126.

souvenu que ce fut pendant des siècles le sens premier associé à la notion d'institution[1].

Si Merleau-Ponty avait écrit une philosophie politique, elle aurait donc certainement mis l'accent sur ce que Lefort appelle la « force instituante », et sur la persistance des moments inauguraux au sein des systèmes cristallisés, mais aussi sur leur impureté et sur l'ambiguïté de tout agir politique qui doit toujours composer avec une arène qui est celle de la division. Il aurait probablement insisté sur le paradoxe du fondement, et sur la contingence qui accompagne toute instauration d'un ordre nouveau, tout comme il aurait récusé toute théorie politique fondée sur la fiction d'un « état de nature », primordial et intemporel[2]. Il est vraisemblable qu'il aurait lié sa lecture de Machiavel, qui lui inspire son concept d'adversité, à une manière renouvelée de faire entrer l'histoire dans la théorie politique :

> à quoi bon se demander si l'histoire est faite par les hommes ou par les choses, puisque de toute évidence les initiatives n'annulent pas le poids des choses et que la « force des choses » opère toujours à travers des hommes ? (SG 28).

1. Rappelons que l'institution renvoie également à la formation, depuis la formation des rhéteurs romains (qu'on songe à l'*Institutio oratoria* de Quintilien) jusqu'à Montaigne, dont l'essai consacré à l'éducation s'intitule précisément *De l'institution des enfants*. Même Rousseau ne déroge pas à cette tradition, lorsqu'il place l'ouvrage de divulgation qu'il souhaite tirer de ses études de chimie qu'il mène entre 1757 et 1758 sous le titre général des *Institutions chimiques*.

2. *Cf.* les développements proposés par M. Larison, *Vers une nouvelle phénoménologie de l'institution : avec et au-delà de Merleau-Ponty*, Bucharest, Zeta Books, 2023.

L'épaisseur de la *praxis* renvoie à quelque chose comme une « chair de l'histoire » (SG 28) qui empêche une saisie transparente des processus, ou encore une vue de surplomb. Avoir un corps qui se confond par moments avec une chair de l'histoire qui le transcende, c'est faire l'expérience que la vie n'existe que comme vie déjà intérieurement travaillée, écartée ; elle n'existe que comme vie à plusieurs. Dans notre « machine à vivre », explique Merleau-Ponty, il y a déjà un « système symbolique » qui révèle que nous ne sommes jamais seuls, mais que notre existence est déjà au milieu d'autres existants et parmi ceux-ci (IP 246). Dépassant l'analyse classique du corps propre et de ses privilèges de vécu à la première personne, le double cours *L'institution – la passivité* introduit la notion d'« intercorporéité » (IP 246), dont l'usage s'intensifiera dans les années ultérieures. C'est à travers une telle condition partagée – celle d'êtres incarnés et reliés par une intercorporéité pratique – que l'accès à un monde commun devient possible pour les vivants. Un accès qui ne concerne d'ailleurs pas seulement le vivant humain, mais le vivant en général.

DE L'INTERCORPORÉITÉ À L'INTERANIMALITÉ : L'INSTITUTION DE LA VIE

L'importance que revêt la confrontation avec les différentes théories de l'Histoire, à partir desquelles se dessinera la phénoménologie de l'institution, se manifeste encore dans un tout autre registre : celui de la biologie. Lorsque Merleau-Ponty entreprend, à partir de 1956, sa série de cours sur le concept de nature, ce n'est qu'en apparence qu'il change de terrain. Il faut plutôt y voir une manière de clarifier une problématique dont les termes avaient été posés auparavant, dans la confrontation avec les théories marxistes de l'Histoire. En effet, Merleau-Ponty procède à une transposition surprenante : autant il décèle au cœur du marxisme traditionnel un véritable impensé – le problème de la nature –, autant il utilisera les ressources du matérialisme dialectique pour mettre au jour les impasses des approches traditionnelles de la biologie. À l'instar du finalisme en histoire, incriminé pour sa pensée de la nécessité, c'est à présent au néofinalisme en biologie que s'attaque Merleau-Ponty. Mobilisant les travaux de Jacob von Uexküll, de Wolfgang Köhler ou de Konrad Lorenz, il soutient que l'animal n'est pas tant défini par son *être* que par son *faire*, et que la plasticité inhérente du vivant interdit toute approche téléologique. Tout en se présentant comme anti-téléologique en apparence, le darwinisme ne s'affranchirait alors pas réellement d'un tel cadre, dans la mesure où, pour Darwin, un organisme « est absolument ce qu'il est, s'il ne l'était pas il aurait été exclu de l'être par les conditions données » (RC 136). On peut contester une telle lecture réductrice de Darwin. En abordant la série de cours sur la Nature au Collège de France, il faut toutefois garder à l'esprit qu'ils sont appelés et orientés par les cours précédents sur l'histoire et sur la dialectique. Après s'être intéressé aux révolutions politiques et à l'inventivité du social, cette même attention pour les marges d'indétermination, mais aussi pour les moments de créativité, se confirme lorsqu'il se penche sur l'étude des formes de vie non-humaine. Il dresse un constat analogue : « Qu'il s'agisse des organismes ou des sociétés animales, on a affaire, non à des choses soumises à la loi du tout ou rien, mais à des équilibres dynamiques instables, où tout dépassement reprend des activités déjà présentes en sous-œuvre, les transfigure en les décentrant » (RC 136). Autrement dit, et comme on le verra plus en détail dans un instant, l'institution ne se limite pas à l'animal humain.

Inversement, si l'ensemble de cours consacré aux formes de la Nature correspond chronologiquement à la dernière phase de la pensée de Merleau-Ponty, dont il sera question dans la section suivante du livre – à la phase d'après le tournant ontologique –, il vise également à clarifier un impensé dans l'ontologie marxiste : celui du concept de nature. Car, pour Merleau-Ponty, la grande découverte de Marx aura été de penser l'existence humaine dans sa dimension relationnelle, et donc dépendante, si bien que toute *praxis* ne peut se concevoir que dans la mesure où elle est corrélative d'un pâtir et d'une souffrance. Plutôt que de concevoir la *praxis* comme un dépassement et une négation de la condition de nature, c'est à partir de cette dernière qu'il faudrait la repenser, si bien que la dialectique marxienne ne peut prendre son essor qu'en ramenant la *praxis* à son point de départ : l'expérience du corps capable de pâtir. Aucune théorie de l'agir incarné sans que celle-ci ne soit ancrée dans une théorie du pâtir, si bien que l'ouverture intersubjective par-delà l'*ego* transcendantal, en direction d'une intercorporéité praxique, doit se traduire par une prise en compte de l'« interanimalité ». Ou comme il l'écrira dans une note de travail postérieure, dans l'optique de l'interanimalité, c'est toute la dialectique hégélienne qui se voit transformée, et la « "lutte des consciences" apparaît comme enveloppée dans une *participation préalable à un même champ de vitalité* » (MBNF VIII, fol. 228r et 228v).

S'appuyant notamment sur les résultats de von Uexküll et de Lorenz, Merleau-Ponty relativise fortement la portée d'une philosophie de la conscience, préférant n'y voir, plutôt que le fondement de toute vie, que l'une de ses formes avancées. Orientée vers un milieu environnant, l'activité comportementale débute bien avant l'invention de la conscience ; réflexion faite, ce n'est pas tant l'activité qui émerge de la conscience que l'inverse, de sorte que la conscience serait à concevoir comme une propriété émergente, qui se forme à partir de comportements de base : « La conscience n'est que l'une des formes variées de ce comportement » (N 220). Fait significatif, Merleau-Ponty ramène cette théorie émergentiste à sa propre conception de l'institution, dans la mesure où il soutient que la conscience « doit apparaître comme institution » qu'un certain type de comportement fait naître (N 220). L'institution se présente dès lors comme une forme de réalité par rapport à laquelle le vivant n'est pas souverain, mais qui d'autre part ne l'enferme pas complètement.

Dans le cours sur *L'institution – la passivité*, Merleau-Ponty introduit le concept d'« institution animale », en l'associant à un phénomène bien connu en zoologie, celui de « l'imprégnation » (*imprinting*) (IP 39). L'imprégnation désigne une phase particulière dans l'ontogenèse animale pendant laquelle l'animal développe des préférences qui influenceront son comportement pendant toute une vie. Comme le montrent les travaux de l'éthologue Konrad Lorenz, les jeunes oies suivent le premier objet mouvant qu'elles aperçoivent après l'éclosion, sans qu'il s'agisse naturellement de leur mère biologique. Les oisillons étudiés par Lorenz finirent d'ailleurs par le suivre assidûment. Ces résultats sont des arguments puissants en faveur d'un anti-déterminisme biologique, ou mieux de la plasticité du vivant, qu'exprime également le concept proposé par Lorenz de « compagnon » (*Kumpan*). Dans la vie sociale d'un choucas, les différents congénères n'ont pas qu'une seule fonction préalablement définie, mais peuvent occuper des places variables, passant par exemple du compagnon parental au compagnon social jusqu'au compagnon sexuel. Ainsi, Lorenz découvre que le jeune choucas dont il s'était occupé dès la naissance voyait dans l'éthologue successivement un parent, un camarade de chasse et un partenaire sexuel. Merleau-Ponty en déduit qu'il y a, à l'instar de l'institution d'un sentiment décrit pour l'humain, des institutions sociales dans le règne animal : « il y a même des institutions animales (l'amour des animaux) (le *Kumpan*), une plasticité, qui n'est pas toujours mesurée par l'"intelligence animale" » (N 269).

Ces travaux éthologiques sont alors mobilisés pour contredire une conception plus ancienne de l'institution de la nature, celle introduite par Descartes. Contrairement à Descartes, pour qui l'« *institutio natura*e » nomme justement une économie providentielle au sein de laquelle Dieu a agencé selon sa volonté les processus naturels[1], l'institution de la nature signifie pour Merleau-Ponty un ordre à la fois préalable, mais également soumis à la possibilité de réinvestissements nouveaux. On découvre alors non seulement que la séparation entre animalité et humanité s'amenuise, à mesure que l'on constate

1. Descartes, AT [= *Œuvres*, éd. Adam-Tannery], vol. VI, Paris, Vrin, 1996, p. 130 et p. 137. Merleau-Ponty s'y réfère à plusieurs reprises dans le cours sur la Nature.

que les privilèges dont s'enorgueillit le genre humain – l'usage d'outils, l'organisation sociale, le langage, etc. – ne sont plus son apanage, mais qu'à l'inverse, on assiste également à une « animalisation de l'homme par l'animal » (IP 54). Tout en soulignant que l'institution n'est pas pour l'humain seulement imprégnation, mais encore questionnement ou recherche, Merleau-Ponty invoque – et c'est suggestif – *Les recherches d'un chien* de Kafka, comme pour brouiller un peu plus les lignes de séparation entre les espèces (IP 53/54).

L'institution animale concerne à la fois un certain conditionnement par le milieu et la transformation active de celui-ci. Contrairement à ce que Heidegger soutient dans ses thèses sur le milieu qui « accapare » l'animal, Merleau-Ponty se range du côté de ceux pour qui la vie animale entretient un rapport mutuellement transformateur avec le milieu. S'adossant aux riches analyses de Uexküll sur la *Umwelt* animale, il s'intéresse aux processus par lesquels le vivant façonne ce qui l'entoure, en procédant des exemples les plus évidents – les rongeurs comme le castor construisant des barrages élaborés afin de faciliter la chasse aquatique – jusqu'aux comportements communicatifs des insectes qui, en sécrétant des phéromones ou en s'adonnant à des complexes mouvements dansés, fournissent à leurs congénères des cartographies virtuelles sur le milieu environnant[1].

1. Plusieurs travaux récents ont mis l'accent sur l'importance d'un dialogue avec la biosémiotique pour pleinement comprendre toutes les implications de la pensée de la nature de Merleau-Ponty, en particulier V. Fóti, *Tracing Expression in Merleau-Ponty : Aesthetics, Philosophy of Biology, and Ontology*, Evanston (IL), Northwestern University Press, 2013 et A. Dufourcq, « Merleau-Ponty and

Par ailleurs, si la réflexion sur l'institution animale s'inscrit plus largement dans une phase de la pensée de Merleau-Ponty marquée par une attention à l'histoire, c'est aussi parce que son approche de la nature se fait à travers le prisme du temps historique. Il y a d'une part la volonté qui se confirmera plus tard, dans la série des cours consacrés à *La nature*, de dénaturaliser le concept même de nature, et de montrer que celui-ci doit être historicisé, pour faire apparaître la multiplicité de ses acceptions, depuis la *physis* des Présocratiques jusqu'à la biologie darwinienne. Car, au fond, la nature n'est-elle pas autre chose que « le produit d'une histoire au cours de laquelle elle a acquis une série d'acceptions qui ont fini par la rendre intelligible ? » (N 19). Mais en amont, il y a une inspiration plus bergsonienne, celle qui commande de penser la nature à partir des processus de devenir, et plus particulièrement à partir de ceux qui concernent le domaine du vivant. Merleau-Ponty se fait en effet l'écho d'une réflexion propre à *L'Évolution créatrice*, où Bergson explique que : « Partout où quelque chose vit, il y a, ouvert quelque part, un registre où le temps s'inscrit »[1]. Là où il y a un vivant, il y a une histoire. Ou, selon les termes de Merleau-Ponty : « un champ d'espace-temps a été ouvert : il y a là une bête » (N 206).

Quels sont les effets d'une telle historicisation de la vie biologique qui vise cette fois non pas tant à dénaturaliser les processus organiques qu'à penser à partir du

biosemiotics. From the issue of meaning in living beings to a new deal between science and metaphysics », dans E. Alloa, R. Kaushik et F. Chouraqui (dir.), *Merleau-Ponty and Contemporary Philosophy*, Albany (NY), SUNY Press, 2019.

1. H. Bergson, *L'évolution créatrice*, A. François et F. Worms (éd.), Paris, Puf, 2007, p. 16.

vivant animal ce qui constitue l'histoire humaine ? Car après tout, dans le cours sur *La Nature*, Merleau-Ponty va jusqu'à soutenir que la vie est « instauration des bases de l'histoire » (N 209). La question continue de diviser les commentateurs, avec d'une part ceux qui se rangent du côté de Claude Lefort, pour qui les années 1950 marquent l'abandon progressif de la dialectique, et, d'autre part, ceux qui considèrent au contraire qu'il y a radicalisation de celle-ci[1]. Mais en tout cas, et quoi qu'il en soit, à mesure que la question de la nature gagne en intensité, le vocabulaire dialectique se fait plus rare. Comme s'il s'agissait de confirmer, a posteriori, l'intuition exposée dans le cours sur *L'institution* : « Il n'y a pas de dialectique de la nature » (IP 120).

À n'en pas douter, Merleau-Ponty trouve dans l'étude des institutions animales la préfiguration d'une autre manière de concevoir le temps du devenir. L'ombre de Bergson se fait sentir, mais également la présence d'autres auteurs qui gagnent en importance, comme Raymond Ruyer, dont le « platonisme expérimental » n'est au fond pas si étranger aux considérations merleau-pontiennes sur la biologie. L'anatomie prédispose l'animal, et lui prescrit en quelque sorte son thème moteur – le concept de thématisme est emprunté à Ruyer –, alors même que comme thème, il est justement sujet à des variations possibles, et à des hasards de conduite[2]. On mesure la distance parcourue depuis *La structure du comportement*.

1. Cette dernière hypothèse est notamment défendue par Mariana Larison, en s'appuyant sur une lecture très détaillée du cours sur *La dialectique* (M. Larison, *L'être en forme : dialectique et phénoménologie dans la dernière philosophie de Merleau-Ponty*, Paris, Mimesis, 2016).

2. R. Ruyer, *La genèse des formes vivantes*, Paris, Flammarion, 1958.

Tandis que, dans son premier livre, Merleau-Ponty faisait de l'organisme une mélodie progressant à mesure qu'elle organise sa matière sonore (SC 172), à présent, la célèbre formule de von Uexküll prend un sens nouveau : si tout organisme est une mélodie qui se chante elle-même, la métaphore ne vaut qu'à condition que la partition ne soit pas écrite d'avance. La notion d'institution est appelée à dépasser la querelle ancestrale entre mécanisme et finalisme, au sens où l'institution de la vie marque certes un ordre des prédéterminations (l'« imprégnation » est à cet égard irréversible), mais aussi des développements inanticipables. Tout comme l'huître requiert le grain de sable pour former sa perle (IP 242), le perfectionnement des formes du vivant n'est pas en contradiction avec la présence d'éléments perturbateurs. Reconnaître la vie, ce n'est pas rejoindre un point de vue à partir duquel tout le développement de la vie serait envisagé d'avance : la vie n'est définissable ni du dehors, selon l'ordre génétique, ni du dedans, selon l'ordre de l'intentionnalité. À la vérité, elle n'est « qu'un pli, la réalité d'un passage » (N 208). Enveloppement du sensible sur soi-même, la vie n'est saisissable que dans ses développements.

Le programme d'une saisie des essences n'est pas tout à fait abandonné, mais il subit une transformation conséquente. À l'instar d'un Mallarmé visant à décrire les contours de cette fleur absente de tout bouquet, Merleau-Ponty retrace le déploiement de l'animal qu'il compare à un « pur sillage qui n'est rapporté à aucun bateau » (N 231). De proche en proche, il propose d'envisager une nature qui serait « tout entière en chacune de ses apparitions, et n'est jamais épuisée par aucune d'entre elles » (N 160). Plus spécifiquement, il faudra envisager la vie comme une totalité surgissante, non pas tant comme une somme de ses éléments ni comme une unité du multiple, mais plutôt comme une « adhésion entre les éléments du multiple » (N 208).

L'axolotl, cet étrange batracien des hauts lacs du Mexique, qui préserve des traits larvaires alors même qu'il atteint le stade de maturation sexuelle, devient alors l'emblème de cet holisme vital, au sein duquel c'est à partir d'un éternel inachèvement que se dessine la généralité. La structure morphologique de l'axolotl – la configuration céphalocaudale de son embryon – témoigne du mystère d'une adaptation précoce, d'une anticipation physiologique qui esquisse en creux les mouvements possibles de l'animal. « Le principe directeur n'est ni en avant ni en arrière, c'est un fantôme, c'est l'axolotl dont tous les organes seraient la trace ; c'est le dessin en creux d'un certain style d'action qui sera celui de la maturation, le surgissement d'un manque qui serait là avant ce qui le comblera » (N 207). Ce que le vitalisme classique considérerait comme un défaut – l'immaturité – est interprété par Merleau-Ponty comme la démonstration qu'il ne peut y avoir de pensée cohérente de l'essence sensible que sous la forme d'une pensée du devenir. L'axolotl n'est jamais qu'en se faisant. Son unité est celle d'un organisme composant avec la contingence, dont la vitalité ne s'affirme pas contre, mais *dans* cette contingence.

CHAPITRE V

ONTOLOGIE DU VISIBLE

UNE PUISSANCE D'INVENTER DU VISIBLE

Amorcée en 1956-1957, la série de cours sur la Nature proposée au Collège de France fournit l'occasion pour une nouvelle percée vers les questions ontologiques. Encore faut-il préciser dans quelle mesure on est en droit de parler d'une phase nouvelle dans l'œuvre merleau-pontienne, et d'un nouveau commencement, qui se démarque en particulier de la période précédente, que nous avions choisi de placer sous le signe de l'histoire. On a longtemps estimé qu'il fallait identifier la dernière période comme la période du tournant ontologique, celle où s'affirme de plain-pied la question de l'Être. En effet, une note de travail datée de février 1959 contient ce programme explicite : « Résultats de Ph. P. [*Phénoménologie de la perception*] – Nécessité de les amener à explicitation ontologique » (VI 234). En voulant questionner le sens même de la perception sensible, la phénoménologie merleau-pontienne débouche ainsi sur une confrontation avec un questionnement ontologique, faisant coïncider ce qui était traditionnellement opposé : phénoménologie et ontologie. En 1960, il parle de la nécessité d'une philosophie capable de restituer « dans chaque expérience le chiffre ontologique dont elle est intérieurement marquée » (EP 196). La « nouvelle ontologie » que Merleau-Ponty tente d'élaborer à la fin des années 1950[1] n'a aucune commune mesure avec l'arbre porphyrien des catégories culminant dans l'Être de substance, puisqu'il s'agit en toute rigueur d'une « réhabilitation ontologique du sensible » (SG 210).

Dans la première édition de ce livre, nous avions suivi le découpage interne de l'œuvre adopté par de nombreux commentateurs, avec pour effet de gommer de nombreuses discontinuités, et laisser croire à une « ontologisation » trop uniforme. Les nombreuses éditions de textes posthumes, tout comme l'avancement récent des études merleau-pontiennes, forcent aujourd'hui à brosser un tableau plus détaillé. Car de fait, on peut repérer dès le début des années 1950 les prémices d'une ouverture à la question ontologique, et plutôt qu'un tournant que l'on pourrait circonscrire à une date précise, il serait plus juste d'y voir une réorientation graduelle, une inflexion progressive mais constante, à la manière d'un crescendo dont on n'avait pas tout de suite remarqué le bruissement initial. Dès 1953, Merleau-Ponty expliquait en effet que « dans notre manière de percevoir est impliqué tout ce que nous sommes » (MSME 46), ce qui revient à dire, et on le comprendra plus tard, que la perception devient une voie d'accès à la question de l'Être. Il faut dire cependant que l'on ne trouvera pas de traces d'une ontologie positive

1. Sur le tournant ontologique *cf.* R. Barbaras, *De l'être du phénomène : sur l'ontologie de Merleau-Ponty*, Grenoble, J. Millon, 2001 ainsi que Emmanuel de Saint-Aubert, *Vers une ontologie indirecte. Sources et enjeux critiques de l'appel à l'ontologie chez Merleau-Ponty*, Paris, Vrin, 2006.

dans les écrits du dernier Merleau-Ponty, pas plus que l'on ne saurait dater de manière définitive le fameux tournant ontologique. La sienne n'est toujours – et il s'en explique à plusieurs reprises – qu'une ontologie indirecte. Comprendre la direction nouvelle qu'amorce sa pensée suppose alors de passer par une certaine « indirection », et de s'attarder sur les entrées nouvelles qu'elle se choisit pour approcher la question de l'Être. Et s'il existe un point où il y a modification et amplification, c'est assurément ce moment où Merleau-Ponty réoriente ses travaux vers la problématique de la nature.

Dans ces cours sur la nature, Merleau-Ponty se demande s'il ne faudrait pas plutôt commencer directement par la question de l'Être, ou tout au moins par le problème de l'histoire, au motif que notre précompréhension de ce qui est, résulte déterminée par un héritage historique et culturel. L'être de la nature peut-il être pensé en dehors du cadre de l'histoire ? D'une certaine manière, si quatrième période il y a dans l'œuvre de Merleau-Ponty, elle doit présenter des caractéristiques différentes de celle qui la précède. On peut alors faire l'hypothèse que cette dernière période est bien celle d'une ontologie d'un type nouveau – d'une ontologie sensible – mais que cette ontologie n'apparaît pleinement à Merleau-Ponty qu'après avoir traversé la problématique de la nature. Il fallait donc se placer sur un nouveau terrain, celui de la biologie et de l'étude du vivant, pour trouver une voie d'accès à la question de l'Être sensible, voie d'accès que l'attention à l'histoire n'avait pas permis pleinement d'emprunter. Que Merleau-Ponty privilégie dans cette dernière phase l'étude de l'être de la nature (par rapport à l'être historique) ne doit pas nous tromper ; il ne s'agit pas de déblayer une couche plus profonde, ou de toucher à une ontologie plus fondamentale. Mieux vaudrait insister sur l'irréductibilité des cadres épistémologiques les uns aux autres, et sur le fait que tout accès au savoir conditionne l'ordre de priorité par lequel se présentent les différents types d'être. En proposant de poser la question de l'être de la nature en dehors du cadre de son acception historique, il ne s'agit pas de souscrire à un quelconque « postulat naturaliste », ou de naturaliser les processus des devenirs historiques, mais plutôt de contrecarrer une tendance anthropocentrique, qui ne verrait du devenir que là où il y a une société humaine. Mais tout comme cela avait déjà été le cas avec le tournant historico-dialectique de la phase précédente, il s'agit cette fois encore, et dans la prise en compte d'une interanimalité plus vaste, de contrecarrer l'enfermement de la philosophie dans une vue de la conscience, claquemurée dans sa conception « immatérialiste » de l'être et du sens (RC 91). Le perspectivisme méthodologique vers lequel s'achemine progressivement la pensée du dernier Merleau-Ponty insiste sur la relativité des points de vue, qui déterminent également l'ordre des dépendances causales. L'être de la nature est aussi peu capable de réabsorber les individuations socio-historiques que l'être de l'histoire d'expliquer en retour les processus psycho-physiologiques de la nature. En ce sens, explique Merleau-Ponty dans des notes inédites datant de l'été 1958, rédigées en vue du cours du jeudi de l'année 1959-1960 sur *Nature et logos* : « Certes il y a cercle : Nature – ontologie – histoire, mais justement dans le cercle, rien n'est premier qui ne soit second ; on ne peut que l'instituer en un point du cercle et suivre les implications » (MBNF XVII, f. 2).

Ces mises en garde méthodologiques posées, il n'en demeure pas moins que c'est bien par le biais de la question de la nature que Merleau-Ponty propose une nouvelle voie d'accès vers une ontologie phénoménologique. Les cours sur la *Nature* sont de fait une étape décisive vers l'ontologie nouvelle, et Merleau-Ponty en convient lui-même : « l'étude de la Nature est ici une introduction à la définition de l'être ! » (N 370). Cette ontologie sera alors, et pour des raisons qu'il faudra à présent préciser, une ontologie du visible. L'amorce d'une explication est cependant déjà contenue dans le cours sur la *Nature*, lorsque Merleau-Ponty formule déjà la célèbre loi de corrélation voyant-vu, voulant que « l'animal voit selon qu'il est visible » (N 247). L'être de l'animal doit être considéré à travers le prisme de l'« identité de celui qui voit et de ce qu'il voit » (*ibid.*). Est contestée la définition célèbre de la vie par Bichat, que Canguilhem et tant d'autres reprendront après lui. Merleau-Ponty soutient ceci : « *La vie, ce n'est pas, suivant la définition de Bichat, l'"ensemble des fonctions qui résistent à la mort", mais c'est une puissance d'inventer du visible* » (*ibid.* ; italiques dans l'original).

Si la vie ne se réduit pas à un ensemble de fonctions, mais qu'elle est indissociable d'une dimension apparaissante, ou encore – d'une caractérisation proposée au sujet de l'axolotl – qu'elle relève d'un « théâtre » (NC 208), il faut privilégier non pas tant l'anatomie que les variations de surface, non pas tant le génotype que le phénotype. En s'autorisant des travaux du zoologue bâlois Adolf Portmann, Merleau-Ponty rappelle que la différenciation du vivant s'exprime de façon bien plus claire dans sa surface extérieure que dans son organisation interne

(N 244). Or c'est dans l'étude de la forme animale, de son style, que l'explication fonctionnaliste atteint rapidement ses limites. Dans son ouvrage de 1948 intitulé *La forme animale*, Portmann rassemble d'innombrables cas de figure issus du règne animal (et notamment du monde des animaux marins) qui témoignent d'un excès vital par rapport à de simples fonctions de préservation et de reproduction de l'espèce. La vie, soutient Portmann, dépasse un mode d'organisation purement fonctionnel, une simple « organisation pour survivre » : il y a dans la vie une « prodigieuse floraison des formes » dont l'utilité reste douteuse, et qui peuvent d'ailleurs parfois constituer un véritable danger pour l'animal (N 243). Homochromies, homotypies, imitations inter-espèces et déguisements divers : il y a dans ce théâtre vital une intensification de la vie organique qui s'ourdit dans le jeu de ses apparences. Par ailleurs – et comme le souligne également le chef de file de la nouvelle biologie organismique, le néerlandais F. Buytendijk – en absence d'une telle « valeur démonstrative » dans le comportement animal, nous n'aurions affaire qu'à un ensemble d'organes, jamais à un organisme.

Portmann insiste sur ce point : les animaux n'existent pas seulement par eux-mêmes, ils se montrent les uns aux autres. Une sorte de désir vital d'apparaître, de se montrer et d'être vu, ne fût-ce que par un « œil possible » (N 245). Parmi les vingt-sept sous-espèces de crabes violonistes (*uca pugilator*) observées sur la côte Pacifique entre le Mexique et Panama, on trouve vingt-sept types différents de parades nuptiales, variété que l'on ne peut mettre sur le compte d'un simple hasard génétique. Sur un espace géographique aussi restreint, le raffinement dans ces parades témoigne au contraire d'un excès de la phénoménalité, d'un trop-plein de visibilité. La forme animale « repose sur une valeur gratuite, sur une complication inutile » (N 246). En ce sens, l'apparence que se donne l'animal ne peut pas être rabattue sur une simple question de finalité, mais atteste plutôt d'une « valeur existentielle de manifestation, de présentation » (N 246).

On est en droit de se demander si les travaux de Portmann apportent de l'eau au moulin de la phénoménologie ou s'ils font plutôt obstacle à son discours. Dans des textes postérieurs, Portmann parle en effet du rôle de l'« autoprésentation » (*Selbstdarstellung*) de l'animal, dont l'apparence n'est destinée à aucun récepteur. Que des créatures marines évoluant dans de grandes profondeurs où jamais aucune lumière ne parvient soient dotées de carapaces colorées relève d'un excès vital, d'un surplus chromatique que le darwinisme est incapable d'expliquer. « Il y a là d'innombrables envois optiques qui sont envoyés "dans le vide", sans être destinés à arriver. C'est une autoprésentation qui n'est rapportée à aucun sens récepteur et qui, tout simplement, "apparaît" »[1]. Est-ce à dire qu'il faut penser une sorte d'apparaître pur, décorrélé de toute conscience réceptive, des « apparences inadressées »[2] ?

Certains commentateurs ont voulu voir dans cette idée un motif puissamment décorrélationiste, estimant même que la réception qu'a pu faire une certaine

1. A. Portmann, « L'autoprésentation, motif de l'élaboration des formes vivantes [1958] », trad. J. Dewitte, *Études phénoménologiques* 23-24, 1996, p. 161.

2. A. Portmann, *La forme animale*, trad. fr. G. Remy, Paris, Éd. la Bibliothèque, 2013.

tradition phénoménologique de Portmann prive la pensée de ce dernier de ses conséquences théoriques les plus radicales[1]. Tout comme Portmann lui-même mettait en garde contre un « cercle fonctionnel », qui ramènerait tout phénomène organique à sa fonction, il s'agirait donc d'éviter un cercle corrélationnel qui définirait le sens de l'apparaître par celui que lui confère le récepteur. Il est vrai que dans un premier temps, Merleau-Ponty se prévaut des analyses de Portmann pour confirmer que l'être n'existe qu'en tant qu'il est perçu, validant ainsi l'équation de Berkeley selon laquelle *esse est percipi* : l'Être, affirme-t-il, « ne peut pas être défini en dehors de l'être perçu. L'étude de Portmann semble confirmer cette manière de voir les choses » (N 247). Il s'agit d'une lecture analogue à celle que propose également Hannah Arendt, lorsque, dans *La vie de l'esprit*, elle met en regard *La forme animale* de Portmann et *Le visible et l'invisible* de Merleau-Ponty, pour en tirer les conclusions suivantes :

> Rien ne paraîtrait, le mot « apparence » n'aurait aucun sens s'il n'existait pas de tels récepteurs des apparences – êtres vivants susceptibles de relever, de reconnaître, de répondre par la fuite ou le désir, l'approbation ou la désapprobation, la louange ou le blâme à ce qui n'est pas tout bonnement là, mais leur apparaît et est destiné à être perçu par eux[2].

1. *Cf.* notamment B. Prévost, « Les apparences inadressées. Usages de Portmann (doutes sur le spectateur) », dans B. Prévost et B. Rougé (dir.), *L'Adresse*, Pau, Presses universitaires de Pau, 2014.

2. H. Arendt, *La vie de l'esprit*, trad. fr. L. Lotringer, Paris, Puf, 2005.

Merleau-Ponty et Arendt, marqués respectivement par l'empreinte husserlienne et heideggerienne, auraient-ils manqué la véritable leçon de Portmann, celle qui conçoit des apparences sans destinataire ? À la décharge de Merleau-Ponty, on a pu rappeler que Portmann n'introduit que tardivement son concept d'« apparences inadressées », et que Merleau-Ponty ne connaissait que *Die Tiergestalt* dans sa première édition de 1948[1]. Mais au fond, et dès le départ, les termes de l'opposition sont peut-être mal posés. Car la question ne tient sans doute pas tant à savoir s'il y a des spectateurs à ce spectacle foisonnant des formes animales, mais si ces spectateurs doivent être actuellement présents. Il n'est pas interdit de penser que si Merleau-Ponty infléchit progressivement son ontologie du visible en direction d'une ontologie de la visibilité potentielle, c'est aussi pour s'éloigner d'une perspective encore trop actualiste. Si Portmann est d'abord mobilisé pour penser un « inter-apparaître » des vivants, et leur coexistence interanimale, son œuvre semble lui inspirer ensuite une attention plus grande au jeu de mimétisme, d'occultation et de mascarade, bref, à l'invisibilité impliquée dans le grand bal des apparences.

Dans une note inédite non datée, et appartenant à des manuscrits produits entre la fin du 1958 et le début du 1959, Merleau-Ponty revient sur la découverte de Portmann, qu'il relie à son projet général d'une reconception de l'intersubjectivité à partir de l'inter-animalité : « Portmann découvre qu'il y a une vue de

1. P. Conte, « Playing Appearances : On Some Aspects of Portmann's Contribution to Philosophical Aesthetics », dans F. Jaroš et J. Klouda (eds.), *Adolf Portmann : A Thinker of Self-Expressive Life*, Cham, Springer, 2021.

l'animalité comme spectacle, comme interanimalité [...] C'est cette même vue d'un monde comme corrélatif de l'*Anschauung* et non de la manipulation artificialiste, que je propose en parlant d'interanimalité, d'intercorporéité. Faire apparaître le problème de la perception d'autrui, le faire émerger à partir de cette description de l'interanimalité » (MBNF VIII, f. 193r et 193v). Dans une note de travail d'avril 1960, il emprunte à Portmann le concept d'« organes à être vu » (*Organe zum Gesehenwerden*) pour l'appliquer à la condition sensible de l'animal humain : lorsque je perçois mon propre corps comme quelque chose de fondamentalement visible, je dois concéder qu'il ne l'est pas seulement pour moi, mais qu'en raison de sa nature sensible, il l'est également pour autrui. La visibilité dont il est ici question ne renvoie pas nécessairement à une présence actuelle ni, précise Merleau-Ponty, à une « absence » à la Sartre, mais à une « présence de l'imminent, du latent ou du caché » (VI 293).

Si la phénoménologie doit donc se doubler d'une ontologie, ou mieux, si l'enquête sur les conditions de ce qui apparaît suppose une interrogation sur l'être de cet apparaître, il ne saurait être question de tomber dans une ontologie positiviste ou actualiste. L'ambiguïté qui se noue autour de l'« être visible » – le fait que la notion puisse désigner simultanément ce qui est visible en acte et ce qui est visible en puissance –, ne naît d'aucun embarras, mais relève plutôt d'une fidélité à une ambiguïté indépassable, qui fait de l'ontologie du sensible à la fois une ontologie de la corrélation et une ontologie du déphasage. Être actuellement sous le regard, l'avoir été ou bien pouvoir tomber sous celui-ci à l'avenir – la variation de ces modalités ne modifie en rien la condition première de pareil être sensible : « ce fait de la présence d'autrui ne serait pas lui-même possible si préalablement la partie du corps en question n'était *visible*, s'il n'y avait, autour de chaque partie du corps, un halo de *visibilité* » (*ibid.*).

Une note de travail dactylographiée inédite et datée du 7 octobre 1958 résume admirablement en quoi consiste alors ce « tournant ontologique » que le dernier Merleau-Ponty imprime à sa pensée :

> Transformer mon *esse est percipi* en écartant toute équivoque psychologiste : il ne s'agit pas d'anthropologie, il s'agit de l'être brut ou sauvage. Partir des résultats de Phénoménologie de la perception et montrer qu'il faut les transformer en ontologie.
> 1. Passer de l'affirmation du perçu à celle de l'être brut.
> 2. Passer de l'idée du corps comme sujet à celle de l'être indivis. (MBNF VIII, fol. 165).

L'être brut qu'évoquent les derniers manuscrits est alors à concevoir comme un être pré-individuel d'indivision, donnant lieu à toutes les individuations successives, mais à condition de reconnaître qu'il contient déjà en germe le mouvement d'une différenciation originaire. La sémantique nouvelle employée alors par Merleau-Ponty – déhiscence, germination, greffe, bouturage – porte encore les traces d'une longue fréquentation des sciences de la nature.

Les débats sur les formes du vivant constituent ainsi l'une des sources intellectuelles majeures pour comprendre le tournant ontologique, et la théorie de Portmann explique certainement pour part pourquoi cette ontologie nouvelle est d'emblée conçue comme une « ontologie du visible » (VI 182). Mais la biologie ne constitue pas la seule source pour appréhender cette quatrième et dernière phase dans l'œuvre de Merleau-Ponty. Les arts visuels et la littérature constituent également une ressource dont on peut difficilement surestimer l'importance dans le développement de la pensée merleau-pontienne.

Penser selon l'image : une stylistique du monde

La philosophie, voilà la proposition définitoire contenue dans une note de travail de novembre 1960, « fait voir par des mots » (VI 313). Elle rend visible ce qui se dérobait à l'attention, et manifeste, par l'outillage qui lui est propre – le langage – un travail de manifestation déjà à l'œuvre mais dont les arcanes échappaient jusque-là à notre regard. Pour qu'elle puisse cependant remplir cette fonction, la philosophie doit cesser de vouloir poser un inventaire du monde et des objets qui le meublent, pour venir au contraire seconder un processus en cours déjà bien avant qu'elle ne survienne. La philosophie aurait donc non pas tant pour tâche de définir, mais, tout comme la littérature dont elle s'inspire – Merleau-Ponty se réfère à Claude Simon qui à son tour cite la formule de Joseph Conrad –, « faire voir [...] avec le seul pouvoir des mots écrits » (NC 216)[1]. Si sa pensée tardive peut encore se dire phénoménologique, c'est en tout cas au sens où elle demeure fidèle à une philosophie qui privilégie la description à la définition, et qui doit donc s'interroger sur sa capacité à dire les phénomènes et accompagner un logos du monde sensible. Au-delà

1. La formule de Joseph Conrad se trouve dans la « Préface » à *Nigger of Narcissus* (1898).

des analyses sur la philosophie du langage, auxquelles Merleau-Ponty aura consacré un temps considérable, il s'agit désormais de transformer le langage de la philosophie, et de questionner ses modes ou encore son style. Dans les notes préparatoires sur *Le problème de la parole*, déjà, Merleau-Ponty envisageait le style au sens large comme l'« ensemble des moyens par lesquels on fait apparaître les choses et les autres – par opposition à moyen de les définir » (PrPa 181). Cette philosophie nouvelle – une philosophie qui reste « à faire » – ne peut alors éluder la question de l'adéquation entre ses moyens et ses fins. Une philosophie capable de décrire l'apparition des choses, leur style et leur manière d'être à chaque fois singulière, doit se rendre sensible à son tour, afin de resituer – comme il l'explique dans le chapitre « Interrogation et intuition » dans *Le Visible et l'invisible* – la « fission de l'être » dans « le tissu de notre vie, d'assister du dedans à la déhiscence, analogue à celle de mon corps, qui l'ouvre à lui-même et nous ouvre à lui » (VI 155). Les chapitres rédigés tout comme les notes manuscrites de la fin des années 1950 témoignent d'un questionnement profond quant à la capacité d'atteindre cet objectif avec le vocabulaire philosophique hérité.

« Les problèmes posés dans *Ph. P.* sont insolubles – affirme Merleau-Ponty dans une note de travail – parce que j'y pars de la distinction "conscience"-"objet" » (VI 250). L'autocritique dont témoigne cette note n'est-elle pas excessive ? La *Phénoménologie* n'avait-elle pas précisément tenté d'enjamber cette impasse en démontrant l'insertion de la conscience dans un corps et celle des objets dans un monde ? À l'évidence, cette solution ne convainc plus guère son auteur, le corps restant – en tant que corps propre – ultimement soumis à la sphère de la conscience tandis que le monde reste déterminé en rapport aux choses qu'il contient. Si Merleau-Ponty ne démentira jamais son parti pris pour la priorité du corps et la primauté du monde sensible, l'analyse de l'idéalité du langage et ensuite de l'histoire de la symbolisation l'amène à repenser l'écart qui se trouve dans les premiers ouvrages entre le terrain philosophique qu'ils circonscrivent et le langage à travers lequel celui-ci est abordé. Aussi, considérer que le corps et le sensible sont premiers ne revient peut-être justement pas à faire une philosophie *du* corps, dans la mesure où celle-ci ne dépasserait jamais le rayon d'une ontologie régionale et, de surcroît, poserait le corps comme objet, demeurant ainsi – comme relevait Beaufret – dans un langage idéaliste. Restituer le corps à la philosophie supposera alors une transformation radicale qui abandonne les catégories héritées d'une pensée intellectualiste[1] et remplacera « les notions de concept, idée, esprit par les notions de *dimensions*, articulation, niveau, charnières, pivots, configuration » (VI 273). Avec Mikel Dufrenne on pourra dire que Merleau-Ponty inaugure de ce fait un nouveau style philosophique : le philosopher sans philosophèmes[2]. Corrélativement, ce nouveau langage qui refuse les cristallisations conceptuelles en cherchant des formules transitives ou allusives permet de décrire ce qui se passe aux abords et entre les choses, par des

1. On ne pourra s'empêcher de relever les parallèles avec Levinas dont on sait qu'il opéra une transformation de son langage à la suite des critiques de Derrida dans *Violence et métaphysique* lui reprochant l'inadéquation entre l'ambition refondatrice et les moyens linguistiques employés.

2. M. Dufrenne, « Maurice Merleau-Ponty », dans M. Dufrenne, *Jalons*, Den Haag, Nijhoff, 1966.

concepts fluents, renvoyant à ce que Husserl dans ses derniers écrits nommait des « significations fluentes » (*fließende Bedeutungen*) (PhP 61) et qui ne sont pas sans rappeler les « concepts fluides » de Bergson.

Une note inédite résumant l'autocritique du dernier Merleau-Ponty indique cette intime corrélation entre pratique et objet philosophique : « Notre corporéité : ne pas la mettre au centre comme j'ai fait dans *Ph. P.* : en un sens elle n'est que la dimension du monde, sa pesanteur n'est que celle du monde » (MBNF VI, fol. 222v). Au fil des analyses sur le langage, on avait vu l'émancipation progressive du corsetage d'une théorie gestuelle de l'expression. Il y aurait donc une autonomie du sens, une puissance d'idéation qui ne se passe jamais entièrement dans ses matérialisations – qu'il s'agisse de gestes, paroles ou d'écritures –, une indépendance des structures linguistiques par rapport à leurs actualisations. Bien qu'il ait indéniablement intégré les apports de Saussure, Jakobson, Lévi-Strauss et des autres structuralistes dans sa pensée, il y a un hiatus entre la « structure » merleau-pontienne et celle du mouvement structuraliste[1]. Autant la découverte du diacritique lui avait permis de prendre ses distances de toute interprétation naturaliste de l'expression, autant la conception structuraliste du diacritique, en réduisant celui-ci à une charpente immatérielle, manque maintenant son indéfectible appartenance au monde sensible qui par sa présence même se trouve espacé. Dans un mouvement qui trahit et

1. C'est le verdict d'Emmanuel Levinas dans sa préface à Geraets, *Vers une nouvelle philosophie transcendantale*, *op. cit.*, p. IX. Merleau-Ponty lui-même va dans ce sens, notamment dans ses propos au colloque en 1961 sur *Sens et usages du terme structure dans les sciences humaines et sociales*, *op. cit.*

dépasse à la fois l'héritage du diacritique, Merleau-Ponty tente donc de dire le corps dans son existence latérale ; la corporéité, cet être du corps ne se confondant pas avec les corps mais manifestant plutôt leur ajointement. Or si la linguistique saussurienne peut aider à éviter les apories d'une conscience constituante *posant* son objet, en ne considérant alors que ces articulations – pures « différences sans termes positifs » (PPE 81) –, elle manque toutefois que cet intervalle n'est pas une différence abstraite (pas plus qu'un « trou » tel que le pensait l'hégélianisme se prolongeant jusqu'à Sartre)[1] mais une jointure charnelle pour laquelle Merleau-Ponty choisit aussi l'expression de « charnière ». Entre intuitionnisme et formalisme, entre positivisme et philosophie de la négation il faudra que le nouveau langage – langage *se faisant* – « exprime, au moins latéralement, une ontogenèse dont il fait partie » (VI 137).

Entre, d'une part, un réel qui formait encore dans l'avant-propos de l'œuvre de 1945 un « tissu solide » (PhP V) sur lequel pouvait s'appuyer l'entière tâche d'une phénoménologie de la perception et, d'autre part, la reconnaissance d'une irréductible idéalité infra-corporelle formant le réservoir d'où émerge la créativité humaine, Merleau-Ponty cherche un procédé permettant de formuler leur présence commune sans résorption de l'un dans l'autre. Après avoir approfondi la question de l'historicité et de la thématique de l'institution, faisant apparaître un pouvoir anonyme dans la construction du sens, la quatrième étape que nous pensons pouvoir

1. À propos du trou chez Hegel *cf.* déjà PhP 249. Voir également VI 249 : « L'ouvert, au sens du trou, c'est Sartre, c'est le négativisme ou l'ultrapositivisme (Bergson), indiscernables ».

dégager dans l'œuvre du philosophe se tiendrait dès lors à égale distance entre une phénoménologie de la perception et une phénoménologie de l'expression ; elle viserait à creuser le sol commun à la *Phénoménologie* et aux interrogations sur le langage, à reconstituer la trame de l'étoffe à partir de laquelle à la fois quelque chose peut m'être donné comme visible et à la fois par laquelle les mots permettent de rendre visible. C'est aux racines mêmes du visible qu'il s'agit de remonter – et la peinture ayant depuis toujours déjà précédé la philosophie dans ce travail, c'est selon ses procédés que la pensée devra se moduler.

On s'est souvent demandé pourquoi Merleau-Ponty, sans doute l'un des philosophes les plus attentifs et sensibles à l'art, n'avait jamais écrit un ouvrage consacré exclusivement celui-ci et pourquoi il manque donc, au sein de son œuvre, une philosophie de l'art à proprement parler. Certes, on peut trouver ci et là quelques passages où il semble affirmer quelque chose comme une autonomie de l'art, comme quand lors des *Causeries* enregistrées pour la Radiodiffusion Française en 1948, Merleau-Ponty explique que l'art doit être conçu comme « un monde pour soi » (C 56). Dans son ensemble, on ne trouve pourtant pas de réflexion sur ce « monde de l'art » auquel d'autres philosophes ont consacré tant d'attention. Simple oubli ? On pourrait également avancer l'hypothèse suivante : cette absence n'est pas le fruit d'un oubli mais le symptôme d'une appréciation qui refuse de cantonner l'art à un domaine réservé. À défaut d'une philosophie sur l'art, Merleau-Ponty pratique une philosophie en prise directe avec les arts. Ce ne serait alors point exagérer que d'affirmer que la réflexion merleau-pontienne sur la peinture quitte définitivement la gangue de l'esthétique classique pour passer d'une philosophie qui disserterait *sur la peinture* à une philosophie *d'après* ou – plus exactement – une philosophie *selon la peinture.* Une philosophie dont *L'œil et l'esprit* serait précisément l'ébauche. Dans ce texte rédigé au Tholonet – le dernier achevé de son vivant –, Merleau-Ponty déploie l'idée que dans l'image, la relation objectale se trouve suspendue, un tableau ne se laissant pas regarder « comme on regarde une chose » (OE 23), « je vois selon lui ou avec lui plutôt que je ne le vois » (OE 23). Parmi les manuscrits contemporains à cet essai destiné à la revue *Art de France*, que l'auteur retravailla à plusieurs reprises, on trouve une note plus explicite encore : « Qu'est-ce qu'un *Bild*? Il est manifeste ici que le *Bild* ne se regarde pas comme on regarde un objet. On regarde selon le *Bild.* [...] Et cette ségrégation ouvre... Quoi? Non pas des "significations" (et encore moins des choses, comme les choses visibles), mais des êtres... » (MBNF VIII, fol. 346). Comme il le précisera, toujours dans une note de travail pour *L'œil et l'esprit* : « Il faut comparer perception de *Bild* et perception de la chose, mais en prenant celle-ci non d[an]s son résultat (tableau visuel, en soi), mais d[an]s son *ontogenèse* » (MBNF VIII, fol. 346).

En quoi consiste donc cette ontologie du visible? Loin d'une phénoménologie naïve qui se contenterait de la simple énumération du visible, c'est au contraire son être qui se voit questionné. « Le visible au sens profane oublie ses prémisses » écrit Merleau-Ponty (OE 30), dans la mesure où ce visible est encore envisagé comme dehors frontal. Or la peinture moderne nous enseigne – et Klee se trouve ici cité – que la « vision du peintre n'est plus regard sur un dehors » (OE 69), mais qu'elle vise

« cette genèse secrète et fiévreuse des choses dans notre corps » (OE 30). La couleur conjurée sur la toile n'est ni la répétition des visibles ni leur réduction à une idée de visible mais procède d'un « regard du dedans » (OE 24). En lieu et place d'une *repraesentatio* au sens kantien, de mise-en-face donc (*Vorstellung*), tout l'enjeu est de déchiffrer cette « germination sourde » de l'apparaître en nous dont la peinture serait la trace immédiate. « Le tableau essence alogique » – lit-on dans les dernières esquisses – « visible absolu auquel co-appartiennent choses, tableau et même le peintre (le peintre dans le tableau) » (NC 390).

Dans l'esprit de Merleau-Ponty, les choses ne font aucun doute : dans l'histoire de la peinture, nul n'a plus profondément incorporé cette indéchirable corrélation, nul n'a plus intimement cherché à rendre l'essence du visible par le visible lui-même que Paul Cézanne. Dans l'ontologie tardive du visible pensée à partir du peintre provençal, c'est l'asymétrie même entre méthode et objet qui s'invertit. L'art de Cézanne contient alors non seulement une « philosophie figurée de la vision » (OE 32), il doit également servir d'interpellation pour la philosophie, et des moyens qu'elle met en œuvre pour se hisser au niveau de l'expression picturale. Au lieu d'une philosophie pour ainsi dire « appliquée », au lieu d'une philosophie qui trouverait en quelque sorte la confirmation de ses thèses dans le contenu des œuvres peintes, la philosophie se met à l'écoute de la peinture, pour s'inspirer de ses procédés : plutôt que sur une philosophie peinte, Merleau-Ponty s'interroge sur ce que pourrait vouloir dire que de penser *selon la peinture*. Là encore, Cézanne indique le chemin, lorsqu'il précise que penser en peinture signifie faire l'épreuve du sensible et restituer le principe de sa manifestation : « Tout est, en art surtout, théories développées et appliquées au contact de la nature ».

Dès 1942 – avant même la clôture de la *Phénoménologie de la perception*[1] – Merleau-Ponty rédigera *Le Doute de Cézanne*, un essai sur le peintre provençal qui témoigne de la fulgurance de la rencontre et dans lequel le montage serré des citations se confond parfois avec les propres interrogations du philosophe. Comment éviter l'alternative – et donc la hiérarchie – entre monde naturel et monde humain, entre monde perceptif et monde de l'intelligence? Là encore, Cézanne ouvre la voie, lorsqu'il affirme vouloir unir les deux mondes si souvent opposés de la nature et de l'art (SNS 18). Merleau-Ponty commente alors les dialogues du peintre avec Émile Bernard, qu'il résume ainsi : « il est manifeste que Cézanne cherche toujours à échapper aux alternatives toutes faites qu'on lui propose – celles des sens ou de l'intelligence, du peintre qui voit et du peintre qui pense, de la nature et de la composition, du primitivisme et de la tradition » (SNS 18). Entre une peinture qui prétend ne s'en tenir qu'à la restitution des données immédiates de la sensation et une peinture reconstruisant un monde selon une organisation abstraite, Merleau-Ponty voit dans l'art de Cézanne la volonté de manifester un monde « à l'état naissant », un univers se faisant. « Au lieu d'appliquer à son œuvre des dichotomies, qui d'ailleurs appartiennent plus aux traditions d'école qu'aux fondateurs – philosophes ou peintres – de ces traditions », Cézanne peindrait plutôt

1. *Cf.* les indications de Claude Lefort dans la préface à *L'œil et l'esprit* (OE VI).

« la matière en train de se donner forme, l'ordre naissant par une organisation spontanée » (SNS 18).

Tandis que ce jugement général se maintient jusque dans *L'œil et l'esprit*, d'autres idées merleau-pontiennes se trouvent en revanche modifiées sinon abandonnées au cours de la fréquentation de l'art du peintre. Dans le *Doute de Cézanne*, lit-on, l'exercice laborieux de l'*épokhé* trouverait son équivalent – sa « réalisation », pour parler comme Cézanne – dans les œuvres picturales : « Nous vivons dans un milieu d'objets construits par les hommes, entre des ustensiles, dans des maisons, des rues, des villes et la plupart du temps nous les voyons qu'à travers les actions humaines dont ils peuvent être les points d'application. » (SNS 22). Dans la peinture de Cézanne, ces habitudes sont mises « en suspens » et les personnages sont « comme vus par un être d'une autre espèce » (SNS 22). Dans le paysage représentant le lac d'Annecy, « le paysage est sans vent », l'eau du lac « sans mouvement, les objets gelés hésitants comme à l'origine de la terre ». Le peintre reviendrait vers cette terre (*Erde*) primordiale de Husserl, « en deçà de l'humanité constituée », qui nous révèle « le fond de nature inhumaine sur lequel le peintre s'installe » (SNS 22).

Dans sa double détermination, tantôt comme chose animée par ma volonté tantôt comme chose matérielle, mon corps m'insère certes dans un monde humain, fait de significations et de renvois, mais cette insertion n'est obtenue qu'en me projetant « d'abord dans un monde naturel qui transparaît toujours sous l'autre, comme la toile sous le tableau, et lui donne un air de fragilité » (PhP 339). Alors même que le monde des symbolisations culturelles imprime à cette matière un sens qui lui faisait défaut – et l'arrache par là même à sa lourdeur inerte –, l'apparition d'un sens nouveau s'accompagne d'une transparution d'un autre type : sous une couche de monde humain, c'est une monde brut qui émerge. Sous la couche de peinture, nous pressentons la toile, sous le monument un ciment sur le point de s'effriter, sous le personnage le corps d'un acteur qui fatigue (PhP 33). Le vernis de la culture, tout l'apprêt de la symbolisation, ne sauraient recouvrir un arrière-fond sauvage qui transparaît, ci et là. L'art de Cézanne nous met au contact avec cette étoffe épaisse et non dégrossie d'un monde au visage encore inhumain. Avec les paysages cézanniens, Merleau-Ponty trouve un point de contact où une philosophie de la perception et une philosophie de l'expression cessent d'être antinomiques.

À vrai dire, une voie avait déjà été indiquée quand, dans la *Phénoménologie de la perception*, sans doute sous l'influence husserlienne, l'unité du monde est comparée à l'unité de style que je reconnais à travers les comportements d'une personne ou les éléments familiers d'une ville (PhP 378). Paradoxalement, Merleau-Ponty semble redécouvrir la pertinence de l'idée de style à la lecture de *Les Voix du silence* de Malraux qui en fait une clé pour la compréhension de l'art, tout en s'en tenant à une sémantique rigoureusement classique. Aux yeux de Malraux, le style constitue l'individualité de l'artiste, sa marque, son stylet. Selon un passage de *Les Voix du silence*, il n'est autre que « le moyen de recréer le monde selon les valeurs de l'homme qui les découvre » (SG 83). En tant que « fragile perspective humaine du monde éternel qui nous entraîne dans une dérive d'astres selon son rythme mystérieux » (SG 83), le style selon Malraux réitère le hiatus entre monde naturel et monde humain et ne peut que déboucher sur une considération de l'art moderne – où le style est à la fois l'impératif et l'unique croyance incontestée – comme cérémonie à la gloire de l'individu. Si le style est, d'après une citation de la *Création artistique*, « l'expression d'une signification prêtée au monde, appel, et non conséquence d'une vision » (SG 86), il y a en effet lieu de parler d'une « annexion du monde par l'individu » (SG 83).

Aux yeux de Merleau-Ponty, le style n'est pas le produit d'une subjectivité mais la propriété d'un monde qui se manifeste. Loin d'être confiné au domaine de l'art, le style est ce qui in-forme le monde, il représente la garantie qu'un monde n'est jamais donné une fois pour toutes mais qu'il n'est au mieux que ce qui transparaît dans toutes ses modulations éphémères. « La perception déjà stylise » affirme un passage célèbre de *La Prose du Monde* (PM 83), rendant d'emblée caduque la dichotomie entre réceptivité et activité. C'est la corrélation même qui se trouve affectée d'une certaine inflexion qui ne la précède pas mais qui en constitue comme la nervure sensible. Husserl aurait déjà entrevu cela dans les manuscrits des *Ideen II* (PM 79) où la notion de style intervient pour décrire non seulement la personnalité qui présente un certain style unitaire permanent (*einen gewissen durchgängigen einheitlichen Stil*) à travers ses jugements et ses actes, mais encore l'unité concordante à travers toutes les activités et les passivités que l'on pourrait qualifier d'*habitus* ou de *style d'ensemble* (*Gesamtstil*)[1]. Dans la *Krisis*, Husserl ira plus loin encore, puisque le style cesse de qualifier la singularité d'un sujet pour nommer la modalité

1. E. Husserl, *Idées*, *op. cit.*, § 61 (Hua IV, p. 277).

du monde lui-même. « C'est ainsi que notre monde ambiant, celui de *l'intuition* empirique, possède un *style d'ensemble empirique* [*empirischen Gesamtstil*] »[1]. Pour le dernier Husserl, il faudrait donc chercher du côté du monde « ce qui donne aux corps qui *sont ensemble* (simultanément ou successivement) précisément cette *entre-appartenance*, autrement dit [...] ce qui *lie* l'un à l'autre leur être [*Sein*] et leur être-ainsi [*Sosein*] »[2].

Tout se passe comme si Merleau-Ponty avait alors télescopé la position husserlienne avec les développements successifs d'Heidegger – qu'il lit avec attention dans les années 1950 – quand il est question d'un « style du *welten* ». Rappelons que dans le vocabulaire heideggérien, le verbe « *welten* » oscille entre l'*être-monde* et le *faire-monde* ; chez Merleau-Ponty, c'est clairement la seconde acception qui est privilégiée. Pour éviter de rabattre le style du côté d'une « régulation causale universelle » du monde, indépendante de nos variations[3], celui-ci devient l'attribut d'une corrélation par laquelle un monde devient visible, le style mettant en relief sa manière de « faire-monde » (*welten*). La peinture ne serait dès lors rien d'autre qu'une tentative de manifester cet apparaître même qui est antérieur au découpage homme-monde. « [L]e peintre ne sait rien de l'antithèse de l'homme et du monde [...] puisque l'homme et la signification se dessineront sur le fond du monde justement par l'opération du style » (PM 83).

1. *Krisis* § 9, Hua VI, p. 28 (trad. fr. E. Husserl, *La crise des sciences européennes et la phénoménologie transcendantale*, *op. cit.*, p. 36).
2. *Ibid.* (trad. fr. cit. p. 35).
3. *Ibid.* (trad. fr. cit. p. 36).

Dans cette pensée *selon l'image*, le style constituera une première étape vers les racines du paraître. Inlassablement, Merleau-Ponty s'efforcera de remonter en deçà de la séparation entre activité et donation pour cerner cette « énigme de la visibilité » (OE 26). Car il y a bien un « don du visible » qui signifie à la fois la donation d'un visible et la capacité de restituer une visibilité. Les peintres en seraient les bénéficiaires privilégiés, ils sont doués de visible « comme on dit que l'homme inspiré a le don des langues » (OE 25). Aussi, on pourra soutenir que, par le biais de la peinture, Merleau-Ponty en arrivera à une ontologie du visible qui aura comme point de départ non pas l'être-visible mais le devenir-visible. En un sens, ses dernières méditations peuvent se lire comme l'écho direct de cette phrase de Cézanne qui figurera en épigraphe de *L'œil et l'esprit* : « Ce que j'essaie de vous traduire est plus mystérieux, s'enchevêtre aux racines mêmes de l'être, à la source impalpable des sensations[1] ». Par la volonté de penser en peintre, Merleau-Ponty se sera tout à la fois efforcé de « restituer à la peinture et à l'art en général leur vraie place, leur vraie dignité » (C 53) tout en entamant irrémédiablement la possibilité d'une quelconque autonomie de l'art. Le travail de l'art n'est qu'une intensification du monde naturel, et non une alternative à celui-ci. De part en part, l'esthétique de Merleau-Ponty correspond à un effort de *sensibilisation*. Sensibilisation qui n'est pas en contradiction avec le constat d'un « dés-œuvrement » de l'art : ce dernier n'est plus à chercher dans les œuvres, mais dans une amplification des liens sensibles qui nous

1. J. Gasquet, *Cézanne*, Paris, Bernheim-Jeune, 1921.

relient au monde, ces liens qui prendront dès à présent le nom de « chair ».

Comment penser cette différence entre les choses et les couleurs, entre les objets et les qualités, sans les renvoyer à une subjectivité transcendantale qui assurerait leur jonction ? Comment décrire cette scansion chromatique du sensible, sa ponctuation interne ? La démarche de Merleau-Ponty consiste à rechercher un principe constitutif qui ne relève pas d'un *a priori* formel mais d'une structure immanente innervant le sensible lui-même. Cet élément sensible – qui serait dès lors à concevoir non pas tant en termes d'atome élémentaire qu'en termes de tissu élémental) –, Merleau-Ponty le repère dans les interstices perceptifs. Il évoque ainsi la « zébrure du pinceau » qui aurait renoncé à cerner les contours des choses, afin de restituer plutôt la vibration de la matière sensible et ses différentiels perceptifs, décrite également en termes de mode d'accès « à la laine ou à la chair » du monde sensible (SG 71). On songe à Braque, qui pressentait en quelque sorte cette structure diacritique du sensible, lorsqu'il soutenait que « ce qui est entre la pomme et l'assiette se peint aussi[1] ». Dans *Le Visible et l'invisible*, cette différentiation diacritique sera appliquée à la célèbre analyse de la tache de couleur rouge : invoquant la gamme de tous les rouges possibles, des gardiens de la Révolution aux toits de tuiles et aux robes colorées des gitans sur les Champs-Élysées, en passant par la terre de Madagascar d'un ocre profond, Merleau-Ponty affirme que le rouge n'est rien en soi.

1. G. Charbonnier et G. Braque, « Entretien avec Georges Braque [1953] », dans G. Charbonnier, *Le monologue du peintre : entretiens avec Bazaine, Braque, Brianchon* [*et al.*], Paris, Éditions de la Villette, 2002, p. 27.

Le rouge « n'est pas un morceau d'être absolument dur, insécable, offert tout nu à une vision qui ne pourrait être que totale ou nulle, mais plutôt une sorte de détroit entre des horizons extérieurs et des horizons intérieurs toujours béants, quelque chose qui vient toucher doucement et fait résonner à distance diverses régions du monde coloré ou visible, une certaine différenciation, une modulation éphémère de ce monde, moins couleur ou chose donc, que différence entre des choses et des couleurs » (VI 173).

Comme on peut le voir dans ce contexte, la notion de « chair » de Merleau-Ponty ne doit pas être considérée comme une sorte de corps ultime, plus fondamental ou plus profond. S'il est vrai, comme on pouvait le lire dans « Le langage indirect et les voix du silence », que « [l]e sens de la philosophie est le sens d'une genèse » (SG 103), alors la philosophie doit se départir de l'idée que le corps – ou ce qui en tient lieu – puisse donner un accès à l'originaire. Au contraire, il faut se résoudre à faire le deuil de toute quête de positivités ultimes, pour ramener la philosophie vers une phénoménologie génétique, radicale au sens étymologique du terme : en suivant le sens des racines, la remontée vers l'origine découvre une origine déjà plurielle et ramifiée. La phénoménologie ne pourra alors se contenter d'une philosophie de la genèse, elle devra devenir phénoménologie de la genèse de la genèse – autrement dit : ontogénétique. Son mouvement doit être fidèle à la déhiscence interne de l'être, à « cet éclatement, cette non-coïncidence, cette différenciation » (VI 163). La nécessité d'un retour à l'ontologie mettant au jour un Être « sauvage », « vertical » révèle également la parenté entre « l'être de la terre et celui de mon corps (*Leib*) »

(RC 169). La problématique du milieu que nous avons mis au jour pour les premiers ouvrages trouve alors sa radicalisation : le corps n'est plus un « moyen » dans un milieu-monde ; corps et monde procèdent d'un tissu commun, relèvent d'un « milieu formateur » (VI 191).

ONTOLOGIE DE LA CHAIR

Comment nommer ce qui se tient entre les êtres, ce qui les entretient et fait lien entre eux ? Merleau-Ponty se rend à l'évidence que cette chose n'« a de nom dans aucune philosophie » (VI 181) et reste donc littéralement *anonyme*. Par *anonymos*, Aristote indiquait le fait que le langage naturel s'avère incapable de rendre compte de certains pans de la réalité. Si, pour ne prendre que l'un des nombreux exemples, l'ensemble des animaux munis d'ailes à plume a reçu le nom d'oiseau, la langue (grecque en l'occurrence) reste muette pour dire le genre des animaux à ailes de peau ou à ailes membraneuses[1]. Le langage du scientifique mais aussi du philosophe consiste à conférer un nom à ces cases restées vides que l'étude du réel révèle. Cette chose qui n'« a de nom dans aucune philosophie », l'*anonymos* merleau-pontien, qui se dégage déjà à la fin de la *Phénoménologie de la perception*, recevra ainsi successivement (dès la fin des années 1940) un nom – ambigu – qui occupera la place centrale dans les derniers écrits : la *chair* (ambigu au « mauvais » sens du terme, tant par ses connotations qui ont donné lieu à de nombreux malentendus[2] que sans

1. Aristote, *Histoire des animaux*, 490a13.

2. Comment ne pas entendre la connotation christologique dont Gilles Deleuze prendra le contre-pied en parlant, au sujet de la

doute par son inadéquation à nommer véritablement l'enjeu merleau-pontien[1]).

Comment ces malentendus se sont-ils produits ? Un préjugé coriace veut que ce que Merleau-Ponty appelle « la chair » soit tout simplement l'équivalent français de la notion de *Leib* chez Husserl. Ce préjugé tient sans doute à un embarras terminologique, dû au fait que les langues latines ne disposent pas d'équivalent pour rendre la distinction bien établie en allemand entre *Körper* (le corps physique objectif) et *Leib* (le corps vécu à la première personne), distinction sur laquelle Husserl s'appuiera amplement pour distinguer l'approche des sciences objectives et l'approche expérientielle en phénoménologie. L'embarras est particulièrement palpable parmi les premiers traducteurs, qui rendent tantôt indifféremment *Körper* et *Leib* par « corps » – c'est le cas de Ricœur dans sa traduction des *Ideen I* – tantôt usent de différentes circonvolutions pour rendre le sens du mot *Leib* : Gabrielle Pfeiffer et Emmanuel Levinas optent pour « corps organique », dans leur traduction des *Méditations cartésiennes*, avant que d'autres ne lui préfèrent la formule « corps propre ». Dans un second

peinture de Bacon, d'une esthétique de la « viande » ? Mais quitte-t-on pour autant le registre de la représentation chrétienne ? Celle-ci ne repose-t-elle pas précisément sur l'exposition de la chair morte ? Sur ces contradictions et les autres dimensions de ce « malentendu » *cf.* M. Carbone, « La chair, petite histoire d'un malentendu », dans *La chair des images. Merleau-Ponty entre cinéma et peinture*, Paris, Vrin, 2011.

1. Renaud Barbaras a indiqué pourquoi l'expression courante de « philosophie de la chair » est mal à propos et qu'il s'agit plus exactement d'une philosophie de l'incarnation : R. Barbaras, « The Ambiguity of the Flesh », *Chiasmi International* 4, « Figures and Grounds of the Flesh », 2002, p. 19-26.

temps, ces hésitations terminologiques seront tranchées au bénéfice d'une distinction désormais établie : alors que le corps objectal (le *Körper*) sera traduit par « corps », le corps vivant (le *Leib*) sera rendu par « la chair ». Ce déplacement – pour ne pas dire ce tournant –, on peut aujourd'hui le dater assez précisément. Il s'opère au début des années 1950, avec Paul Ricœur pour acteur principal.

En 1950 paraît la traduction préparée par ses soins des *Ideen I* de Husserl, où Ricœur se situe encore dans la continuité des traductions précédentes, et traduit *Leib* par « corps » (ou encore, dans un passage précis, par « corps propre »). Peu de temps après cependant, le doute s'installe, lorsqu'en 1954, à l'occasion d'un commentaire de la cinquième *Méditation cartésienne*, Ricœur dit prendre « la liberté de modifier » la traduction de Levinas et Pfeiffer, et de rendre désormais *Leib* par « chair »[1]. La dissociation définitive du *Körper* et du *Leib* qu'il pense pouvoir repérer chez Husserl se voit ainsi justifiée : « Cette totalité isolable (résidu de la deuxième réduction), c'est le corps propre, *mieux appelé la chair* (*Leib*) : à savoir ce corps que je meus, avec lequel je perçois, par lequel je m'exprime ; cette *chair* (*Leib*) sert de pôle de référence à tous les *corps* (*Körper*) »[2]. À partir de ce moment, Ricœur ne dérogera plus à ce choix terminologique, et il affirmera quarante ans plus tard, dans *Soi-même comme un autre*, qu'il faut traduire *Leib* par « chair »[3]. Cette position est

1. P. Ricœur, « Edmond Husserl, La cinquième méditation cartésienne [1954] », *À l'école de la phénoménologie*, Paris, Vrin, 2004, p. 233-272, p. 233, note 1.

2. *Ibid.*, p. 241.

3. P. Ricœur, *Soi-même comme un autre*, Paris, Seuil, 1990.

aujourd'hui largement dominante, et elle est reflétée dans des ouvrages influents[1]. Il est peu surprenant dès lors que l'on ait pris l'habitude depuis, chaque fois que l'on aborde Merleau-Ponty, de considérer que lorsque ce dernier mobilise la notion de « chair » dans son œuvre intermédiaire et puis surtout tardive, il s'agisse simplement d'une reprise de la notion husserlienne de *Leib*. C'est ainsi qu'un commentateur de la première heure, pourtant avisé, a pu soutenir que la notion de « chair » chez Merleau-Ponty est un « terme qui traduit exactement ce que Husserl appelle "Leib" »[2]. Rien n'est pourtant plus inexact et qu'une telle affirmation ait été ressassée à suffisance ne la rend pas plus vraie. De fait, elle est en contradiction flagrante avec ce que Merleau-Ponty lui-même explique, c'est-à-dire que la chair « n'a de nom dans aucune philosophie » (VI 191). Au fil d'une reconstitution méticuleuse, Emmanuel de Saint-Aubert a su apporter la preuve définitive que si Merleau-Ponty emploie effectivement la notion de « chair », il ne conçoit pas celle-ci comme une simple reprise du *Leib* de Husserl[3]. Il est significatif que dans les notes et les cours consacrés à Husserl, *Körper* soit systématiquement traduit par « corps », tandis que Leib reste généralement intraduit – tout au plus trouve-t-on quelques périphrases comme « mon corps », ou encore « corps vivant ». Qu'il n'ait jamais pris le temps de démarquer sa propre notion de « chair » de celle du *Leib*

1. D. Franck, *Chair et corps : sur la phénoménologie de Husserl*, Paris, Minuit, 1981.

2. T. F. Geraets, *Vers une nouvelle philosophie transcendantale*, *op. cit.*, p. 181.

3. E. de Saint-Aubert, *Du lien des êtres aux éléments de l'être*, *op. cit.*, p. 158.

husserlien s'expliquerait selon Saint-Aubert par la raison suivante : « Merleau-Ponty n'a jamais pris la peine de distinguer explicitement la chair du *Leib*, comme si la question d'une éventuelle confusion des deux ne se posait même pas pour lui : non parce qu'il aurait radicalement séparé les deux notions [...], mais parce qu'il n'a jamais considéré la chair comme un concept *emprunté* »[1].

Pourquoi s'appesantir autant sur ces questions philologiques? Parce qu'elles permettent de battre en brèche l'idée, aujourd'hui encore tenace, selon laquelle Merleau-Ponty serait responsable, avec Ricœur, de l'inflexion que connaîtrait la phénoménologie dès les années 1950 depuis le « corps » vers la « chair »[2]. Si pensée de la « chair » il y a, chez Merleau-Ponty, elle ne s'inscrit pas dans une continuité directe avec le *Leib* de Husserl. Mais que faire alors d'une autre lecture encore, celle qui fait de la « chair » merleau-pontienne, sinon un équivalent exact du *Leib* de Husserl, du moins une généralisation de celui-ci, lui conférant dans ses derniers écrits une sorte de portée cosmologique? Il faut reconnaître que Merleau-Ponty lui-même n'est pas totalement innocent quant à cette interprétation : dans son cours sur la Nature, il suggère en effet que la « chair du corps nous

1. E. de Saint-Aubert, *Du lien des êtres aux éléments de l'être*, *op. cit.*, p. 158.

2. Emmanuel Falque a proposé une mise au point instructive sur les circonstances ayant établi, dès les années 1950 et jusqu'à ce jour, la notion de « chair » comme traduction canonique de *Leib* (E. Falque, « Le tournant de la chair », dans C. Picard (dir.), *Incarnation, question ancienne, enjeux actuels. Approches philosophiques et théologiques*, Paris, Classiques Garnier, 2021). Nous nous inscrivons cependant en faux contre l'affirmation selon laquelle « le "tournant de la chair" [ait été] définitivement pris sous l'impulsion de Paul Ricœur et de Maurice Merleau-Ponty, et de toute la phénoménologie à leur suite (en particulier Michel Henry) » (*ibid.*, p. 38).

fait comprendre la chair du monde » (N 280). La chair n'est-elle alors rien d'autre qu'une structure corporelle qui aurait été étendue au monde tout entier ? Faut-il y voir un écho lointain d'un Bergson soutenant que « notre corps [...] va jusqu'aux étoiles »[1] ? Si quelques phrases éparses semblent aller dans ce sens, la grande majorité des passages en question excluent pourtant une telle interprétation. Merleau-Ponty s'interdit expressément de comprendre la « chair » dans les termes d'un hylozoïsme de matrice leibnizienne, où les caractéristiques du vivant seraient simplement transposées au non-vivant (VI 304). Une note de mai 1960 le réitère sans équivoque : « La chair du monde n'est pas se sentir comme ma chair » (VI 298). Plus explicite encore : « La chair du monde n'est pas expliquée par la chair du corps » (VI 298). Comme il précisera ailleurs, la « "chair du monde" n'est pas une métaphore de notre corps au monde. On pourrait dire inversement : c'est aussi bien notre corps qui est fait de la même étoffe sensible que le monde » (NC 211).

Ces quelques citations ne suffiront pas, loin de là, à mettre un terme à un débat qui perdure parmi les études merleau-pontiennes, et il faut reconnaître que le style spéculatif et exploratoire qui caractérise les dernières notes de travail interdit sans doute un verdict définitif. Mais à la lumière de la fortune de la notion de « chair » dans sa réception posthume, on peut se demander si le terme était vraiment des plus heureux, dès lors qu'il est associé à une pensée de l'intériorité que Merleau-Ponty visait précisément à évacuer. À un moment donné, dans le cours sur la Nature, Merleau-Ponty en vient d'ailleurs à envisager lui-même un autre mot pour désigner la chair,

1. H. Bergson, *Les deux sources de la morale et de la religion*, Paris, Puf, 1951.

un autre mot peut-être plus opportun : le sensible. Voici la remarque tout entière : « le sensible est la chair du monde, *i.e.* le sens dans l'extérieur » (N 280). L'origine du sens n'est donc logée dans aucune intériorité inexpugnable, dans un aucune crypte secrète au cœur soit des sujets soit des objets, mais émergerait dans le commerce qui les différencie, dans les interstices de leur relation.

Pourquoi Merleau-Ponty n'a-t-il pas simplement mobilisé la notion du « sensible » ? À ce sujet, nous en sommes réduits à de simples conjectures. Une explication possible est qu'il craignait qu'une telle notion le ramène à une tradition métaphysique qui oppose le sensible à l'intelligible et le sujet à l'objet. Car si la notion du sensible présente l'avantage de pouvoir lui donner une acception aussi bien active que passive (le sensible comme ce qui est tantôt susceptible de sentir et tantôt susceptible d'être senti), elle reste prise dans une polarité dont la pensée du dernier Merleau-Ponty vise à se débarrasser. La chair apparaissait alors peut-être comme une alternative : ni agent sensible ni objet senti, Merleau-Ponty la conçoit manifestement comme un milieu par lequel les êtres sensibles peuvent accéder à la sensibilité, comme le médium opératoire du sensible. En tant que telle, l'étoffe permettant la sensibilité n'est pas spécifique à un être vivant ou à une espèce particulière ni à un seul acte de perception, mais doit appartenir à la structure du monde.

Si le mot « chair » peut encore nous éclairer sur quelque chose, peut-être faut-il chercher du côté, non pas d'une intériorité des entrailles, ni même du corps propre qui m'appartiendrait « en propre », mais d'une condition d'exposition, de retournement permanent vers le dehors, d'un être à vif. Car après tout, si « la chair » doit exprimer quelque chose d'une condition de sensibilité générale, il faut bien que l'être sensible renvoie à un être irritable ou même vulnérable. Rappelons que le *vulnus* – la « blessure » des Latins –, auquel nos langues modernes empruntent leur « vulnérabilité », renvoie à son tour au verbe *vellere* (*vello, velli, vulsum*), autrement dit le fait d'arracher ou de léser, en laissant une plaie ouverte à même la peau ou la membrane (*vellum*). Les êtres de chair seraient donc, si l'on se fie à cette leçon prodiguée par l'histoire du langage, non pas des êtres doués d'une d'intériorité et donc d'une vie psychologique, par opposition à des êtres purement physiques, mais des êtres dont l'extériorité est susceptible d'exposition : autrement dit des êtres dont l'extérieur se laisse ouvrir et qui font l'expérience d'un creux à même leur dehors. Le fruit que l'on dépouille de sa pulpe ne révèle pas un fruit plus véritable, mais juste un noyau sans goût ; le fruit n'est peut-être tout entier que dans cette pulpe qui se répand quand on le fend en son cœur, de même que, pour Merleau-Ponty, le monde sensible est tout entier dans sa « pulpe » (VI 321), dans son épaisseur sans fond.

Or si la chair est extériorité, c'est parce qu'elle est indissociable de la visibilité. Le monde est un espace où des êtres peuvent apparaître dans la mesure où le monde est sensible, et il est sensible dans la mesure où il n'apparaît pas lui-même mais laisse apparaître ces êtres qui accèdent à la visibilité sur fond d'un monde qui n'est toujours qu'en retrait, dérobé du champ perceptif, réfractaire à toute phénoménalisation. Chair serait donc le nom provisoire pour qualifier cet *anonymos*, ni substance, ni matière, ni esprit, qui serait donc plutôt proche d'un « élément » au sens présocratique, une matière générative qui n'aurait pas de lieu assigné mais innerverait les choses. Plus qu'un milieu, mais sans se confondre avec le monde (*Welt*), explique Merleau-Ponty, la chair est à la fois « notion ultime » et tissu sous-jacent à l'Être, « investissement latéral » (VI 266). Dans la mesure où toute chair est développement et enveloppement d'une autre, elle devient l'emblème et la préfiguration d'un sensible enroulé sur lui-même : plutôt que d'interpréter la co-implication du sentant-senti sur le modèle de la réflexivité conceptuelle, Merleau-Ponty inverse l'ordre de priorité et fait de la réversibilité sensible le modèle de la réflexivité tout entière.

L'exemple choisi pour expliciter cette réflexivité préobjective reprend la problématique husserlienne de la main gauche touchant la main droite[1]. Tout en soulignant dès *La voix et le phénomène* que l'auto-affection est en quelque sorte la scène primitive de la phénoménologie[2], Jacques Derrida a cependant manqué que la réciprocité touchant-touché n'était pas uniquement l'ultime stade d'une idéologie de la présence, mais inversement l'exorde d'une philosophie de la non-présence et de la non-transparence. Merleau-Ponty, que Derrida tait de façon presque systématique à travers son œuvre écrite[3],

1. Topos lui-même classique, comme on sait, Husserl ne constituant qu'une étape tardive dans son histoire qui se déploie, pour ne nommer que ses deux extrémités, de Théophraste à Condillac.

2. *Cf.* J. Derrida, *La voix et le phénomène : introduction au problème du signe dans la phénoménologie de Husserl*, Paris, Puf, 1967.

3. Dans un geste qui en dit long, au printemps 1964, peu après la parution posthume du *Visible et l'invisible*, Derrida consacre une séance entière de son cours à la Sorbonne au thème général « Le visible et l'invisible », sans que Merleau-Ponty ne soit mentionné (Cours du 15 mai 1964 à la Sorbonne, Derrida-Archive, UC Irvine).

affirme pourtant déjà ce déphasage primordial dès la *Phénoménologie de la perception* : « Quand je touche ma main droite avec ma main gauche, l'objet main droite a cette singulière propriété de sentir, lui aussi », mais précisément, ajoute-t-il, « jamais les deux mains ne sont en même temps touchées et touchantes. Quand je presse mes deux mains l'une contre l'autre il ne s'agit donc pas de deux sensations que j'éprouverais ensemble, comme on perçoit deux objets juxtaposés, mais d'une organisation ambiguë » (PhP 109). Et de continuer que le sens des « expressions doubles » dont parlait Husserl est bien que « dans le passage d'une fonction à l'autre, je puis reconnaître la main touchée comme la même qui tout à l'heure sera touchante, – dans ce paquet d'os et de muscles qu'est ma main gauche, je devine un instant l'enveloppe ou l'incarnation de cette autre main droite, agile et vivante, que je lance vers les objets pour les explorer » (PhP 109). Le corps, se surprenant lui-même de l'extérieur dans l'amorce d'une activité de connaissance, « ébauche une sorte de réflexion » (PhP 109). Tandis que, dans la soi-disant « philosophie réflexive », l'identité du réfléchissant et du réfléchi assure la parfaite transparence épistémique, la non-coïncidence du touchant et du touché implique un retour sur soi incessant qui ne saurait se résoudre dans un état définitif. Par-delà toute spécularité réconfortante, la réversibilité du touchant-touché en appelle à une réflexion qui ne se possède jamais entièrement, à une réflexion qui, plus que philosophie réflexive du « retour à soi » hégélien (SG 112), est torsion, retournement, retour sur soi.

Pour rendre compte de cette réversibilité toujours imminente et jamais réalisée – c'est là le sens de l'affirmation que la réversibilité est « vérité ultime »

(VI 201) –, Merleau-Ponty développe dans la partie rédigée de *Le Visible et l'invisible* l'idée d'une « surréflexion » exhibant – contre la philosophie réflexive qui, dans sa tour d'ivoire inexpugnable, ne connaît plus d'obstacles – le lien organique de sa genèse (VI 60) et restant de la sorte solidaire de ce « soi, non par transparence » mais « par confusion » (OE 19).

Dès la *Phénoménologie de la perception*, le thème de la « radicalisation » de la réflexion est évoqué, radicalisation entendue comme remontée aux racines, aux origines. « La réflexion ne saisit donc elle-même son sens plein que si elle mentionne le fond irréfléchi qu'elle présuppose » (PhP 280). Mais que signifie ici exactement « mentionner le fond irréfléchi » ? Ne s'agit-il pas d'une autre formulation de ce que les philosophies transcendantales connaissent sous le nom de réflexion sur les « conditions de possibilité » ? Les passages de la *Phénoménologie de la perception* – peu clairs, il faut le dire – pourraient le laisser entendre. Il faudra attendre le chapitre « Réflexion et interrogation » dans *Le Visible et l'invisible* pour que le caractère irréductible de l'irréfléchi à la réflexion soit postulé. À concevoir l'irréfléchi comme quelque chose que la réflexion n'a *pas encore* pensé, on manque doublement de radicalité. Premièrement, parce que, en le considérant comme futur pensable, l'irréfléchi se trouve d'emblée normalisé, aligné sur les autres objets de réflexion, deuxièmement, parce que dans sa volonté de dépasser l'expérience, toute philosophie transcendantale de la réflexion manque non pas de radicalité mais *la* radicalité. Le point de départ n'est pas la suspension, mais la foi dans la perception. En lieu et place d'une philosophie de la réflexion dont la radicalité « déracine » la pensée (VI 66), il faut creuser aux racines de l'être incarné, pratiquer ce qui dès à présent portera le titre de *surréflexion*. Car si je réfléchis, c'est grâce à mon corps, au partage d'un même horizon avec autrui, à un lien perceptif qui me relie au monde et qui n'est pas réductible à une simple opération discursive. Réfléchir sur la réflexion ne consiste donc pas tant en l'ajout d'un degré d'abstraction. Il faut au contraire que la surréflexion « s'enfonce dans le monde au lieu de le dominer, qu'elle descende vers lui tel qu'il est au lieu de remonter vers une possibilité préalable de le penser » (VI 60). Au lieu de me replacer « à l'origine d'un spectacle que je n'ai pu avoir que parce que, à mon insu, je l'organisais » (VI 67), c'est le point de départ de la réflexion qui se trouve déplacé dans l'expérience de l'« adversité des choses » (VI 67). Car *il y a* bien « du » monde, et chaque fois que quelque chose nous apparaît, en tant qu'apparaissant, ce quelque chose existe, bref : *il est*. Ontologiser la réflexion ne signifie dès lors rien d'autre que de réfléchir sur l'être dont procède la réflexion, cet être qui à la fois *est pour moi* et *dont je suis* tout autant. Un « Être de promiscuité », un « être d'enveloppement » (SG 30), un être auquel je suis inhérent, mais à la fois et sans jamais y renoncer aussi un être qui m'apparaît, un être se phénoménalisant et se donnant dans un dehors qui est toujours en retrait.

Pour penser ce caractère double, Merleau-Ponty fait usage de la figure rhétorique du chiasme. À l'image de la lettre de l'alphabet grec χ (=chi) dont le nom de la figure est dérivé, le chiasme est constitué de ligatures a-parallèles qui se rejoignent néanmoins en un centre nodal qui exhibe l'interdépendance de ce qu'il relie.

Dans le cas de figure le plus simple, le chiasme articule la relation de recroisement simultané entre quatre termes que l'on pourrait placer dans les angles d'un carré :

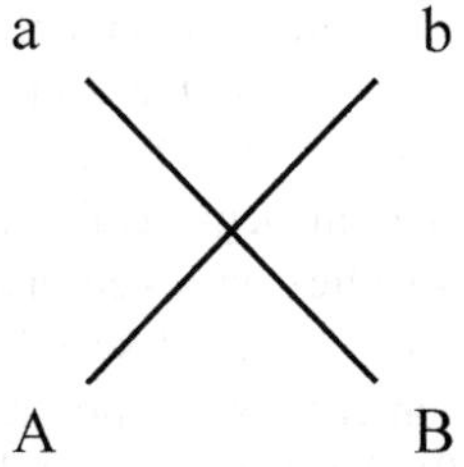

Mais ce serait oublier que, dans son usage poétique et rhétorique, le chiasme n'est jamais visible en tant que schéma global mais se déploie au contraire dans le temps de la lecture ou de l'écoute. Dans le bref mais extraordinaire *À une passante* de Baudelaire, on trouve ce chiasme qui pourrait passer presque inaperçu :

Car j'ignore où tu fuis, tu ne sais où je vais

Nous sommes tout d'abord face au chiasme le plus courant, le chiasme grammatical : la paire de pronoms personnels *je – tu* de la première partie est renversée dans la seconde en *tu – je*. S'y ajoute un chiasme sémantique (*ignorer/ne pas savoir – fuir/aller*) qui souligne, au cœur même de la répétition, ce qu'elle altère. Au vers suivant, Baudelaire confirme la complicité née dans l'instant furtif de cette rencontre fortuite :

Ô toi que j'eusse aimée, à toi qui le savais !

L'entrelacement des deux personnes en ce point de croisement passager demeure, mais il se fait de plus en plus virtuel, tant les deux mouvements (*aller-fuir*) sont centrifuges et divergents. Les verbes utilisés par Baudelaire au vers précédent en prennent alors un sens nouveau où la dimension spatiale se mue en espace temporel. *Car j'ignore où tu fuis, tu ne sais où je vais* – c'est toute une dimension existentielle qui est désormais déployée si l'on entend dans ce *où tu fuis* un effet paronymique d'un *où tu fus*, l'être au passé simple, c'est-à-dire l'histoire impénétrable de la passante anonyme précédant la rencontre, tandis que *où je vais* indique les horizons futurs et inscrutables du narrateur.

L'exemple baudelairien manifeste les caractéristiques principales du chiasme rhétorique que Merleau-Ponty garde dans son idée de chiasme ontologique. La relation intime entre les termes indique une co-implication simultanée (« L'idée du chiasme, c'est-à-dire : tout rapport à l'être est simultanément prendre et être pris », VI 313). Mais d'autre part, le chiasme n'est pas reconductible à un schéma structural dans lequel les termes pourraient être intervertis à volonté. Si c'était le cas, la notion merleau-pontienne de chiasme tomberait effectivement sous le coup de la critique de Levinas, qui reprochait déjà à Merleau-Ponty de ne jamais quitter réellement le domaine du Même, lorsqu'il tentait de repérer l'hétérogène dans la main droite touchant la main gauche. Plutôt que de vouloir étendre la structure du touchant-touché à l'extériorité du monde, Levinas proposait au contraire de penser la rencontre sensible comme celle de deux mains appartenant à deux corps irréductiblement différents. En un sens, Levinas reproche donc à Merleau-Ponty d'être resté trop husserlien. On constatera toutefois que dans ces deux articles où il se réfère directement à lui – deux articles datant respectivement de 1983 et 1984 –, il n'affronte jamais directement *Le visible et l'invisible* ni l'idée de réversibilité[1]. Comme si les développements que l'on trouve dans l'écrit tardif de Merleau-Ponty opposaient trop de résistance au schéma simplificateur employé par Levinas, et qui doit peut-être encore trop à l'interprétation de Michel Henry sur l'auto-affection de la main touchante-touchée. Car dans les faits, Merleau-Ponty est loin d'un tel schéma où l'expérience sensible garantirait le retour au propre. La notion de réversibilité merleau-pontienne se distingue ainsi nommément de celle qu'emploie Levinas lui-même dans *Totalité et infini*, en 1961, où la réversibilité n'est autre qu'une énième figure de la métaphysique identitaire, pour laquelle « les termes se lisent indifféremment de gauche à droite et de droite à gauche »[2]. Rien de tout cela chez Merleau-Ponty, pourtant. Raison pour laquelle il est essentiel de souligner encore une fois pourquoi le chiasme ne peut pas se résumer à une telle figure de réversibilité spéculaire.

Il y a bien une perspectivité du chiasme qui fait en sorte qu'on ne peut l'envisager – le déploiement temporel en témoigne – que selon l'un des termes de son rapport. À côté d'une simultanéité de co-appartenance, il y a donc bien une asymétrie dans toute relation (dont Levinas a dégagé les enjeux éthiques) de type a → B / B → a qui se trouve elle-même littéralement compliquée dans la mesure où le chiasme ne permet pas de déterminer définitivement une position « supérieure » et une position « inférieure ». Dans la relation chiasmatique, l'asymétrie est redoublée en croix (a → B / B → a | A → b / b → A), garantissant ainsi une divergence dans l'inhérence, une

1. E. Levinas, « De l'intersubjectivité. Notes sur Merleau-Ponty [1983] », et « De la sensibilité [1984] », dans E. Levinas, *Hors sujet*, Montpellier, Fata Morgana, 1987.

2. E. Levinas, *Totalité et infini*, *op. cit.*, p. 24.

non-coïncidence dans le simultané. La pensée du dernier Merleau-Ponty mobilise ainsi de nombreuses figures tirées de la topologie, et insiste sur une logique de la précession réciproque de ses éléments[1]. Toute velléité d'indiquer le terme premier, ou encore un rapport de subordination causale, devient impossible dans un tel mouvement d'anticipation réciproque où la primauté ne dépend *in fine* que du point de vue adopté. Ce n'est qu'à condition d'appréhender la topologie dans sa dimension proprement temporelle que le chiasme pourra déployer toute sa puissance.

L'élaboration de l'idée de chiasme constitue ainsi peut-être une des voies les plus abouties pour échapper au *clinamen* de la transparence, qui entraîne inévitablement toute pensée dans sa conflagration avec soi. En maintenant l'idée d'une situation originaire d'entrelacs, la phénoménologie procédant selon l'image du chiasme offre plus de résistance à la tentation, inévitable, du réductionnisme. Dénouer définitivement la relation, la ramener à des rapports cristallins, équivaut à la perdre définitivement. Au lieu de trancher le nœud gordien, la nouvelle ontologie du chiasme préfère s'enfoncer encore plus profondément dans le nouage de l'expérience sensible où se dessine une dimensionnalité de co-appartenance dans la non-coïncidence, une cohésion qui n'est pas le produit d'une reconstruction conceptuelle après-coup mais d'une cohésion d'adhérence sans concept. Sans renoncer pour autant à l'idéalité de la réflexion – préalable de tout écart vis-à-vis du donné –, car ce serait se méprendre sur son essence que de la localiser dans le supra-sensible : « il y a une idéalité rigoureuse

1. Sur l'importance du concept de précession, *cf.* M. Carbone, *La chair des images*, Paris, Vrin, 2011, p. 116-127.

dans des expériences qui sont expériences de la chair; les moments de la sonate, les fragments du champ lumineux, adhèrent l'un à l'autre par une adhésion sans concept » (VI 196). De la sorte, la nouvelle ontologie – ontologie de l'adhérence, ontologie de « l'être dans l'étant – n'analysera pas seulement le sensible comme objet privilégié; elle y trouvera le modèle de sa propre armature. D'une refondation ontologique du sensible, on s'achemine vers une description esthésiologique des membrures de l'Être.

TOUCHER LE VISIBLE

« Touchant et se toucher (se toucher = touchant-touché). Ils ne coïncident pas dans le corps » note Merleau-Ponty en mai 1960, en ajoutant néanmoins : « Cela ne veut pas dire qu'ils coïncident "dans l'esprit" ou au niveau de la "conscience". Il faut quelque chose d'autre que le corps » (VI 302). Quelque chose d'autre que le corps « pour que la jonction se fasse » (VI 302). Merleau-Ponty introduit alors une notion surprenante : cet autre que le corps où la jonction s'opère, c'est « l'*intouchable* » (VI 302). Catégorie dérangeante à première vue, tant elle est lourde de présupposés, à la fois métaphysiques et religieux. Merleau-Ponty s'empresse donc de préciser qu'il ne s'agit pas de la négation (normative ou logique) du toucher : « L'intouchable, ce n'est pas un touchable en fait inaccessible » (VI 302)[1].

1. Formulation qui rappelle la solution husserlienne qui décrit l'étranger en termes d'une « accessibilité de ce qui est originairement inaccessible » (*Zugänglichkeit des original Unzugänglichen*) (Hua I, p. 144).

Au-delà d'une symétrie entre touchant-touché qui, par enveloppement réciproque, garantit leur réversibilité, il y a bien quelque chose qui, dans le tangible, résiste à l'inversion totale et que Merleau-Ponty désigne par le terme d'« intouchable ». Tout se passe donc comme si, dans le toucher, il y avait une dimension d'imperception, un *punctum caecum* irréductible, une « cécité » qui fait signe vers l'autre côté ou *envers* de l'Être sensible (VI 303). Il est frappant d'observer que la question du tact déborde invariablement sur une métaphorique, voire une problématique de la vision, et qu'inversement cette problématique du visible soit continuellement ramenée à un registre sémantique du toucher[1].

Quel est le sens de ce chiasme établi entre le tangible et le visible ? Ces deux ordres se valent-ils réellement ? Jacques Derrida relevait judicieusement que, dans cette même note de mai 1960, Merleau-Ponty ajoutait à la question de l'intouchable une parenthèse sur l'invisible. « L'intouchable (et aussi l'invisible : car la même analyse peut être répétée pour la vision… » – la parenthèse de l'invisible ne sera jamais refermée, pas plus qu'il n'y aura eu de retour à l'intouchable[2]. Pour autant, la question demeure : pourquoi parmi les nombreux titres envisagés pour son deuxième grand ouvrage, Merleau-Ponty ne

1. La formule de la « palpation par le regard » remonte déjà à la *Phénoménologie de la Perception* (par exemple PP 243) et se prolonge dans *Le Visible et l'invisible* (VI 175). La continuité tact-vision est également motivée : « Le fait même que la vision véritable se prépare au cours d'une phase de transition et par *une sorte de toucher avec les yeux* ne se comprendrait pas s'il n'y avait un champ tactile quasi spatial, où les premières perceptions visuelles puissent s'insérer » (PhP 258).

2. J. Derrida, « Tangente III », dans *Jean-Luc Nancy. Le toucher*, Paris, Galilée, 2000.

retint jamais *Le tangible et l'intouchable* ? Est-il vrai que toute son œuvre conflue dans la question de « Qu'est-ce que voir »[1] ? Des réflexions comme celle-ci « Certes notre monde est principalement et essentiellement visuel ; on ne ferait pas un monde avec des parfums ou des sons » (VI 114 *sq.*) semblent en tout cas ne laisser aucune ambiguïté. Derrida aurait-il alors raison quand – contre l'opinion qui voudrait que Merleau-Ponty ait réhabilité les sens tactiles – il accuse celui-ci d'être encore un représentant ultime de la « métaphysique photologique » qui, depuis Héraclite[2] ou Aristote[3], privilégie la vision au détriment des autres sens ?

Pour pouvoir répondre à cette question, il faut avant tout questionner le rapport entre la vue et le toucher, et sa redéfinition implicite dans l'interprétation des *Ideen* II de Husserl. Dans *Le philosophe et son ombre*, Merleau-Ponty s'intéresse en particulier aux § 36 et § 37 des *Ideen* II où Husserl détaille comment au niveau du corps vécu à la première personne, la distinction entre sujet et objet se trouve comme « brouillé » par le fait que mon corps est *double*, à la fois chose physique et source de sensations. Quand la main droite touche la main gauche, celle-ci cesse d'être un simple objet physique (*bloß physisches Ding*) pour « devenir corps

1. C'est ce que soutient C. Lefort, « Qu'est-ce que voir ? », dans C. Lefort, *Sur une colonne absente. Écrits autour de Merleau-Ponty*, Paris, Gallimard, 1978, p. 140-155.

2. Pour Héraclite, les yeux sont les témoins les plus aigus (ακριέστεροι μάρτυρες) (Diels-Kranz Fr. 22, B 101). Le même topos revient chez Platon (*Phèdre* 250d).

3. *Cf.* le célèbre début de la Métaphysique : « De toutes les sensations, on préfère celle qui est exercée à travers les yeux » (*Métaphysique* A 1, 980a 21).

propre » (*es wird Leib*)[1]. Dans le dépassement du dualisme conscience constituante-monde constitué, le dernier Husserl attribue donc indéniablement un statut privilégié au toucher : statut qu'il refuse à la vision. En effet, il y a dans l'expérience primordiale (l'*Urerlebnis*) de la main touchante-touchée une expérience de la constitution pas tant dualiste que bifaciale du corps propre ; expérience que Husserl étendra ensuite aux corps autres (*Fremdkörper*) et à la nature. Dans cette perception emblématique, ira-t-il jusqu'à écrire dans les *Méditations cartésiennes*, « j'ai l'expérience de mon propre corps qui par une espèce de "réflexion" se rapporte à lui-même »[2]. Non seulement tout se passe comme si cette réflexion antéprédicative pouvait « se jouer hors de la sphère visuelle » ; Husserl va même jusqu'à nier la qualité réflexive au regard. Si l'on imaginait, le temps de l'hypothèse, un sujet purement oculaire, celui-ci ne saurait avoir aucun corps phénoménal, car son corps lui apparaîtrait comme chose purement matérielle[3]. D'emblée, le regard sépare donc la sphère locale du corps propre sentant de la sphère objectale du sensible perçu ; inutile par ailleurs d'invoquer l'exemple de la perception dans le miroir, du fait que ce n'est qu'après-coup que je reconstitue l'œil voyant, indirectement et par intropathie (*Einfühlung*). Par conséquent, la vision jamais ne pourra atteindre cette réversibilité du touchant et du touché, jamais je ne peux percevoir l'œil voyant en tant que voyant (*das sehende Auge als sehendes*)[4]. Si je peux toucher ma main touchante, l'œil qui m'apparaît dans le

1. E. Husserl, *Idées*, *op. cit.*, p. 207.
2. E. Husserl, *Méditations cartésiennes*, *op. cit.*, p. 81.
3. E. Husserl, *Idées*, *op. cit.*, p. 213.
4. *Ibid.*, p. 211 (note).

miroir ne se présente pas comme voyant mais comme élément visuel parmi d'autres. Pour Husserl, il y a donc expressément un privilège (*Vorzug*) du toucher sur les autres sens – et même sur ce sens, la vue, considéré depuis Aristote nomme « le plus noble »[1] – et dans le § 37, dédié aux « différences entre domaine visuel et tactile », il s'efforcera de récuser la transposition de qualités tactiles sur le regard : « Sans doute dit-on parfois que "l'œil, en jetant un regard sur l'objet, le touche, pour ainsi dire". Mais nous remarquons aussitôt la différence »[2].

Si l'on peut donc parler d'une « ruine du parallélisme entre vision et toucher », opérée par Husserl[3], comment expliquer que Merleau-Ponty restaure, sans mot dire, ce parallélisme ? Et que de surcroît, il étaye ce parallélisme entre vision et toucher sur l'exemple introduit par Husserl ? Car, tout en constatant dans une note que vision et toucher sont « non superposables », que l'« un des univers [est] en porte-à-faux sur l'autre » (VI 304), il reste incontestable que Merleau-Ponty rétablit ce parallélisme : « On ne saurait toucher ou voir sans être capable de se toucher ou de se voir » (SG 23-24)

1. Position qui est beaucoup moins inhabituelle qu'on pourrait le penser. Martin Jay rappelle que depuis le commentaire du *De anima* par Simplicius, tout un courant de pensée dont on peut suivre les traces jusqu'au XVIIIe siècle considère le toucher comme le maître-sens, aux dépens de la vision. M. Jay, *Downcast Eyes. The Denigration of Vision in Twentieth Century French Thought*, Berkeley (CA), University of California Press, 1993, p. 34-35 en particulier.

2. E. Husserl, *Idées II*, *op. cit.*, p. 210.

3. Nous empruntons cette formule à l'article lumineux de Françoise Dastur, « Monde, chair, vision » dans

F. Dastur, *Chair et langage : Essais sur Merleau-Ponty*, Paris, Encre Marine, 2001.

ou encore lorsqu'il est question d'une « réversibilité du voyant, du touchant et du touché » (VI 194). Or non content de rétablir le parallélisme, Merleau-Ponty ira plus loin encore, et finira par renverser les priorités, remplaçant le « privilège ontologique surprenant » du toucher de Husserl par un « privilège exorbitant » de la vision[1]. Encore faut-il s'entendre sur ce que signifie ce renversement, le privilège donné à la vision n'impliquant pas encore nécessairement un retour à un « oculocentrisme » d'une métaphysique de la présence. Quand Merleau-Ponty fait de la chair un « visible par excellence », il tente – et le sort de la phénoménologie se joue ici dans les moindres nuances – de ménager à la fois un sensible d'*inhérence* et un sensible *à distance*. Rappelons que l'expérience du touchant-touché avait permis à Husserl de dépasser le dualisme entre sensation subjective et perception objective, présente dans l'épistémologie de tradition helmholtzienne, vers la caractérisation d'un corps propre (*Eigenleib*) non plus constitué mais auto-constituant. Or, Husserl se rend compte que si une telle approche peut rendre compte de l'« archi-présence » (*Urpräsenz*) immédiate, elle est incapable de décrire la donation dans la « co-présence », voir l'« absence ». Cette approche « du dedans » reste prisonnière, notera Husserl dans le § 42, dans une position solipsiste. À côté de cette phénoménologie de l'*Urpräsenz*, Husserl développera, sur le modèle de la vision, une phénoménologie de l'« apprésentation » (*Appräsenz*) où la sensation en corps propre n'est obtenue qu'a posteriori, par intropathie (*Einfühlung*).

1. *Ibid.*, p. 97. Formules sur lesquelles revient également J. Derrida, *Le toucher*, *op. cit.*, p 226 et *sq.*

C'est précisément à cette aporie entre solipsisme et naturalisme – aporie que Husserl n'avait pas résolu en juxtaposant les deux – que s'attaque le dernier Merleau-Ponty. La non-coïncidence n'est pas à chercher dans la séparation ou l'absence, elle est au cœur même de l'expérience du sentant-senti. Contre une philosophie de l'archi-présence pure, telle qu'elle se dessine dans la description husserlienne du corps touchant-touché, Merleau-Ponty lui confère la caractéristique de la vision, à savoir l'écart constitutif entre voyant et visible : « [l]a vision n'est pas un certain mode de la pensée ou présence à soi : c'est le moyen qui m'est donné d'être absent à moi-même, d'assister du dedans à la fission de l'Être » (OE 81). Quand il détermine la chair comme visibilité par excellence, c'est donc tout le contraire d'un retour à une pensée héliotropique de la saisie immédiate : bien plutôt il s'y dessine une ontologie de l'absence dans la présence, d'inhérence dans la distance. Ceci implique une redéfinition du sens du toucher. Celui-ci cesse d'être l'emblème d'un rapport d'auto-affection où le Même viendrait toucher au Même et coïnciderait avec soi dans une synthèse ultime. À l'instar de la vision, où la tentative d'une circularité parfaite est toujours vouée à l'échec – circularité d'un « voir se voir » donc qui n'aurait pas recours à un miroir ou au témoignage d'un tiers – Merleau-Ponty souligne que l'épreuve de la main droite touchant la main gauche s'interrompt toujours au dernier moment. « Ma main gauche est toujours sur le point de toucher ma main droite en train de toucher les choses, mais je ne parviens jamais à la coïncidence ; elle s'éclipse au moment de se produire » (VI 194). Plus qu'une promesse d'un retour à soi, à une sphère de Mêmeté où sujet et objet se confondent, le régime de la tactilité se révèle à son tour traversé par la non-coïncidence et par un écart originaire. L'être touchant et l'être touché « ne coïncident pas dans le corps : le touchant n'est jamais exactement le touché » (VI 307). À l'instant même où se dessine la correspondance ultime, la synthèse finale de soi avec soi, un écart se creuse et un retournement se produit. En un certain sens, on peut donc soutenir que, chez Merleau-Ponty, le modèle du toucher, c'est la vision. En ceci, sa conception constitue l'exact négatif (au sens pour ainsi dire photographique du terme) de Descartes, dont il dit dans *L'œil et l'esprit* que le modèle « de la vision, c'est le toucher » (OE 37). Il faudra revenir sur ce chiasme surprenant, mais pour mieux comprendre son sens, et cerner la portée de ce projet croisé où toucher le visible devient voir le toucher, et vice versa, il faut d'abord recontextualiser, et revenir aux circonstances qui amènent Merleau-Ponty à se replonger avec tant de minutie dans l'œuvre de Descartes, et notamment dans son traité sur la dioptrique.

Dans le plan daté de janvier 1959 qui porte encore le titre de l'ouvrage annoncé dès 1952, *Origine de la vérité*[1], Merleau-Ponty annonce une « réflexion sur les ontologies de Descartes – le “strabisme” de l'ontologie occidentale » (VI 217)[2]. Réduit aux conjectures quant au sens de ce trait (d'union ou de séparation, d'identité ou de

1. Ce titre apparaît en effet déjà dans *Le métaphysique dans l'homme* (SNS 115) : « Il y aurait évidemment lieu de décrire précisément le passage de la foi perceptive à la vérité explicite telle qu'on la rencontre au niveau du langage, du concept et du monde culturel. Nous comptons le faire dans un travail consacré à *L'Origine de la vérité* ».

2. Ces réflexions faisant écho à un ensemble d'inédits non datés de fin 1958 intitulés « Le complexe de l'ontologie occidentale ou Le complexe ontologique cartésien ».

juxtaposition), l'interprète ne pourra en revanche passer à côté du pluriel que Merleau-Ponty confère à l'ontologie cartésienne. La divergence des positions ontologiques chez Descartes pourrait-elle éclairer cette ambivalence qui semble caractériser l'ontologie occidentale ? Avant de pouvoir répondre à cette question, il convient de préciser que le dernier Merleau-Ponty ne se découvre pas soudain historien de la philosophie. Comme il précise dans le dernier cours de 1960-1961, *L'ontologie cartésienne et l'ontologie d'aujourd'hui*, il ne s'agit guère de restituer « ce que Descartes a dit dans l'ordre où il l'a dit, en réponse à ses problèmes », comme l'entendait Martial Guéroult[1], ni encore de lui imposer « nos problèmes » (NC 223). Qu'il n'y ait aucun philosophe de la tradition sur lequel Merleau-Ponty ne soit revenu avec plus de persistance – depuis les premiers chapitres de la *Phénoménologie de la perception* jusqu'à la *Dioptrique* ouverte sur sa table de travail à l'instant de sa mort[2] – s'explique peut-être par cette résistance que lui offre la pensée cartésienne, due à la fois à l'extrême proximité dans les questions et à la suprême distance dans leur traitement. On ne peut que rester frappé, lorsque l'on aborde l'interprétation merleau-pontienne de Descartes, de constater à quel point la question de la vision traverse

1. Malgré cette prise de distance, on sait toute l'importance que joua l'étude de Guéroult, *Descartes selon l'ordre des raisons*, dans la réactivation de ses lectures cartésiennes. L'étude que Guéroult dédicace et envoie au nouvel élu au Collège de France dès juin 1953 fera l'objet d'une étude approfondie à partir de 1956, ce dont témoignent, d'après Emmanuel de Saint-Aubert, les nombreuses notes en marge. *Cf.* E. de Saint-Aubert, *Le scénario cartésien*, *op. cit.*

2. *Cf.* les notes de travail trouvées sur son bureau le 3 mai 1961 (MBNF XIX, fol. 54-87).

celle-ci à la manière d'un fil conducteur. Que ce soit dans un cadre épistémologique comme dans le chapitre sur le cogito dans la *Phénoménologie de la perception*, dans le cadre d'une réflexion sur les sciences à l'instar de *L'Œil et l'esprit* ou encore dans le contexte ontologique des notes de cours et de celles pour *Le Visible et l'invisible*, le nom de Descartes semble pour Merleau-Ponty associé à une certaine *vision* des choses, vision qui se perpétue bien au-delà du personnage historique pour devenir le soubassement même de la tradition occidentale. En quoi consiste alors ce « strabisme », cette vision bifide ?

On le sait : dès *La structure du comportement*, l'argumentation merleau-pontienne consiste à identifier des dualismes conceptuels auxquels il donnera tour à tour les noms d'intellectualisme et d'empirisme, d'intuitionnisme et de naturalisme, de criticisme et de positivisme. Privilégier un terme sur l'autre, ce serait encore se mouvoir sur le terrain d'une « mauvaise dialectique », pour parler avec Hegel, où, aucune position ne pouvant contenir son contraire, celle-ci demeure instable au sens que les chimistes donnent au mot, elle se retourne sans cesse, rendant précisément toute *position* impossible. La dialectique hégélienne de la synthèse elle-même n'y échappe pas, par ailleurs, dans la mesure où elle présuppose encore un point de vue de surplomb – celui du savoir absolu – à partir duquel la synthèse pourrait être effectuée. Pour échapper à cette position équivoque, Merleau-Ponty pratique donc dès le départ ce qu'il appellera plus tard une « hyperdialectique » – et qui serait peut-être, par différence à Hegel, plutôt une *infra-* ou *hypo*dialectique –, qualifiée déjà très tôt par les commentateurs de « philosophie de l'ambiguïté »[1]. Or, les derniers écrits indiquent que Merleau-Ponty cherchait à donner un autre fondement – à la fois historico-philosophique et ontologique – à cette ambiguïté, laquelle prendra, à la suite d'une analyse de la vision chez Descartes, le nom de dualisme visuel ou « diplopie ». Merleau-Ponty considère en effet que la philosophie de Descartes marque l'exorde de la métaphysique binaire, métaphysique que, loin de la refuser en bloc, il creusera pour mettre au jour les causes du dualisme[2].

Le scandale que pose pour Descartes la vision charnelle réside dans le fait qu'elle constitue une « action à distance », distance qui est tant son vice que sa vertu (OE 37). Les différents textes, de la *Dioptrique* jusqu'aux *Règles* et aux *Méditations*, traduiraient alors le besoin d'exorciser les spectres qu'elle produit (OE 36). L'« énigme de la vision », cette chose qui n'est ni ici ni ailleurs, mais proprement « ubiquitaire », fera l'objet d'un redoublement interne, afin de l'insérer une fois parmi les choses étendues et une autre parmi les choses de l'esprit. Grâce à l'émergence de la physique nouvelle,

1. L'expression est forgée en 1947 par le cartésien François Alquié (« Une philosophie de l'ambiguïté : l'existentialisme de Maurice Merleau-Ponty », *Fontaine* 59, 1947 et reprise par A. de Waelhens, *Une philosophie de l'ambiguïté. L'existentialisme de Maurice Merleau-Ponty*, Leuven, Publications universitaires, 1951.

2. De toute évidence, Merleau-Ponty s'est ici, une fois de plus, inspiré de Valéry décrivant, dans une note de 1924 contenue dans les *Cahiers*, le portrait de Descartes réalisé par Frans Hals (1649, Paris, Louvre). Le sourcil droit est relevé – détail interprété généralement comme un signe du doute. Valéry y voit au contraire un « déséquilibre » trahissant une « dualité du regard ». P. Valéry, *Cahiers*, J. Robinson-Valéry (éd.), « Bibliothèque de la Pléiade », Paris, Gallimard, 1973, 2 vol., vol. I, p. 598.

Descartes pense pouvoir en finir avec la mixtion physico-mentale qu'il voit à l'œuvre dans l'aristotélisme dominant jusqu'au XVIe siècle. Le terme d'*aistheton*, central pour le *De anima* et qu'il faudra traduire par « sensible »[1], fait l'objet d'une division interne en perception physique et en sensation mentale. Se référant à la célèbre analogie cartésienne de la vision avec le bâton de l'aveugle[2], Merleau-Ponty affirme dans *L'Œil et l'esprit* – comme on l'a déjà évoqué – que le « modèle cartésien de la vision, c'est le toucher » (OE 37), ou, plus exactement, comme il dira dans le cours, le toucher au sens de « contact » (NC 177). La vision devient alors un pur procédé mécanique, le relief perceptif se constituant – d'après le modèle du bâton qui glisse sur les arbres, les pierres, le sable[3] – par degrés de résistance. Tout comme la dureté du mur conditionne la manière dont rebondit la balle, la vision se forme en fonction de l'opacité des choses. En dehors des quantités telles que « longueur, largeur et profondeur », nul besoin donc de qualités sensibles dans cette explication physicaliste[4]. Pour se défendre de la sixième objection des théologiens

1. Le grec ancien ne connaissant aucun mot pour « sensation » au sens strict.

2. R. Descartes, « Dioptrique [1637] », dans R. Descartes, *Discours de la méthode et Essais* [*OC III*], Paris, Gallimard, 2009, vol. III. [=AT VI, p. 84-86].

3. *Ibid.*, p. 153-154 [=AT VI, 89-1].

4. R. Descartes, « Réponses aux sixièmes objections », 10, dans R. Descartes, *Méditations métaphysiques* [*suivi de*] *Objections et réponses, I à VI*, J.-M. Beyssade et D. Kambouchner (éd.), Paris, Gallimard, 2018, p. 632 [=AT IX-1, 239] : « je reconnus qu'il n'y avait rien qui appartînt à la nature ou à l'essence du corps, sinon qu'il est une substance étendue en longueur, largeur et profondeur, capable de plusieurs figures et de divers mouvements ».

lui reprochant de réduire l'homme à une machine, Descartes réintroduit la sensation en la localisant cette fois dans l'esprit humain et en lui niant toute existence « hors de ma pensée »[1]. Dès lors, toute qualité sensible doit être détachée d'un rapport quelconque avec l'objet perçu pour être au contraire pensée sur le mode de l'idée qui, comme on sait, n'arbore aucune ressemblance avec ce qu'elle désigne. Entre le contact aveugle et l'*intuitus mentis* clair et distinct, la vision de fait, la perception « en acte » (OE 54), ne saurait avoir de place[2].

De la sorte, on trouverait chez Descartes la source du dualisme qui sous-tend la tradition occidentale, celle qui sépare le tissu phénoménal en deux pôles opposés mais non moins complémentaires. Entre un monde d'objets capitonnés dans leur opacité massive et les strates d'une idéalité transparente, il n'y a qu'une contradiction apparente. « La philosophie est rabattue sur le plan unique de l'idéalité ou sur celui de l'existence » laissant uniquement le choix entre « adéquation interne de l'idée ou identité à soi de la chose » (VI 166 *sq.*). Une fois de plus, la solidarité des opposés – relevée dès *La structure du comportement* – se manifeste également sur le plan ontologique : « cette distance infinie, cette proximité absolue expriment de deux façons, survol ou fusion, le même rapport à la chose même » (VI 166). Un

1. *Ibid.* « que les couleurs, les odeurs, les saveurs et autres choses semblables, n'étaient rien que des sentiments qui n'ont aucune existence hors de ma pensée, et qui ne sont pas moins différents des corps que la douleur diffère de la figure ou du mouvement de la flèche qui la cause ».

2. *Cf.* le chapitre « *L'aisthêsis* comme l'impensé de Descartes » dans J. Slatman, *L'expression au-delà de la représentation. Sur l'aisthêsis et l'esthétique chez Merleau-Ponty*, Louvain-Paris, Peeters-Vrin, 2001.

même rapport qui assoit une métaphysique unique, celle que Merleau-Ponty qualifiera aussi de métaphysique de la coïncidence (VI 167). En finir avec celle-ci, c'est alors faire le deuil de toute velléité de transparence, et renoncer à tout ce qui relève du « retour à l'immédiat, la coïncidence, la fusion effective avec l'existant, la recherche d'une intégrité originelle, d'un secret perdu et à retrouver, qui annulerait nos questions » (VI 160). Pour ébranler cette pensée de la fusion ultime, aveugle au fait que toute « vision est télé-vision » (VI 321), et que le toucher est d'emblée écart, il faudrait donc revenir à l'ambiguïté manifestée dans le sensible, « revenir à cette idée de la proximité par distance » – idée déjà présente dans la réflexion sur le langage[1] –, « de l'intuition comme auscultation ou palpation en épaisseur » (VI 168), bref dépasser l'ontologie strabique des deux plans par une ontologie enracinée dans l'expérience sensible.

RÉVERSIVISIBILITÉ : UNE ONTOLOGIE PERSPECTIVISTE

Dès 1954-1955, Merleau-Ponty avait envisagé la voie d'une « ontologie phénoménologique » (IP 176). Reste à savoir ce qu'un tel cheminement implique. Peut-on réellement dire en quoi consiste l'expérience dans son essence ? C'est du moins la question que pose Merleau-Ponty à la suite d'une réflexion sur la réduction et la variation phénoménologique : « Pour réduire vraiment

1. Dans la *Prose du Monde*, Merleau-Ponty écrit que « dans le langage, la vérité est non adéquation, mais anticipation, reprise, glissement de sens, et ne se touche que dans une sorte de distance » (PM 180 *sq.*). L'intérêt pour le langage aura déjà été motivé auparavant par le fait que celui-ci représente un type d'« action à distance » (SG 144).

une expérience en son essence, il nous faudrait prendre envers elle une distance qui la mît tout entière sous notre regard avec tous les sous-entendus de sensorialité ou de pensée qui jouent en elle, la faire passer et nous faire passer tout entiers à la transparence de l'imaginaire, la penser sans l'appui d'aucun sol, bref, reculer au fond du néant » (VI 147 *sq.*). Saisir l'essence impliquerait la possibilité d'une « variation totale », qui présuppose à son tour l'extraction de toute appartenance pour se placer du point de vue du néant lui-même. Tout étant se détacherait dès lors sur le fond d'un néant entendu comme non-être et déterminant tout étant comme être positif. La chose ainsi définie comme positivité, identité à soi, plénitude, « ce n'est pas la chose de notre expérience, c'est l'image qu'on en obtiendrait en la projetant dans un univers où l'expérience ne se nouerait sur rien, où le spectateur se détournerait du spectacle, bref, en la confrontant avec la possibilité du néant » (VI 213). La métaphysique de la coïncidence reposerait de fait sur une utilisation abusive du principe de raison suffisante, autrement dit, dans la formulation célèbre de Leibniz : pourquoi donc quelque chose existe *plutôt que rien*? Un tel questionnement tombe sous le chef de ce que Bergson qualifiait de *faux-problèmes*, la forme interrogative masquant que, sous l'alternative entre existence et néant se cache la thèse d'un néant préalable, venant *plus tôt*[1]. Si Sartre avait également poursuivi une destruction de l'ontologie objectiviste, il restait prisonnier, dans *L'Être et le*

1. H. Bergson, *L'évolution créatrice*, Paris, Puf, p. 277-298. Pour une comparaison entre la critique du néant bergsonien et la question de la réduction phénoménologique, R. Barbaras, « La réduction phénoménologique comme critique du néant », dans R. Barbaras, *Le désir et la distance*, *op. cit.*

Néant, d'une conception positive de l'être, précisément parce qu'elle reposait encore sur la position d'un néant préalable. Or c'est encore – d'après Merleau-Ponty – invertir l'ordre, étant donné qu'on ne saurait faire l'expérience du néant logique. Au contraire : « L'expérience de la chose et du monde n'est-elle pas précisément le fond dont nous avons besoin pour penser de quelque façon que ce soit le néant ? » (VI 213). Force est de constater qu'on est en présence d'un étrange parallélisme entre l'ontologie objectiviste qui se justifie par une thèse de néant et d'autre part une ontologie du néant qui détermine celui-ci comme chose pleine à laquelle rien ne pourrait s'ajouter. Entre l'auto-transparence du néant et la plénitude de l'étant se trame une métaphysique de la surdétermination qui débouche sur une ontologie de l'expérience « qu'on oblige à dire plus qu'elle ne disait » (VI 213). Dire du néant qu'il n'est pas, c'est encore trop en dire ; poser l'être, c'est encore le ramener parmi les étants, manquant par là son *sens*. Par conséquent – et cette remarque dans une note de mai 1960 est nodale – toute dialectique de l'Être et du Néant « méconnaît l'Être et lui préfère l'objet » (VI 296).

Si on a vu que toute théorie de la perception ne pouvait se hisser au-dessus des dualismes réifiants qu'en devenant ontologie, l'ontologie ne saurait au contraire être, au prix de s'annuler elle-même, qu'une ontologie du sensible, car le sensible « est précisément ce médium où il peut y avoir l'*être* sans qu'il ait à être posé » (VI 262). Il s'agit dès lors de penser une nouvelle ontologie du sensible que Merleau-Ponty nommera aussi, avec Valéry, « esthésiologie » (VI 220) et qui consisterait dans le « dévoilement d'un Être qui n'est pas posé, parce qu'il n'a pas besoin de l'être, parce qu'il est silencieusement derrière toutes nos affirmations, négations et même derrière toutes nos questions formulées » (VI 169). Ni greffé sur le néant ni plaqué sur le monde des *quale* déterminés, l'Être du sensible est poinçonné de négatif. Là où Sartre « construit » l'union de l'Être et de la négativité, il convient au contraire de penser cet Être sensible toujours déjà « doublé de néant » (VI 286). Dans la note datée de mai 1960 et intitulée *Visible invisible*, Merleau-Ponty annonce : « Le sensible, le visible, doit être pour moi l'occasion de dire ce que c'est que le néant » (VI 306). Alors que la tradition tente de dépasser la duplicité constitutive en distribuant les deux ordres sur des plans différents, produisant le « strabisme » ontologique, il faut accepter l'empiètement des deux ordres au sein d'une même perspective, empiètement que Merleau-Ponty désignera du terme emprunté à Maurice Blondel de *diplopie*[1]. Dans *L'Être et les êtres*, Blondel postulait que l'histoire de l'ontologie occidentale suit deux axes : celui remontant des êtres existants à l'Être comme essence – l'*anabasis* ontologique – et inversement celui descendant – la *katabasis* – de l'essence vers les êtres existants. Le début d'un titre de chapitre retient sans doute l'attention de Merleau-Ponty : « Notre diplopie ontologique pourra-t-elle se ramener à l'unité d'une vision binoculaire ? et comment la phénoménologie ne suffit pas à fonder l'ontologie »[2]. Dans un résumé de cours, on en retrouve un écho immédiat : « N'y aurait-il pas, comme on l'a dit, une sorte de "diplopie ontologique" (M. Blondel),

1. M. Blondel, *L'être et les êtres*, Paris, Alcan, 1935.
2. *Ibid.*, p. 368.

dont on ne peut attendre la réduction rationnelle après tant d'efforts philosophiques, et dont il ne pourrait être question que de prendre possession entière, comme le regard prend possession des images monoculaires pour en faire une seule vision ? » (RC 127). Reformulé dans l'horizon merleau-pontien, cela revient à dire que l'ontologie du visible devra se doubler d'une réflexion sur les vides, sur les taches de latence dont il est émaillé, un néant qui se révèle être – plus qu'une pure catégorie logique – un néant de ce monde, inséré dans le visible comme son envers, le néant n'étant « rien de plus (ni de moins) que l'invisible » (VI 306).

Cependant, ajoute-t-il, il ne faut pas penser cet invisible comme un non-visible ajouté au visible, comme une objectivité simplement *ailleurs* : « l'invisible n'est pas un autre visible ("possible" au sens logique) un positif seulement *absent* » (VI 300). Au-delà du dualisme irrésolu chez Husserl entre *Urpräsenz* originaire et *Appräsenz* dérivée, il s'agit de décrire « un certain rapport du visible et de l'invisible où l'invisible n'est pas seulement non-visible (ce qui a été ou sera vu et ne l'est pas, ou ce qui est vu par un autre que moi, non par moi) mais où son absence compte au monde (il est "derrière" le visible, visibilité imminente ou éminente, il est *Urpräsentiert* justement comme *Nichturpräsentierbar*, comme une autre dimension) où la lacune qui marque sa place est un des points de passage du "monde" » (VI 277).

Mettant ses pas dans ceux de Husserl, qui avait qualifié le paradoxe de la rencontre avec l'*alter ego* d'« accessibilité de l'originairement inaccessible », Merleau-Ponty évoquera l'Être sensible comme ce qui relève d'une transcendance vécue, autrement dit de l'expérience d'une « accessibilité de l'inaccessible »[1]. Paradoxe, nœud, retournement – voilà des figures qui reviennent constamment dans les derniers manuscrits, attestant d'une difficulté intrinsèque à établir cette nouvelle ontologie sur des bases phénoménologiques. Une fois de plus, Merleau-Ponty veut tenir les deux bouts de la chaîne, celui d'un souci pour un monde qui précède les étants singuliers et celui d'un foyer perceptif qui accrédite l'existence même d'un monde, défini désormais par sa dimension sensible. Or si cette visibilité et cette invisibilité ne sont telles qu'en relation à un sujet percevant, on peut se demander si la désubjectivation annoncée ne résulte pas *in fine* avoir été trompeuse. Car si la visibilité du monde dépend encore de la capacité sensible de l'un de ses étants, la chair du monde reste subordonnée à une incarnation humaine, ouvrant à nouveau la voie au soupçon d'idéalisme métaphysique.

Les notes de travail des toutes dernières années de vie de Merleau-Ponty témoignent incontestablement d'une conscience accrue des dilemmes méthodologiques dans lesquels s'engouffre sa pensée, et fourmillent de ressources spéculatives pour espérer les dépasser. Au fond, la diplopie ontologique – celle où une ontologie du visible découvre son propre revers, celle d'une ontologie de l'invisible – tient à son tour à un perspectivisme inhérent à la méthode merleau-pontienne. Dans une note de travail inédite en vue du cours de 1959, Merleau-Ponty dit admettre une certaine « dialectique », une certaine « dualité », et affirme néanmoins se ranger du côté d'un réalisme du monde précédant le sujet et admettre « l'antériorité de l'en-soi sur le pour-soi[2] ». Mais il ajoute

1. Mai 1960 (« Être sensible. Être »). MBNF VIII, fol. 345.
2. Note de travail inédite, 27 septembre 1955, MBNF VIII, fol. 114.

tout de suite qu'il se refuse de le concevoir « comme le fait le réalisme des savants ». Dans sa texture même, il renvoie à un « centre de perspective », et donc à un être sensible capable de percevoir le spectacle du monde[1]. En un certain sens, les notes tardives contiennent une réponse à l'autocritique formulée par Merleau-Ponty après la conclusion de la *Phénoménologie de la perception* : pour dépasser l'opposition binaire entre conscience et objet (VI 250), sans retomber dans une ontologie classique qui serait incapable de justifier depuis quel lieu elle formule ses propres catégories, certains passages suggèrent de reconceptualiser la notion de subjectivité en termes de foyer perspectif, de vecteur de points de vue. Le monde précède l'expérience que peut en avoir un être doué d'expérience, mais ce monde est lui-même précédé par un foyer expérientiel qui confère à ce monde le statut d'un monde sensible. Une note de travail inédite résume d'une image ce déplacement conceptuel : « La subjectivité, c'est cette brume à l'entrée du monde, que le monde ne dissipe jamais »[2]. Il y aurait donc précédence réciproque de l'*être* et de l'*être-pour*, d'un monde sensible et d'un foyer expérientiel que l'on qualifiait jusque-là du nom de sujet – précédence réciproque qui n'est tenable, en termes logiques, que si l'on adopte un perspectivisme méthodologique.

En d'autres termes, l'interrogation philosophique se traduit d'une part en une philosophie de l'« Être vertical » et d'autre part en une « philosophie de la perspective » (N 267). Une fois encore, Merleau-Ponty revient sur cette situation perceptive initiale, dont Marcel Proust a si admirablement décrit les paramètres : si c'est un seul

1. *Ibid.*
2. Note de travail inédite, 22 octobre 1959, MBNF VIII, fol. 291.

monde qui se donne en spectacle, « grâce à une disposition qui est comme le symbole de toute perception, chacun se sent le centre du théâtre »[1]. Ce privilège de la première personne ne contredit cependant pas l'idée que le monde ne se réduit pas à la représentation que s'en fait le vivant. Il ne s'agit de rien de moins que du défi de comprendre pourquoi la vision se fait depuis un lieu précis sans qu'elle soit pour autant enfermée dans sa perspective. Le visible et l'invisible marquent moins la ligne de partage entre deux règnes métaphysiques qu'un enroulement implicatif du visible sur lui-même, et qui ne se laisse appréhender que sur le mode perspectif. Quand Lacan reformule à sa manière l'intuition merleau-pontienne, pour affirmer que « jamais tu ne me regardes là où je te vois »[2], il souligne que le croisement des regards ne se stabilise jamais dans une quelconque symétrie ; l'*intervisibilité* est profondément asymétrique et précaire, et génère un retournement constant que Merleau-Ponty qualifie aussi de « réversibilité ».

Découvrir qu'il y a d'autres foyers de vision que le mien me rapproche de ceux-ci et m'en éloigne aussi insensiblement : voir et être vu ne coïncident jamais tout à fait, tout comme la voix n'est pas nécessairement le lieu d'une métaphysique de la présence, mais peut également marquer une expérience d'un dédoublement troublant où, en s'entendant parler, on ne peut que constater le hiatus « entre ma voix entendue et ma voix articulée » (VI 192). Plus que d'un retour à soi, c'est un

1. M. Proust, *À la recherche du temps perdu*, t. 1, *Du côté de chez Swann. À l'ombre des jeunes filles en fleurs*, J.-Y. Tadié (éd.), « Bibliothèque de la Pléiade », Paris, Gallimard, 1987.

2. J. Lacan, *Les quatre concepts fondamentaux de la psychanalyse*, J.-A. Miller (éd.), Paris, Seuil, 1992.

retournement du soi qui se produit. Si le monde sensible est cet espace où une même condition relie les êtres, il est également une matrice de différenciation constante. Il faut qu'entre le touchant et le touché, entre le voyant et le vu, entre la voix parlante et la voix parlée, il y ait quelque « parenté » (VI 154), mais aussi que ceux-ci se différencient en fonction des perspectives adoptées : « tandis que de mon côté apparaissait la couche de l'être corporel où ma vision s'enlise, du côté des choses c'est un foisonnement de perspectives qui ne sont pas comme rien, et qui m'obligent à dire que la chose même est toujours plus loin » (VI 106). Si les choses et les êtres excèdent donc toujours ce qu'ils sont pour moi, il faut admettre que ma perspective, pour privilégiée que je la tienne, n'est pas unique. Tout voyant ne le sera qu'à condition de se soumettre à un regard potentiel, il ne sera voyant qu'à condition d'avoir une existence sensible et incarnée, et donc visible, du moins en droit, pour d'autres yeux. L'ontologie du visible du dernier Merleau-Ponty débouche ainsi sur un perspectivisme instable, produisant des inversions de point de vue, et que l'on pourrait encore qualifier de *réversivisibilité*.

Si le monde ne se résume pas à notre volonté et à notre représentation, il est pris à son tour dans un devenir qui présuppose des êtres expérientiels, capables de former des points de vue et d'organiser ce jeu changeant entre visibilité et invisibilité : « Ce qu'il y a, c'est donc des perspectives dont chacune s'éprouve comme différente par rapport aux autres, manque des autres et les éprouve comme différences par rapport à soi (= X) »[1]. Cette considération proprement perspectiviste amène Merleau-Ponty à redéfinir la « chose en soi » (le *Ding*

1. Note inédite, 27 septembre 1955, MBNF VIII, fol. 115.

an sich de Kant) comme quelque chose qui n'a de sens que dans sa différence avec un *pour-moi* et qui est donc, dans sa négation de toute dépendance extrinsèque, en fin de compte encore relatif à un point de vue : « cet *en-soi*, je me refuse à le concevoir comme le fait le réalisme des savants, je dis que dans sa texture même, il renvoie à un centre de perspective, qui est à concevoir en termes de spectacle perçu »[1]. Au-delà (ou en deçà, c'est selon) de l'ontologie du dernier Merleau-Ponty, il y a non pas la perspective d'une théorie du monde sensible – une cosmologie –, mais bien la perspective d'un monde émergeant, d'une cosmogonie indissociable des êtres qui la composent. La perspective de ce que Merleau-Ponty appelle aussi la « cosmogonie du monde perçu »[2].

1. Note inédite, 27 septembre 1955, MBNF VIII, fol. 114.

2. *Ibid.* Dans le cours sur la passivité, il abonde dans le même sens : « Toute cosmogonie [est pensée] en termes perceptifs » (IP 172).

CHAPITRE VI

VERS UNE DIAPHÉNOMÉNOLOGIE

L'ÊTRE À DISTANCE

On ne saurait reprocher à une pensée qui a été brusquement interrompue par la mort de ne pas être conclusive. Toutefois, on a par trop voulu voir dans cette suspension de l'œuvre l'expression ultime d'une réflexion dont la force résiderait tout entière dans l'inachèvement. Vingt ans après la disparition de son auteur, Michel de Certeau résume la fascination face à ce fragment figé de pensée qu'est *Le Visible et l'invisible* : « Comme les corps minéralisés de Pompéi, il porte inscrit le double séisme qui l'a saisi : une passion "ontologique", et la mort qui en a interrompu le geste »[1]. Aussi inchoatif que puisse être l'effet d'un tel inachèvement pour la pensée de l'interprète, aussi galvanisant que soit le travail sur des notes éparses qui ne font pas encore « œuvre » – autant faut-il se garder de perdre de vue que ces notes répondent à une exigence très précise de l'auteur. Car bien sûr, on connait l'aversion merleau-pontienne pour le geste résolutif – « en philosophie, disait-il, à partir du moment où on estime qu'une philosophie s'exprime

1. M. de Certeau, « La folie de la vision », *Esprit* 66, 1982, p. 89.

suffisamment dans sa phrase de conclusion, eh bien, on est dans la barbarie »[1] – et l'idée d'une philosophie comme thérapie linguistique, qui consiste avant tout à dissoudre ce qui se présente comme un problème, lui est manifestement étrangère. Et pourtant, le rejet de la conclusion ne signifie pas pour autant qu'il n'y ait pas une exigence méthodique dont on puisse repérer les traces à travers l'œuvre. C'est cette exigence, mais plus encore la cohérence des moyens mis en œuvre pour la réaliser, qu'il faudra soumettre à l'épreuve critique pour déterminer – par-delà le lieu commun et la formule apprise – quel est réellement le legs merleau-pontien à l'instant de sa disparition.

Nous avons montré comment l'effort du dernier Merleau-Ponty consiste à se défaire des catégories préformantes qui ramènent inlassablement vers la dichotomie, et d'accéder à une pensée de l'entrelacs et du chiasme définie comme un rejet des instruments que la réflexion et l'intuition se sont données, bref « s'installer en un lieu où elles ne se distinguent pas encore » (VI 170). Suivant le précepte qu'il faut « former nos premiers concepts de manière à éviter les impasses classiques » (VI 178), Merleau-Ponty introduira en philosophie ces expressions portant désormais sa signature comme *dimension, verticalité, membrure, pivot, charnière, empiètement, Être de prégnance, Être de porosité*, etc. Toutefois, les notes de travail – dont seulement la moitié environ fut éditée par Claude Lefort dans *Le Visible et l'Invisible* –

1. M. Merleau-Ponty, « Entretiens radiophoniques avec Georges Charbonnier. Septième entretien : L'existentialisme athée », R.T.F., 3 juillet 1959. (Désormais également repris dans M. Merleau-Ponty, J. Melançon (éd), *Entretiens avec Georges Charbonnier et autres dialogues, 1946-1959*, Lagrasse, Verdier, 2016).

traduisent les difficultés pour restituer un nouveau cadre, pour donner un nouveau sol à ces expressions. Si pour éviter les écueils de l'intuitionnisme et de l'empirisme une philosophie de l'expérience doit devenir ontologie, celle-ci devra être rigoureusement pensée comme ontologie enracinée dans le sensible.

Comme nous le rappelions au début de cet ouvrage, Merleau-Ponty avait commencé ses *Causeries radiophoniques* en 1948 en disant que le « monde perçu » demeure en large partie un territoire inconnu et ignoré, aussi bien dans la tradition philosophique que dans l'attitude utilitaire[1]. Ce monde est meublé par d'innombrables choses sensibles que nous manions au quotidien, que nous percevons, que nous entendons, sentons ou goûtons, et qui font rarement l'objet d'une réflexion particulière : elles sont là, dans toute leur présence sensorielle, comme autant d'invitations à s'en servir, selon la finalité que le moment et le contexte voudra bien leur conférer, mais l'attitude utilitaire rejoint ici l'intellectualisme qui a caractérisé la tradition philosophique, quand elle ne considère ces objets que comme des objets transitionnels dont la finalité justifie l'existence.

Mais alors, qu'est-ce qu'envisager les objets sensibles non pas tant comme des signes ou des vecteurs transitifs assurant une utilité pratique ou épistémologique, mais plutôt comme des choses qui, en vertu de leur matérialité et de leur grain, possèdent une consistance qui leur est propre et qui résiste à toute saisie intégrale ? Qu'est-ce donc que réapprendre à voir le monde, au sens plein et exigeant de cette expression, autrement dit, à se servir de notre sensibilité pour approcher un monde qui est,

1. Cf. *supra*, p. 29.

à son tour, conditionné par son être-sensible ? En quoi consiste le fameux « retour aux choses mêmes » que la phénoménologie réclame ? Car en un sens, évidemment, toute l'entreprise philosophique a consisté à chercher un accès privilégié aux choses, en déterminant leur être substantiel, et à parvenir à leur connaissance véritable. Or d'après Merleau-Ponty, réapprendre à voir le monde, cela doit vouloir dire d'abord désapprendre ce que l'on croyait savoir : revenir aux choses mêmes, lit-on dans l'Avant-propos de la *Phénoménologie de la perception*, c'est « revenir à ce monde avant la connaissance dont la connaissance parle toujours » (PhP III). S'il y a une raison pour privilégier la « situation perceptive », ce n'est donc pas tant pour renverser l'axe métaphysique préférant les objets éternels (Dieu ou la figure géométrique) aux objets de la sensation, que pour insister sur la condition sensible de toute relation aux objets. Voilà le problème sur lequel bute toute entreprise qui tente de fonder l'autonomie du monde externe.

Dire qu'un objet sensible possède des attributs comme le nombre ou l'extension qui seraient indépendants de tout observateur, qu'il y a donc des qualités premières qui seraient autonomes par rapport aux qualités phénoménales (les *qualia* ou qualités secondaires), ne permet pas de garantir l'extériorité, on le sait, bien au contraire. Paradoxalement, au lieu d'affirmer l'autonomie de l'objet, son exhaustion définitoire par les propriétés qu'on lui attribue ne fait que le ramener un peu plus dans l'orbite de la conscience. Si cette détermination « objective » vise donc à déterminer l'objet indépendamment de ses modes de donation, on retombe dans le pire des relativismes, puisque cela consiste à ramener des objets qui sont chaque fois singuliers a des « systèmes de relations transparentes », formalisables pour une conscience à laquelle rien n'est jamais étranger parce qu'elle n'a en elle jamais rien d'étranger. Il faut s'y résoudre : un objet intégralement défini ne sera pas plus objectif, il perdra au contraire ce qui fait de l'objet ce qu'il est, autrement dit le fait d'être *ob-iectum*, jeté en travers, arrêtant le mouvement qui fonde toute expérience. À cet égard, on comprend pourquoi à prendre les choses comme des « noyaux identifiables [...] on ne parvient à la chose objet, a l'En-soi, à la chose identique a elle-même, qu'en imposant à l'expérience un dilemme qu'elle ignore » (VI 212). Car la chose ainsi définie se réduit à une figure flottant dans un vide sans fond; plus qu'une chose, c'est un simulacre de chose, une « image qu'on en obtient en la projetant dans un univers où l'expérience ne se nouerait sur rien » (VI 213). Plus l'extériorité est déliée de toute corrélation, plus elle se résout – semble-t-il – à un produit de l'esprit. Sous cet aspect, la leçon merleau-pontienne reste salutaire, à l'instant même où la philosophie contemporaine est à nouveau tentée, comme le fut toute la philosophie pré-kantienne, de poser un Dehors absolu : rien de plus anthropologique qu'un En-soi, dans la mesure où l'En-soi n'est autre qu'un En-soi « pour nous » (PhP 372).

Par rapport à la tradition philosophique, Merleau-Ponty opère deux déplacements décisifs. En premier lieu, l'objet perceptif cesse de se définir par son extériorité pour se déterminer désormais par sa distance. Cela revient à dire la chose suivante : *être sensible, c'est être à distance*, dans toutes les acceptions de ce terme. Il s'agit d'une distance qui est l'envers d'une proximité, mais aussi toujours synonyme d'un écart irréductible, condition de l'expérience, mais également obstacle à une saisie sans reste. L'objet sensible n'est donc pas un objet absolument *transcendant* : « Être à distance du perçu – ce n'est pas un transcendant, puisque par principe il ne peut être question de le poser hors de sa distance, *en soi* ou *pour soi* » (MBNF VIII, fol. 72b). En second lieu, Merleau-Ponty modifie ce qui pourrait n'être qu'une détermination logique de la distance. L'être à distance ne se résume pas à une nouvelle figure du *transcendantal*, à la condition formelle de possibilité de tout apparaître. Aussi, on pourrait dire que l'ontologie phénoménologique qu'esquissent ses derniers manuscrits s'apparente plutôt à une ontologie matérielle, dès lors que l'espace entre les choses ne constitue pas tant une forme pure de l'entendement qu'il correspond à un milieu auquel Merleau-Ponty veut restituer une densité qui lui est propre. Tout ce qui est sensible « appartient à ce tissu commun dont nous sommes faits, l'Être sauvage » (VI 253). L'invocation fréquente de ce qu'il appelle l'« Être sauvage » ou encore l'« Être brut » doit donc s'entendre selon cette adresse double : le rejet d'une ontologie objective d'une part, et le rejet d'une cosmologie formelle de l'autre ; est brut ce qui est fruste, impoli, résistant, mais aussi ce qui est élémentaire.

L'une des lignes de fuite que laissent entrevoir les dernières notes de travail de Merleau-Ponty, c'est justement l'exploration d'une pensée de l'élémentaire, au sens non pas d'une chimie originelle des choses, avec l'énumération de leurs composantes, ou d'un alphabet premier, mais de l'élément au sens des Présocratiques : indivisible et pourtant partagé, sensible mais sans jamais faire l'objet d'une perception. Le considérer comme un étant individuel, c'est dire trop peu, dire l'Être, au sens heideggérien, c'est trop dire. S'il s'agit donc de réactualiser « le vieux terme d'"élément", au sens où on l'employait pour parler de l'eau, de l'air, de la terre et du feu », c'est donc « au sens d'une *chose générale*, à mi-chemin de l'individu spatio-temporel et de l'idée, sorte de principe incarné qui importe un style d'être partout où il s'en trouve une parcelle » (VI 182). L'élément, ou plutôt : les éléments, car à l'instar des éléments des Anciens – et comme le rappelait Gaston Bachelard – ils sont toujours en nombre. Les éléments, explique Merleau-Ponty, ne sont « pas des objets, mais des champs » (VI 314). Ainsi, la situation perceptive, cet ancrage philosophique que Merleau-Ponty se donne, n'est jamais abandonnée, mais plutôt radicalisée dans ses présupposés. Sur le modèle de la vision et de son champ, on appellera donc élément ce qui, au sein du sensible, produit un effet de champ, espace les choses, les distribue et les articules les unes par rapport aux autres. Sans être jamais objectivable (puisqu'il est condition d'apparition d'un objet), le champ n'est pas insensible pour autant ; il est perceptible de façon indirecte, à la manière d'une tonalité de couleurs qui rétroéclaire ce qui se déploie sur son fond ou encore d'un style qui donnerait aux choses une certaine allure reconnaissable.

L'OUBLI DU SENSIBLE

Nombreuses sont les philosophies qui, au XXe siècle, ont réclamé un retour vers le concret et vers les choses. Il va sans dire que chacune des sciences dont ces philosophies remettent en question la méthode réclamerait de faire précisément cela, c'est-à-dire de fournir un accès concret aux objets. Mais en supposant leur évidence

– c'est la critique formulée par Husserl – les sciences présupposent justement quelque chose *avant* les choses et qui n'est jamais questionné, puisque l'*explanandum* est tout simplement remplacé par l'*explanans*. Dans quelles conditions les choses deviennent-elles des objets, qu'est-ce qui assure leur évidence ? Au fond, dira Husserl, c'est la focalisation exclusive sur les choses qui conduit à leur éloignement, dès lors que leur décontextualisation – condition nécessaire pour établir leur invariance – les réduit à de simples idées de choses. Il y a donc un oubli des choses qui résulte d'un oubli de leur situation, autrement dit des sites expérientiels qui garantissaient justement aux choses d'être plus que de simples abstractions. Dans une conférence prononcée à Vienne en 1935, Husserl arrive à cette conclusion étonnante : l'oubli des choses résulte d'un oubli de l'« environnement intuitif » (*anschauliche Umwelt*) ainsi que d'un oubli du facteur subjectif (*Vergessen des Subjektiven*)[1]. La reconduction vers les choses doit donc passer dans un premier temps, selon Husserl, par une réduction aux modes par lesquels celles-ci se donnent à une conscience, ce qui explique pourquoi de nombreux phénoménologues après Husserl ont pu considérer que cette tentative de sauvetage des choses enfermait de fait celles-ci dans l'enceinte du subjectivisme, sans jamais avoir répondu à la question du statut ontologique de ces phénomènes. À l'*oubli du subjectif* (Husserl), Heidegger opposera ainsi son diagnostic de l'*oubli de l'Être*.

1. Husserl, Hua VI, *Krisis*, p. 343 (trad. fr. N. Depraz, E. Husserl, *La crise de l'humanité européenne et la philosophie* (1935), Paris, Hatier, 1994).

Si Merleau-Ponty retient manifestement des éléments de l'un comme de l'autre dans sa tentative de refonder la phénoménologie en direction d'une ontologie du sensible, il identifie dans ces deux procédés, celui de Husserl comme celui de Heidegger, un risque d'abstraction, que ce soit du côté d'un ego transcendantal ou d'un Être anonyme. Pour s'en prémunir, il faudrait repartir d'un autre oubli. L'oubli du sensible. Par oubli du sensible, Merleau-Ponty n'entend pas le dénigrement traditionnel dont les facultés sensibles ont fait l'objet en philosophie ni du traditionnel « mépris pour le corps » (F. Nietzsche). Après tout, à ce genre d'oubli il ne serait pas impossible de remédier, en développant par exemple une philosophie du corps, et la *Phénoménologie de la perception* serait alors à inscrire dans le droit fil d'une réhabilitation nietzschéenne du corps et de ses pouvoirs, qui seraient autant de témoins d'une « grande raison », opposée à la « petite raison » de l'esprit. Mais quand les derniers manuscrits évoquent un « oubli du sensible », il ne s'agit pas d'un manque auquel une quelconque doctrine pourrait pallier. Il en va plutôt d'un oubli irréductible, d'une imperception au sein de toute perception qui correspond à une « ignorance » constitutive (VI 247). Voilà pourquoi « rien n'est plus difficile que de savoir au juste *ce que nous voyons* », car on se trouve face à une certaine dialectique en raison de laquelle « la perception se dissimule à elle-même » (PhP 71). Or c'est bien parce qu'il y a un oubli du champ que quelque objet peut apparaître sur son fond, d'une manière déterminée, sous tel et tel aspect, etc. On en arrive à cette conclusion paradoxale, selon laquelle l'« *évidence* du sensible » se révèle être synonyme d'un « oubli du sensible » (BNF VI, fol. 241 et 242). En d'autres termes, cela permet de mieux saisir pourquoi la perception est de nature diacritique : elle produit simultanément de la distinction et de l'indistinction ; elle tire vers l'*ex-plicatio* en générant concurremment de l'*im-plicatio* (« la perception comme différenciation, l'oubli comme dédifférenciation », VI 247). La structure du champ, avec sa polarité entre foyer thématique et périphérie indistincte, est appelée à renouveler la notion classique du transcendantal : au lieu d'une condition logique précédant l'expérience, il en va d'un « champ transcendantal » qui est pour ainsi dire immanent à l'expérience qu'il structure. Par conséquent, et en raison de son caractère à son tour partiel et limité, il n'y a pas de transcendantal décontextualisable et universalisable. De surcroît, non content de réduire les ambitions universalisantes de la philosophie transcendantale, ce qu'il partage avec d'autres penseurs du XXe siècle, Merleau-Ponty tire encore d'autres conclusions de la notion de « champ transcendantal ». Pour Merleau-Ponty, qui pense toujours le champ ontologique à partir de sa nature *gestaltiste*, et ce jusque dans les derniers inédits[1], il ne suffit pas, comme le fait Heidegger, de considérer que tout sens se déploie au sein d'un horizon de signification toujours inévitablement limité ; le sens n'est jamais complètement dissociable de son inscription sensible. Les champs de sens sont donc à concevoir à partir de leur élément sensible qui, à défaut d'apparaître lui-même, transparaît à travers ce qu'il agence et articule.

1. L'idée d'un « empiètement » des choses a en fait son origine dans le phénomène optique de l'*overlapping*, mis en relief par l'école *gestaltiste* de Max Wertheimer, auquel Merleau-Ponty donne ici un nouveau sens ontologique.

Lorsqu'il insiste sur l'irréductibilité de la dimension sensible (et donc singulière, incarnée, située) de tout sens, et sur le rapport d'entrecroisement chiasmatique qui s'établit entre le sensible et le sens, Merleau-Ponty marque une position à mi-chemin entre deux tendances souvent observées en phénoménologie et qui consistent à rabattre le sens des phénomènes ou bien du côté d'une subjectivité constituante ou bien d'une entité « derrière » les phénomènes (le Monde, la Nature, l'Être). Merleau-Ponty qualifie cette tendance de « strabisme de la phénoménologie », qu'on observe déjà chez Husserl lui-même quand celui-ci semble hésiter entre une conscience absolue d'une part et l'insistance sur une Nature omni-englobante précédant la conscience (N 103-104).

Merleau-Ponty est donc manifestement attentif à ce problème méthodologique et, plus d'une fois, il met en garde contre la tentation qui consisterait à vouloir résoudre l'empiètement des choses dans une direction ou dans l'autre, et à dissoudre le tissu du sensible, « ce grain serré qui arrête l'exploration » (SG 211), dans un principe plus fondamental. Autant de façons de ne pas tenir compte de la situativité de l'expérience, du fait que ce qui apparaît est indissociable d'un certain élément qui constitue son champ. (Problème épistémologique très ancien, puisque les philosophes ioniens déjà, en donnant leurs lettres de noblesse aux éléments, ne purent s'empêcher de choisir respectivement un élément plus fondamental dont dériveraient tous les autres : l'air pour Anaximène, l'eau pour Thalès, le feu pour Héraclite, etc.).

La question peut pourtant se poser de savoir si Merleau-Ponty aura su éviter à son tour les écueils sur lesquels il a attiré l'attention, autrement dit, s'il aura donc évité tantôt le « strabisme » analytique et tantôt la tentation de l'originaire. L'inachèvement de son œuvre interdit vraisemblablement une réponse définitive à une telle interrogation. L'importante activité de publication de ces dernières années, liée à l'édition de certains cours restés longtemps accessibles seulement aux spécialistes, et le renouveau d'attention pour certaines périodes restées singulièrement dans l'ombre, tout cela a néanmoins permis de brosser un tableau plus précis. Désormais, il faudra se prémunir contre une tentation inverse, et qui consiste à traiter sur un pied d'égalité des textes dont l'auteur souhaitait la publication et d'autres, désormais disponibles dans des éditions scientifiques, qui n'avaient qu'une valeur de notes exploratoires. Les notes de travail traduisent en tout cas une hésitation constante, et qui ne va que s'intensifiant vers la fin, ce qui contraint l'exégète à un certain nombre de précautions.

Des lignes de force sont néanmoins identifiables. On a ainsi pu soutenir qu'après avoir, dans la première période de son œuvre, penché vers une explication subjective de l'oubli du sensible, la dernière phase indiquerait un net infléchissement vers une explication qui serait à chercher du côté du monde lui-même. En effet, la structure du monde elle-même semble fournir une explication parfaite du phénomène de l'oubli : le monde, tel que le décrit la phénoménologie, ne nomme pas la totalité des étants, mais fait office d'horizon général. Sans apparaître jamais en propre, c'est sur fond du monde que les choses se donnent à sentir, à toucher, à comprendre. La dernière philosophie de Merleau-Ponty tendrait donc vers une *cosmo-logie* (au sens littéral du terme, c'est-à-dire, vers une philosophie du monde). Et en effet, la transition depuis l'insistance sur le sujet incarné vers la « chair du monde » semblerait donner raison à une telle lecture. Une réorientation de ce genre entraîne inévitablement une réinterprétation de ce qui précède, et il devient impossible de voir dans l'expression de la « chair du monde » une sorte de généralisation des structures du corps – nous l'avons dit plus haut (*cf.* chap. V, « Ontologie de la chair », p. 258) – qui s'étendraient désormais au monde tout entier : « La "chair du monde", ce n'est pas métaphore de notre corps au monde. On pourrait dire inversement : c'est aussi bien notre corps qui est fait de la même étoffe sensible que le monde » (NC 211). Dans ce cas de figure, il faut cesser de dire que c'est parce que nous avons un corps que nous sommes au monde ; ce serait plutôt en vertu de notre être au monde, qui implique que nous sommes faits d'une certaine étoffe sensible, que nous pouvons dire que nous avons un corps.

Si cette lecture est correcte, cela revient à constater que l'on a simplement assisté à une inversion des perspectives : tandis que Husserl avait insisté sur le *Leib* comme « corps propre », c'est-à-dire comme un corps que, à la différence des corps objectifs extérieurs, j'ai en propre et qui n'appartient qu'à moi, l'idée d'une chair du monde souligne désormais mon appartenance à une extériorité qui dépasse le domaine de la subjectivité. L'invocation du corps et de la chair n'aura alors servi qu'à justifier deux formes respectives d'appartenance. Dans le passage du corps propre de Husserl vers la notion de « chair », ce qui se joue, c'est la désolidarisation de la notion d'appartenance d'avec la dimension de propriété : appartenir à un monde, ce n'est évidemment pas compter parmi les propriétés du monde, mais c'est insister sur l'inhérence à un monde[1]. Aucune modélisation, aucune généralisation, aucune décontextualisation (que ce soit dans les sciences ou dans une fiction littéraire) ne pourra tout à fait occulter son contexte d'origine, sa dépendance historique, culturelle, technique ou idéologique. Insister sur l'inhérence de ce qui est, c'est donc résister au rêve d'une saisie transparente des choses qui apparaîtraient alors comme elles sont, dans leur être autonome et pur, délivrées de toutes les amarres qui les reliaient à des contextes contingents. Voilà pourquoi, quand Merleau-Ponty invoque une « ontologie du dedans », celle-ci indique tout le contraire que l'exclusion du dehors : par dedans, il faut non pas entendre une sorte de régression dans un for intérieur ou viscéral, mais la situativité dans un champ. *Être*, c'est toujours invariablement *être dans*.

D'où aussi le magnifique retournement de la notion de « narcissisme » auquel procède Merleau-Ponty : dire que toute vision est narcissique n'est justement pas une insistance sur la réflexivité intérieure (le fait que toute conscience de quelque chose serait aussi une conscience de soi, et qu'en percevant, on se perçoit en train de percevoir), mais tout le contraire. Quand Merleau-Ponty explique que le soi est un soi « par confusion, narcissisme, inhérence de celui qui voit à ce qu'il voit, de celui qui touche à ce qu'il touche, du sentant au senti » (OE 18-19) – c'est justement d'une trans-individualité qu'il en va, le fait que, par définition, un être sentant est aussi potentiellement un être senti (avoir un corps, ce n'est pas seulement la possibilité de voir, mais c'est aussi le fait d'être exposé au regard en retour), et que

1. Pour un développement sur la notion d'appartenance, *cf.* R. Barbaras, *L'appartenance : vers une cosmologie phénoménologique*, Leuven-Paris, Peeters, 2019.

notre sensibilité ne peut donc se diriger que vers des choses qui partagent notre même structure ontologique. Contre les philosophies qui affirment un peu trop vite l'autonomie du sensible, sans expliquer où et dans quels corps ce sensible s'expérimente, Merleau-Ponty aura donc permis de mieux clarifier les conditions ontologiques de la sensibilité comprise comme cette dimension située au-delà de l'alternative entre activité et passivité, non plus tant comme une faculté de sentir dont j'aurais l'initiative, mais plutôt comme pouvoir auquel j'appartiens et qui me saisit tout autant que je m'en empare (tout comme il se saisit de toutes les autres formes de vie que l'on définira par leur sensibilité). Par ailleurs, même le voyeur, cette figure si brillamment analysée par Sartre, dont la particularité est de tenter précisément d'interrompre cette réciprocité entre voyant et visible et qui est rattrapé par le tribunal d'un spectateur interne, ne fait que confirmer malgré lui cette corrélation[1].

Là où la notion de « chair » insiste donc sur l'*inhérence*, la mobilisation de la « vision » souligne l'*espacement* nécessaire dans toute relation sensible, ce qui explique peut-être en partie l'étrange privilège accordé au régime visuel dans le dernier grand ouvrage dont le titre de travail devait être *Le visible et l'invisible* (et non *Le tangible et l'intangible* ou tout simplement *Le sensible et l'insensible*). Comme s'il s'agissait d'insister sur la distance irréductible, sur tout ce qui résiste à une résorption complète et homogène, sur l'ouverture que provoque toute vision et dont il est dit qu'elle correspond à une « fission de l'Être » (OE 81), à une déhiscence, à un retournement permanent, où l'Autre se mue en Même

1. J.-P. Sartre, *L'être et le néant*, *op. cit.*, p. 292-342, n. 121.

et le Même en l'Autre, sans que l'on n'atteigne jamais un état stable. Rien de tout cela dans le terme « chair du monde », cependant, et Merleau-Ponty semble s'en être rendu compte lui-même, quand il remarque que « la chair du monde n'est pas *se sentir* comme ma chair – elle est sensible et non sentant » (VI 304). Au fond, à tellement insister sur l'appartenance au monde – au fait donc que toute vision du monde est au monde au sens d'un génitif subjectif, d'une vision qui serait propre au monde –, c'est précisément cette réversibilité qui se perd, cette instabilité foncière du sensible qui doit toujours simultanément s'entendre « au double sens de ce qu'on sent et de ce qui sent » (VI 307). Tout se passe comme si le tournant cosmologique venait compromettre sérieusement le principe de réversibilité dont Merleau-Ponty, on s'en souvient, avait fait la « vérité ultime » (une réversibilité qui n'est justement pas symétrique, mais qui relève d'un incompressible effet de retardement). Quand Merleau-Ponty semble donc tenté de vouloir unifier le poly-perspectivisme qu'il avait mis en évidence, et qu'il pose tantôt l'existence d'une chair unifiée du monde et tantôt l'Être comme « élément des éléments » (NC 131), on en vient à se demander si cela constitue une véritable avancée conceptuelle.

Beaucoup sont ceux qui optent alors pour ne retenir de ce dernier projet d'une ontologie du sensible qu'une version allégée : la critique de toute position de survol ultime ainsi que des tentatives d'isolation des choses, pour mettre en relief le lien indissociable que les choses entretiennent avec le champ au sein desquelles elles apparaissent. Avoir insisté sur cette inscription qui est aussi toujours une ouverture – avoir insisté sur l'inhérence dans la distance, et sur la distance dans l'inhérence – n'est certes pas la moindre des contributions de Merleau-Ponty à la philosophie contemporaine. Elle rejoint d'ailleurs les conclusions d'autres importants mouvements théoriques du XXe siècle, aussi bien dans la mouvance herméneutique continentale que pragmatique post-wittgensteinienne, qui signalent que le sens de quelque chose ne peut se définir qu'en relation à un contexte de signification particulier, à tel ou tel champ d'usages ou à tel ou tel horizon référentiel.

Toutefois, les manuscrits tardifs contiennent clairement encore d'autres pistes de réflexion, au-delà d'une telle perspective qui insiste sur l'irréductible pluralité et sur la contextualité de tout sens. Il y a chez Merleau-Ponty l'amorce d'une pensée qui insiste non seulement sur l'inhérence et la différence, mais encore sur la dimension intrinsèquement opératoire de ce qui est. C'est cette amorce dont nous indiquerons, dans ce qui suit, pourquoi on peut y entrevoir une nouvelle manière de concevoir le projet phénoménologique en tant que tel.

VERS UNE DIAPHÉNOMÉNOLOGIE

Comment s'opère notre perception ? Que voyons-nous, chaque fois que nous voyons ? Quelle est la nature de ce que nous touchons, goûtons, écoutons et comment cette expérience est-elle possible ? Cette interrogation, on l'a dit, ne cesse de hanter toute l'œuvre de Merleau-Ponty. Dans les derniers textes, un élément de réponse permet de la reformuler, dans la foulée d'un déplacement opéré depuis l'ontologie de l'objet vers une ontologie de l'élément. Reprenons du début : comme pour Husserl, pour Merleau-Ponty l'expérience sensible enseigne quelque chose d'essentiel, à savoir le fait que l'objet sensible tel qu'il se donne dans l'expérience est indissociable de sa modalité phénoménale : impossible de se représenter un son, un paysage ou un sentier en général ; ces choses auront toujours une forme particulière, un aspect singulier, elles auront un certain timbre sonore, une certaine qualité matérielle, une certaine coloration affective. Toutefois, s'il n'y a pas de son ou de couleur en général, il y a une généralité du son et une généralité de la couleur. Par « généralité », Merleau-Ponty n'entend pas l'universalité, au sens où chaque occurrence chromatique représenterait un échantillon d'un type universel (un peu comme on choisirait la couleur que l'on veut donner au mur sur un nuancier que nous propose le marchand de couleurs), mais l'auto-dépassement de l'occurrence singulière vers quelque chose de plus transversal. La couleur « se dépasse elle-même, dès qu'elle devient couleur d'éclairage, couleur dominante du champ » (VI 271). Si l'être sensible est donc indissociable de son être-ainsi, la modalité partielle de toute donation fait déjà signe vers d'autres modalités actuellement absentes. Il faudra dès lors repenser la généralité comme quelque chose qui n'est pas au-dessus, mais au-dessous, « non devant, mais *derrière* nous » (VI 268).

Deux pistes s'ouvrent ici : celle d'une *phénoménologie eidétique* tout d'abord, qui vise à dégager l'essence des choses, par-delà leurs variations singulières. La force de Merleau-Ponty aura consisté à ne pas insister tant sur la différence entre les occurrences (les faits ou *Tatsachen* chez Husserl), toujours arbitraires, et l'essence invariante (*Wesen* chez Husserl), mais d'avoir montré à quel point il ne peut y avoir de phénoménologie eidétique que comme phénoménologie opératoire, travaillant *à même* les variations. En ce sens, l'invariant d'une chose – ce Graal que la philosophie recherche depuis Platon – n'est pas l'« absente de tout bouquet », pour parler comme Mallarmé, mais n'existe qu'au niveau des choses concrètes, comme ce qui persiste à travers toutes leurs variations. Par conséquent, on peut considérer que « l'invariant, puisqu'il n'est saisi que *par la variation*, est aux variantes (= aux "écarts") ce qu'est le "mobile" au "mouvement" »[1]. Non pas un terme positif dont le mouvement serait un attribut ou une propriété, mais ce qui se dégage négativement *à travers* le mouvement. Il n'y a pas d'essence comme fond ou substance : l'*eidos* est ce qui, en excédant les phénoménalisations singulières, se maintient à travers celles-ci.

Mais Merleau-Ponty ne se contente pas d'indiquer une nouvelle façon d'appréhender l'analyse eidétique, il s'avance également vers une *théorie renouvelée de l'universel*. En d'autres termes, non content d'insister sur la nécessité de penser l'être à partir de l'être-ainsi, il s'agirait de se demander s'il y a quelque chose comme un être de l'être-ainsi, une haeccéité du « ce que ça fait » (le *what it is like*, comme on dirait dans la philosophie de l'esprit anglo-américaine). C'est ici que les notes de travail frayent des pistes intéressantes. Car si l'on concède que l'essence d'une chose n'est pas ce que l'on saisit *malgré* ses occurrences toujours partielles, mais *à travers* celles-ci, cela revient à dire que la modalité précède l'essence. Merleau-Ponty se fait l'écho de cette intuition quand il pose l'hypothèse suivante :

1. Notes juin 1959 (« L'idée. L'*eidos* ») ajoutées au brouillon pour *Être et monde*, MBNF VI, fol. 209v.

> Ce ne sont pas des choses que d'abord nous percevons, mais *éléments* (eau, air), des *rayons du monde*, des choses qui sont des dimensions, qui sont des mondes, je glisse sur ces "éléments" et me voilà dans le *monde* (VI 267).

Retournement spectaculaire de la thèse husserlienne de l'intentionnalité, puisqu'évidemment, pour Husserl, l'intentionnalité perceptive est une intentionnalité objective : ce n'est pas un sifflement que j'entends, mais la casserole à pression qui m'indique que l'eau est en train de bouillir, ce n'est pas un amas de touches colorées que je perçois, mais l'être aimé qui s'avance vers moi dans la rue. Mais qu'est-ce que cela signifie alors d'affirmer que l'élément est premier par rapport à l'objet ? L'élément est certes sensible – tout comme peut l'être un milieu sonore, un champ visuel, une atmosphère olfactive –, mais il n'est manifestement pas perceptible à la manière d'un objet. Se représenter l'espacement entre les choses requiert une opération spécifique, on peut thématiser comme un objet ce qui n'est qu'un élément transitif, mais c'est au prix de perdre la transitivité qui le rendait opératoire. Raison pour laquelle on ne peindra jamais une couleur, mais on ne peindra toujours que *quelque chose* de coloré, pas plus que l'on ne peut peindre un contenu de sensation, un son en soi, etc. De sorte qu'on peut se demander si la description de Merleau-Ponty est vraiment correcte, quand il affirme que nous percevons l'élément avant la chose, et l'exemple de l'atmosphère tend à le prouver : on n'entre jamais *dans* une atmosphère, c'est après-coup que l'on constate sa tonalité (par exemple quand en intégrant le cercle d'une réunion déjà engagée, on perçoit qu'il y a de l'orage dans l'air). On ne perçoit pas une atmosphère comme on percevrait un objet : il manque à celle-ci le contour qui nous est familier des choses ; c'est indirectement qu'on perçoit une atmosphère – on la respire plus qu'on ne la conçoit – ; on perçoit en accord avec elle, *par elle*.

Tous ces problèmes indiquent l'une des impasses majeures dans les manuscrits tardifs de Merleau-Ponty : le projet d'une ontologie des éléments paraît tiraillé entre une cosmologie phénoménologique, comme celle que proposera, par exemple, Jan Patočka[1], et une phénoménologie des champs qui toutefois ne parvient pas à se débarrasser du modèle eidétique, comme si le champ n'était que l'arrière-fond pour un objet, et qu'il suffisait d'inverser l'attention depuis les objets vers l'espace entre eux pour comprendre ce qui produit leur apparition. Pourtant, la psychologie expérimentale l'a bien prouvé : déplacer le regard depuis le domaine focal vers les marges ne défait pas pour autant le paradigme objectivant : en déportant mon attention vers les marges, celles-ci cessent d'être des marges pour devenir objet à leur tour. Entre un souci d'élucidation rigoureuse, dans le droit fil des analyses de la première heure, et un certain mysticisme de l'ineffable – il suffit de penser à l'évocation du « principe barbare » de Schelling, à la « matrice polymorphe » de l'Être (VI 274), à la reconduction de la chair à une matrice maternelle (« la chair, la mère », VI 321) –, on peine en tout cas à entrevoir la synthèse. La tentation métaphysique semble indépassable : non content de montrer pourquoi toute perception implique une non-perception, que toute vision connaît un point

1. E. Şan, *La transcendance comme problème phénoménologique : lecture de Merleau-Ponty et Patočka*, Paris, Mimesis, 2012.

aveugle, un *punctum caecum*, cette détermination purement structurale est de surcroît investie d'une valeur métaphysique, quand la part d'invisible dans tout champ visuel est substantivée pour devenir pour ainsi dire un Invisible du monde (VI 196), cette « absente de toute chair » (VI 198).

Empêtré dans ces dilemmes méthodologiques, Merleau-Ponty n'a peut-être tout simplement pas su pousser jusqu'au bout son intuition d'une ontologie du sensible comme phénoménologie des éléments. Une chose est certaine : ce n'est ni par une généralisation de la notion de chair ni par une métaphysique de l'invisible que l'on peut éclairer en dernière instance l'interrogation qui est celle qui hante toute l'œuvre de Merleau-Ponty : comment se fait-il qu'il y ait quelque chose, dans l'expérience, plutôt que rien ? Si la notion d'invisible insiste sur le fait que toute expérience suppose une dimension de retrait et que la notion de chair permet de rendre compte de l'enveloppement réciproque du sentant et du senti, ni l'une ni l'autre n'expliquent comment se produit un apparaître qui ne se laisse réduire ni à *ce* qui apparaît ni à *celui à qui* cela apparaît. Les Grecs avaient une formule bien précise pour parler de tout ce qui se montre : ce sont les phénomènes, au sens du *phainestai*. Fait remarquable, le *phainestai*, qui est d'ailleurs utilisé dans un contexte tout à fait quotidien (« il apparaît que », « il semble », « cela paraît évident », etc.), est toujours à la voix moyenne, autrement dit une forme grammaticale que les langues modernes ont perdue et qui se situe entre l'actif et le passif. Pour Aristote par exemple, la philosophie doit éviter à la fois le dogmatisme et le scepticisme en prenant au sérieux ce qui apparaît au grand jour, et redonnant ainsi droit de cité aux apparences à la suite des critiques platoniciennes. Façon de mettre en route ce « sauvetage des phénomènes » (*sôzein ta phainomena*) que la philosophie post-nietzschéenne réactualisera à sa manière.

TRANSPHÉNOMÉNALITÉ. L'INTUITION D'ARISTOTE

Durant l'été 1960, Merleau-Ponty s'installe en Provence, sur les terres de Cézanne, pour y rédiger celui qui sera le dernier ouvrage terminé de son vivant, *L'œil et l'esprit*. Durant trois mois, il réside au Tholonet, dans un mas appartenant à un ami peintre, Francis Tailleux. Non loin de là, un siècle plus tôt, le jeune Cézanne et Émile Zola avaient pris l'habitude d'aller nager dans la petite rivière de l'Arc. De part en part, *L'œil et l'esprit* est imprégné de la lumière provençale, de sa végétation et de ses senteurs, mais un passage exprime peut-être plus que tout autre à quel point le site a dû marquer son auteur. Il s'agit de la description de l'élément fluide de la piscine, et de ses effets chatoyants :

> Quand je vois à travers l'épaisseur de l'eau le carrelage au fond de la piscine, je ne le vois pas malgré l'eau, les reflets, je le vois justement à travers eux, par eux. S'il n'y avait pas ces distorsions, ces zébrures du soleil, si je voyais sans cette chair la géométrie du carrelage, c'est alors que je cesserais de le voir comme il est, où il est, à savoir : plus loin que tout lieu identique. L'eau elle-même, la puissance aqueuse, l'élément sirupeux et miroitant, je ne peux pas dire qu'elle est dans l'espace ; elle n'est pas ailleurs, mais elle n'est pas dans la piscine. Elle l'habite, elle s'y matérialise, elle n'y est pas contenue et si je lève les yeux vers l'écran des cyprès où joue le réseau des reflets, je ne puis contester

que l'eau le visite aussi, ou du moins y envoie son essence active et vivante (OE 70-71).

L'eau, l'air deviennent ainsi autant de médiums qui, tout en étant non-thématiques dans le visible, en relèvent ; éléments diaphanes, ils laissent transparaître quelque chose qui appartient au visible sans être visible en acte. Sans s'en douter, Merleau-Ponty est ici au plus près de la théorie de la perception déployée par Aristote. Selon cette théorie, développée dans le *Traité de l'âme* et dans les *Petits traités d'histoire naturelle*, et qui aura une réception toute particulière au Moyen Âge et à la Renaissance, il n'y a pas d'apparaître pur ; tout *phainestai* requiert un milieu dans lequel il apparaît[1].

Merleau-Ponty a souligné l'importance de la voix moyenne – la *vox media* – pour une philosophie plus proche des surgissements sensibles (NC 371). On ne peut que s'étonner qu'il n'ait pas repéré les proximités surprenantes qui existent entre sa propre pensée du sensible et la psychologie d'Aristote. S'il semble avoir passé un certain temps sur les textes aristotéliciens durant ses études[2], il avouera plus tard n'avoir finalement que peu fréquenté le Stagirite (« Je ne suis pas un grand aristotélicien » P2 328). Cette rencontre manquée avec la psychologie d'Aristote est regrettable, et plusieurs commentateurs ont souligné les accointances souterraines qui relient

1. Pour une reconstitution détaillée de la théorie du « médium » chez Aristote, et l'histoire mouvementée de sa réception, jusqu'à l'époque moderne, nous nous permettons de renvoyer à notre étude E. Alloa, *Looking Through Images : A Phenomenology of Visual Media*, New York, Columbia University Press, 2021.

2. S. de Beauvoir, É. Lacoin et M. Merleau-Ponty, *Lettres d'amitié : 1920-1959*, Paris, Gallimard, 2022, notamment p. 313, p. 336-337, et p. 407.

pourtant ces deux pensées[1]. Si Merleau-Ponty s'était attardé plus longuement sur l'œuvre du Stagirite, il y aurait trouvé une grande attention pour les facultés sensibles de l'âme, pour les organismes vivants et pour la catégorie de la voix moyenne, mais, surtout, une conceptualisation très développée d'un problème qui ne reste qu'en germe chez lui : celui du milieu perceptif.

Concevant la perception à la fois comme une activité et comme une structure, Aristote introduit au cœur de celle-ci la notion de *medium*. Pour Aristote, il n'y a de sensation que là où entre organe sentant et objet senti s'étend un espace perceptif qu'il qualifie également de *metaxu*, de medium ou d'intermédiaire. Rompant avec ses prédécesseurs, Aristote ouvre la voie à une thématisation de ce que l'on pourrait ainsi appeler le *milieu phénoménal*, l'espace où s'effectue la genèse des phénomènes à travers la relation du corps sentant, des corps perçus et des qualités senties. Toute perception sensorielle s'effectue dans des éléments comme l'air ou l'eau, et ces éléments possèdent certaines caractéristiques qui leur permettent d'opérer comme des intermédiaires sensibles. Ainsi, l'air fera office de milieu pour l'ouïe, l'odorat et la vision, tandis que l'eau est uniquement un milieu pour la vision. La sensation s'effectue non pas tant *dans* un milieu qu'à travers celui-ci ou, pour utiliser le préfixe grec, *dia*. Un élément qui laisse passer le son sera appelé *diechês* (de *dia-ech*ô : « sonner à travers »), un élément qui transmet une odeur sera appelé *diosmôn* (de *dia-osm*ê : « sentir à travers »), etc. Mais comment

1. R. Barbaras, *Le tournant de l'expérience*, *op. cit.*, chap. II « La puissance du visible » et D. Honorato, « El fenómeno de la percepción en Aristóteles y Merleau-Ponty », *Ideas y Valores* 66, 167, 2018, p. 13-48.

qualifier ce qui laisse passer le visible, ce qui le laisse apparaître (*phainestai*) ?

Aristote invente alors un nouveau concept qui est celui de la transparution. Ce qui apparaît n'apparaît pas purement et simplement à l'œil, il transparaît à travers un milieu qu'Aristote qualifiera de *diaphane* (de *dia-phanês*, « visible à travers »). Ce medium opératoire est à la fois milieu perceptif de la vision et structure de la visibilité. Il s'agit en effet de rendre compte du fait singulier que constitue par elle-même la structure de la perception visuelle, dans la mesure où elle ne peut s'effectuer sans conjuguer à la fois distance et continuité, sans faire l'économie d'une forme paradoxale de relation s'opérant entre des êtres dont le contact direct rendrait tout simplement impossible l'union que seule leur séparation préalable doit pouvoir engendrer. Le milieu diaphane correspond littéralement à un *trans-formateur* : transparent à l'état potentiel, il s'actualise dans l'acte perceptif et prend la forme visuelle de la chose qu'il transmet à travers la distance. Pour pouvoir prendre une forme, le milieu doit donc être indéterminé (informe) et exhiber en même temps une certaine densité ou « texture » (*plexis*)[1] qui garantit sa plasticité. L'espace vide est non seulement une pure idéalité, mais même, nous explique Aristote, « si l'espace était vide, nous ne verrions pas mieux mais rien du tout »[2]. Pas plus que la colombe de Kant ne peut voler dans l'espace vide, pas plus il ne peut y avoir de vision sans une certaine résistance du medium qui indique sa capacité d'être-mû.

1. Aristote, *Traité de l'âme* II, 7, 419b22.
2. *Ibid.*, II, 7, 419a20-21.

Cependant, cet intermédiaire qui dans la perception nous autorise à toucher aux choses, cet intermédiaire est lui-même intouchable, invisible ou tout simplement comme « anesthésié ». Le medium sensible opèrera d'autant mieux que dans l'expérience esthésiologique, ce qui permet que l'expérience s'efface derrière ce qu'il institue. Ou pour le dire de façon plus concrète : je ne saurais toucher l'air qui m'entoure, je ne peux en faire un objet tangible. Il y a donc inévitablement dans toute expérience sensible un *oubli de l'« entre »*. Le milieu perceptif est, par nature, imperceptible, et ce n'est qu'à condition de rester imperceptible que la perception peut s'effectuer. Aristote utilise ici le verbe de *lanthanei*, un verbe qui signifie aussi « oublier ». Ce qui est oublié est en retrait, demeure inapparent et, par extension, on peut dire que nous oublions le milieu sensible qui nous entoure[1]. C'est dans la plus grande proximité que se loge aussi la plus irrévocable des distances.

UNE PENSÉE À L'ŒUVRE

Comment se servir de l'œuvre de Merleau-Ponty aujourd'hui ? On peut certes y voir un remède efficace contre la marginalisation de la dimension incarnée et située de la connaissance, et ce ne serait pas le moindre de ses mérites. Mais on peut aussi relire autrement cette insistance sur l'« oubli du sensible ». Certes, depuis ce séisme mineur que fut l'événement de la déconstruction, toute référence au sensible comme source d'évidence première paraît suspecte, sinon naïve, car elle semble irrémédiablement ramener à une métaphysique de la

1. *Ibid.*, II, 11, 423b8.

présence, telle qu'elle a été méticuleusement mise en lumière par Jacques Derrida. Reste à prouver que le sensible est du côté de la présence, et l'idéalité du côté de l'absence. Indéniablement, quand Husserl définit le corps propre (*Leib*) à partir de la « présence en personne » (*Leibhaftigkeit*), par opposition à ce qui n'est qu'« apprésenté », tout porte à croire que la phénoménologie répète le partage métaphysique traditionnel entre présence et absence. Mais le corps propre (*Leib*) est-il vraiment présent ? Rien n'est moins sûr. Certes, je ne ferai jamais la même épreuve du corps d'autrui que je peux faire du mien. Mais puis-je dire pour autant que mon corps m'est présent ? Le corps n'est-il pas plutôt un vecteur vers la présence, un moyen de présentation, faisant apparaître autre chose que lui-même en s'anesthésiant dans la tâche ? Ce n'est pas tant le corps que je perçois que c'est *à partir* de lui et *à travers* celui-ci que je perçois, et par conséquent, comme le dit déjà Merleau-Ponty, « percevoir, c'est se rendre présent quelque chose à l'aide du corps » (PrP 104). Plus que quelque chose de présent, le corps est donc *présentatif*, et les fonctions somatiques accomplissent d'autant mieux leurs tâches qu'elles se font oublier, raison pour laquelle la *Phénoménologie de la perception* invoque une intentionnalité motrice qui est « opérante » plus que thématique.

Si c'est un peu trop vite qu'on a voulu réduire Merleau-Ponty au rôle du grand panégyriste de la corporéité, on gagnerait à le redécouvrir comme penseur de l'opératoire, autrement dit de toutes ces dimensions du sens qui, tout en demeurant inaperçues, contribuent pourtant de manière cruciale à le façonner. Voilà pourquoi le « retour à la chose même », dit Merleau-Ponty « n'est pas le contraire de la médiation » (SG 197) et qu'il peut affirmer que toute chose n'est rien d'autre qu'une « médiation de fini et infini » (MBNF XIV, fol. 13). Abandonnant définitivement le cadre d'une philosophie classique de la représentation – Merleau-Ponty est réaliste quand il affirme que tout rapport est toujours un rapport à la chose même, et non à sa représentation –, il ne confond pourtant pas réalisme et immédiateté. En posant que chaque fois qu'on perçoit, qu'on désire ou qu'on agit, ce sont les choses mêmes qui sont perçues, désirées ou agies, et non leur représentation mentale, on n'a pas posé pour autant que les choses se donnent immédiatement, en pleine transparence. Toute présence est la résultante de certaines conditions de présentation qu'il faut cesser de voir comme de simples toiles de fond neutres, et dont il va falloir décrire l'opération constituante.

La plupart des choses que nous avons à l'esprit nous arrivent pour ainsi dire par des biais détournés. Il faudra généraliser la découverte de la structure médiatisée de la perception – nous ne percevons pas des sensations, c'est *à travers* celles-ci que nous percevons ; nous ne percevons pas des aspects, c'est *par leur truchement* que nous saisissons la chose – à l'ensemble du monde sensible. Nous ne nous possédons jamais entièrement, c'est à travers des éléments qui garderont toujours une part d'opacité que nous avons accès à nous-mêmes : pas plus que nous avons assisté à notre propre naissance, nous ne pouvons faire l'économie du témoignage d'autrui, quand il s'agit de comprendre qui nous sommes. Notre situation actuelle se révèle par le biais de souvenirs, personnels et intersubjectifs, et sur fond d'un futur dans lequel nous nous projetons, individuellement et collectivement. Idem pour notre finitude, dont Heidegger voulait faire un nouvel originaire, alors même que du point de vue de l'expérience, notre propre mort vient en dernier : la mort, on la rencontre d'abord comme la mort de l'autre. Il en va de même avec la rencontre avec Autrui, qu'une certaine éthique philosophique se plaît à isoler de tout contexte social. Pourtant, à l'évidence, il n'y a pas d'immédiateté de la rencontre ; la rencontre avec Autrui est déjà « médiatisée par la relation avec des tiers » (VI 112, note). Même chose pour les normes qui régissent les comportements : on n'est jamais face à une norme, et d'ailleurs, une norme n'est pas une chose ; c'est *à travers elle* que s'organisent des rapports sociaux et ce n'est qu'à travers ceux-ci que transparaît sa cohérence. L'institution de quelque chose d'inouï ou d'inédit (une découverte scientifique, une création artistique, une révolution historique) et son caractère profondément novateur ne sont perceptibles qu'à travers l'état précédent, dans lequel on évoluait inconsciemment et qui apparaît soudain au grand jour, comme passé, obsolète ou désuet.

Tout au long de ses écrits, Merleau-Ponty n'a eu cesse de relever les circonstances matérielles qui sont nécessaires à toute révolution : tout disruptif qu'il soit, l'événement s'enracine dans une configuration spécifique qui le suscite ; pour radicale qu'elle soit, toute création reste une affaire de médiation, dès lors qu'elle découvre dans l'état actuel des moyens de se pousser vers l'inédit. On peut y voir une façon de revenir aux potentialités latentes qui se logent non pas tant au fin fond des choses que dans leurs insterstices : il n'y a de relation qu'en vertu d'un médium qui les articule et les écarte en même temps. Un milieu qui, plutôt qu'un espace neutre, est un opérateur d'espacement. Un médium qui esthétise en s'anesthésiant, et qui fait écran tout en offrant ainsi une surface d'apparition. Merleau-Ponty le dit très bien : « il n'y a pas de vision sans écran : les idées dont nous parlons ne seraient pas mieux connues de nous si nous n'avions pas de corps et pas de sensibilité, c'est alors qu'elles nous seraient inaccessibles » (VI 194).

Que faire donc de Merleau-Ponty aujourd'hui ? Ce qui, le temps passant, se dessine avec une clarté chaque fois majeure, c'est que le chemin vers les choses mêmes est semé d'embûches, et qu'il ne suffit pas de proclamer l'avènement de nouvelles *philosophies orientées objet* pour retrouver pour autant le réel. Le monde sensible ne se résume pas à un ensemble d'objets – la critique phénoménologique de l'objet l'a démontré. Reste à décrire toute la complexité des processus par lesquels les choses viennent à apparaître, dans leurs champs respectifs. Cette phénoménologie des milieux et des media de l'apparaître, Merleau-Ponty ne l'a sans doute fait qu'entrevoir, et elle est incontestablement plus opératoire que thématique, pour reprendre la fameuse distinction d'Eugen Fink. Elle demeure, en un mot, une « philosophie à faire », s'attachant à suivre les manières multiples – épistémologiques, techniques, artistiques, politiques – dont quelque chose émerge là où, il y a un instant encore, il semblait ne rien y avoir. De même que ces émergences sont indissociables de l'ordonnancement qui régule leur possibilité, inversement, à chaque occurrence, c'est tout le champ de ce qui peut se dire, se penser et se voir qui se trouve réorganisé. À son tour, la philosophie peut accompagner ces processus et peut intervenir, au sens à la fois descriptif et normatif de ce terme, comme une opération de sensibilisation. Merleau-Ponty lui-même le disait : « la source de sens n'est pas plus en arrière de nous, qu'en avant, pas plus un immédiat perdu, qu'un point omega à atteindre [...] elle est dans le voir, le parler, le penser » (NC 375). Il en va, en un mot, d'une *pratique sensible.*

BIBLIOGRAPHIE

ŒUVRES CITÉES DE MAURICE MERLEAU-PONTY

Causeries. 1948, conférences radiophoniques, texte établi et annoté par S. Ménasé, Paris, Seuil, 2002.

Douze entretiens avec Maurice Merleau-Ponty, enregistrés par la RTF entre le 25 mai et le 7 août 1959 par G. Charbonnier (Archives INA).

Éloge de la philosophie et autres essais, Paris, Gallimard 1953.

Entretiens avec Georges Charbonnier et autres dialogues, 1946-1959, J. Melançon (éd.), Lagrasse, Verdier, 2016.

Humanisme et terreur. Essai sur le problème communiste, Paris, Gallimard, 1947.

Inédits I. Conférences en Europe et premiers cours à Lyon (1946-1947), éd. M. Dalissier, avec la participation de S. Matsuba, Sesto San Giovanni, Mimesis, 2022.

Inédits II. Conférences en Amérique,notes de cours et autres textes (1947-1949), éd. M. Dalissier, avec la participation de S. Matsuba, Sesto San Giovanni, Mimesis, 2022.

La Nature, Notes. Cours du Collège de France, établi et annoté par D. Séglard, Paris, Seuil, 1995.

La phénoménologie de la perception, Paris, Gallimard, 1945.

La Prose du monde, texte établi et présenté par C. Lefort, Paris, Gallimard 1969.

La structure du comportement, Paris, Puf, 1942.

Le primat de la perception et ses conséquences philosophiques précédé de *Projet de travail sur la nature de la perception* (1933) et de *La Nature de la perception* (1934), Lagrasse, Verdier, 1996.

Le visible et l'invisible, suivi de notes de travail, texte établi par C. Lefort accompagné d'un avertissement et d'une postface, Paris, Gallimard, 1964.

L'œil et l'esprit, Paris, Gallimard, 1964.

MBNF : Manuscrits Fonds Merleau-Ponty, Bibliothèque Nationale de France (Bibliothèque Richelieu). NAF 26991-27004.

– Vol. VI. NAF 26989. Projets de livre 1958-1960. 264f.

– Vol. VII. NAF 26990. *Le visible et l'invisible*. 204f.

– Vol. VIII. NAF 26991. Notes de travail. 386f.

– Vol. X. NAF 26993. Cours du jeudi. *Le monde sensible et le monde de l'expression*. Préparation. 214f.

– Vol. XII. NAF 26995. Collège de France, 1953-1954. Cours du jeudi. *Le problème de la parole* et cours du lundi, *Matériaux pour une théorie de l'histoire*. Préparation. 173f.

– Vol. XIV. NAF 26997. Collège de France, 1955-1956. Cours du jeudi, *La philosophie dialectique*, et cours du lundi, « Textes et commentaires » sur la dialectique. 255f. [Transcription David Belot, 2006 ; qu'il soit ici remercié]

– Vol. XVI. NAF 26999. Collège de France, 1957-1958. Cours du mercredi et du jeudi. *Le concept de nature (suite). L'animalité, le corps humain, passage à la culture*. 146f.

– Vol. XVII. NAF 27000. Collège de France. 1959-1960. Cours du jeudi, *Nature et logos : le corps humain*, 111f.

– Vol. XIX. NAF 27002. Collège de France. Cours de 1960-1961. Dernières leçons, *L'Ontologie cartésienne – l'ontologie aujourd'hui*. 174 f.

Notes de cours au Collège de France 1958-1959 et 1960-1961, texte établi par S. Ménasé, préface de C. Lefort, Paris, Gallimard, 1996.

Notes de cours sur L'origine de la géométrie *de Husserl*, suivi de *Recherches sur la phénoménologie de Merleau-Ponty*, sous la dir. de R. Barbaras, Paris, Puf, 1998.

Parcours 1935-1951, édition établie par J. Prunair, Lagrasse, Verdier, 1997.

Parcours deux, 1951-1961, édition établie par J. Prunair, Lagrasse, Verdier, 2000.

Psychologie et pédagogie de l'enfant. Cours de Sorbonne 1949-1952, Lagrasse, Verdier, 2001.

Réponse à Gilbert Ryle lors du colloque *La philosophie analytique. Cahiers de Royaumont, Philosophie IV*, Paris, Minuit, 1962, p. 93-96.

Résumés de cours. Collège de France 1952-1960, Paris, Gallimard, 1968.

Sens et Non-Sens, Paris, Gallimard 1948 (nouvelle édition 1996).

Signes, Paris, Gallimard, 1960.

Transcription de l'intervention au colloque *Husserl. Cahiers de Royaumont, Philosophie III*, Paris, Minuit, 1959, p. 157-159.

LITTÉRATURE SECONDAIRE

AGAMBEN G., *Bartleby ou la création*, trad. fr. C. Walter, Saulxures, Éd. Circé, 1995.

ALLOA E., *Looking Through Images : a Phenomenology of Visual Media*, New York, Columbia University Press, 2021.

– « Le premier livre de Merleau-Ponty, un roman », *Chiasmi International – Trilingual Studies Concerning Merleau-Ponty's Thought* 21, 2019, p. 253-268.

– « Merleau-Ponty à Madagascar. L'épreuve de l'étranger et la décolonisation de la pensée », *Chiasmi International – Trilingual Studies Concerning the Thought of Merleau-Ponty* 19, « Merleau-Ponty politique », 2018, p. 115-126.

– « The Diacritical Nature of Meaning. Merleau-Ponty with Saussure », *Chiasmi International – Trilingual Studies Concerning Merleau-Ponty's Thought* 15, 2013, p. 167-180.

– « Le théâtre du virtuel. D'un double impensé chez Merleau-Ponty », dans E. Alloa et A. Jdey (dir.), *Du sensible à l'œuvre. Esthétiques de Merleau-Ponty*, Bruxelles, La Lettre Volée, 2012, p. 317-337.

– « La parole oblique : Merleau-Ponty et les enjeux d'une éthique de l'indirect », *Phainomenon : revista de fenomenologia* 18-19, 2011, p. 157-174.

– « Suspension et gravité. L'imaginaire sartrien face au Tintoret », *ALTER. Revue de phénoménologie* 15, 2007, p. 123-141.

ARENDT H., *La vie de l'esprit*, trad. fr. L. Lotringer, Paris, Puf, 2005.

BACHELARD G., *La terre et les rêveries de la volonté : essai sur l'imagination de la matière*, Paris, Corti, 1947.

BARBARAS R., *L'appartenance : vers une cosmologie phénoménologique*, Leuven-Paris, Peeters, 2019.

– « The Ambiguity of the Flesh », *Chiasmi International* 4, « Figures and Grounds of the Flesh », 2002, p. 19-26.

– *De l'être du phénomène : sur l'ontologie de Merleau-Ponty*, Grenoble, J. Millon, 2001.

– *Le désir et la distance : introduction à une phénoménologie de la perception*, Paris, Vrin, 1999.

– « La réduction phénoménologique comme critique du néant », dans *Le désir et la distance. Introduction à une phénoménologie de la perception*, Paris, Vrin, 1999, p. 61-80.

– *Le tournant de l'expérience : recherches sur la philosophie de Merleau-Ponty*, Paris, Vrin, 1998.

– « De la parole à l'être. Le problème de l'expression comme voie d'accès à l'ontologie », dans F. Heidsieck (dir.), *Merleau-Ponty. Le philosophe et son langage*, Paris, CNRS Éditions, 1993, p. 61-82.

BARTHES R., « Éléments de sémiologie [1964] », dans *L'aventure sémiologique*, Paris, Seuil, 1985, p. 17-84.

DE BEAUVOIR S., É. LACOIN et M. MERLEAU-PONTY, *Lettres d'amitié : 1920-1959*, Paris, Gallimard, 2022.

BELOT D., « » Un tableau de l'histoire humaine » : Merleau-Ponty au-delà de Bergson », *Archives de Philosophie* 69, 1, 2006, p. 79-100.

BERGSON H., *L'évolution créatrice*, A. François et F. Worms (éd.), Paris, Puf, 2007.

– *Les deux sources de la morale et de la religion*, Paris, Puf, 1951.

BIMBENET E., *Nature et humanité : le problème anthropologique dans l'œuvre de Merleau-Ponty*, Paris, Vrin, 2004.

BLONDEL M., *L'être et les êtres*, Paris, Alcan, 1935.

BRUNSCHVICG L., « De la vraie et de la fausse conversion II. Discours et vérité », *Revue de Métaphysique et de Morale* 38, 1, 1931, p. 29-60.

– « Théorie intellectualiste de la perception », dans *L'expérience humaine et la causalité physique*, Paris, Alcan, 1922, p. 466-473.

BRUNSCHVICG L., *L'expérience humaine et la causalité physique*, Paris, Alcan, 1922.

– *Les étapes de la philosophie mathématique*, Paris, Alcan, 1912.

BUYTENDIJK F. J. J. et H. PLESSNER, « L'interprétation de l'expression mimique. Contribution à la théorie de la conscience de l'autre [1925] », dans F. Burgat et C. Sommer (dir.), *Le phénomène du vivant. Buytendijk et l'anthropologie philosophique*, Genève, MetisPresses, 2016, p. 109-160.

CANGUILHEM G., « Le vivant et son milieu », dans *La connaissance de la vie*, 2e éd. rev. et augm., Paris, Vrin, 1992, p. 129-154.

CARBONE M., *La chair des images. Merleau-Ponty entre cinéma et peinture*, Paris, Vrin, 2011.

– « La dicibilité du monde. La période intermédiaire de la pensée de Merleau-Ponty à partir de Saussure », dans F. Heidsieck (dir.), Paris, CNRS Éditions, 1993.

CASTORIADIS C., « Merleau-Ponty et le poids de l'héritage ontologique », dans *Fait et à faire. Les carrefours du labyrinthe V*, Paris, Seuil, 1997.

CERTEAU M. DE., « La folie de la vision », *Esprit*, vol. 66, 1982, p. 89-99.

CHARBONNIER G. et G. BRAQUE, « Entretien avec Georges Braque [1953] », dans G. Charbonnier, *Le monologue du peintre : entretiens avec Bazaine, Braque, Brianchon* [*et al.*], Paris, Éditions de la Villette, 2002, p. 25-32.

CONTE P., « Playing Appearances : On Some Aspects of Portmann's Contribution to Philosophical Aesthetics », dans F. Jaroš et J. Klouda (eds.), *Adolf Portmann : A Thinker of Self-Expressive Life*, Cham, Springer, 2021, p. 159-175.

DASTUR F., « Pour une zoologie "privative" ou Comment ne pas parler de l'animal », dans *Déconstruction et phénoménologie*, Paris, Hermann, 2016, p. 139-189.

– *Chair et langage : Essais sur Merleau-Ponty*, Paris, Encre Marine, 2001.

DELCÒ A., *Merleau-Ponty et l'expérience de la création. Du paradigme au schème*, Paris, Puf, 2005.

DELEUZE G., « Bartleby, ou la formule [1989] », dans *Critique ou clinique*, Paris, Minuit, 1993, p. 89-114.

DERRIDA J., « Tangente III », dans *Jean-Luc Nancy. Le toucher*, Paris, Galilée, 2000, p. 209-244.

– *La voix et le phénomène : introduction au problème du signe dans la phénoménologie de Husserl*, Paris, Puf, 1967.

DESCARTES R., *Méditations métaphysiques* [*suivi de*] *Objections et réponses, I à VI*, J.-M. Beyssade et D. Kambouchner (éd.), « Œuvres complètes », vol. IV, 1, Paris, Gallimard, 2018.

– « Dioptrique [1637] », dans R. Descartes, *Discours de la méthode et Essais* [*OC III*], « Œuvres complètes », vol. III, Paris, Gallimard, 2009, p. 148-264.

DUFOURCQ A., « Merleau-Ponty and Biosemiotics. From the Issue of Meaning in Living Beings to a New Deal Between Science and Metaphysics », *in* E. Alloa, R. Kaushik et F. Chouraqui (eds.), *Merleau-Ponty and Contemporary Philosophy*, Albany (NY), SUNY Press, 2019, p. 145-167.

DUFRENNE M., « Maurice Merleau-Ponty », dans *Jalons*, Den Haag, Nijhoff, 1966, p. 208-221.

ENGELS F. et K. MARX, *La sainte famille, ou Critique de la critique critique*, trad. fr. E. Cogniot, Paris, Les éditions sociales, 1969.

ESPOSITO R., *Pensiero istituente : tre paradigmi di ontologia politica*, Torino, Einaudi, 2020.

FALQUE E., « Le tournant de la chair », dans C. Picard (dir.), *Incarnation, question ancienne, enjeux actuels. Approches philosophiques et théologiques*, Paris, Classiques Garnier, 2021, p. 23-51.

FINK E., « La phénoménologie d'Edmund Husserl face à la critique contemporaine [1933] », trad. fr. D. Franck, dans E. Fink, *De la phénoménologie*, Paris, Minuit, 1974, p. 95-175.

FONTAINE-DE VISSCHER L., *Phénomène ou structure ? Essai sur le langage chez Merleau-Ponty*, Bruxelles, Presses de l'Université Saint-Louis, 1974.

FÓTI V., *Tracing Expression in Merleau-Ponty : Aesthetics, Philosophy of Biology, and Ontology*, Evanston (IL), Northwestern University Press, 2013.

FOUCAULT M., *Phénoménologie et psychologie* (*1953-1954*), P. Sabot (éd.), Paris, Gallimard-Seuil, 2021.

– « Structuralisme et poststructuralisme [entretien de 1983] », dans D. Defert et F. Ewald (dir.), *Dits et écrits II. 1976-1988*, Paris, Gallimard, 2001, p. 1250-1276.

FRANCK D., *Chair et corps : sur la phénoménologie de Husserl*, Paris, Minuit, 1981.

GASQUET J., *Cézanne*, Paris, Bernheim-Jeune, 1921.

GERAETS T. F., *Vers une nouvelle philosophie transcendantale : la genèse de la philosophie de Maurice Merleau-Ponty jusqu'à la Phénoménologie de la perception*, « Phaenomenologica », Den Haag, M. Nijhoff, 1971.

GOLDSTEIN K., *La structure de l'organisme*, trad. fr. E. Burckhardt et J. Kuntz, Paris, Gallimard, 1951.

HANDKE P., *Essai sur la fatigue*, trad. fr. G.-A. Goldschmidt, Paris, Gallimard, 1996.

HEAD H. et G. HOLMES, « Sensory Disturbances From Cerebral Lesions », *Brain* 34, 1911, p. 102-254.

HEGEL G. W. F., *Esthétique*, trad. fr. S. Jankélévitch, Paris, Flammarion, 1979.

HEIDEGGER M., *Die Grundbegriffe der Metaphysik : Welt, Endlichkeit, Einsamkeit*, F.-W. von Herrmann (éd.), « Gesamtausgabe » n° 29-30, Frankfurt am Main, Klostermann, 1983.

HUSSERL E., *Autour des Méditations cartésiennes* (*1929-193*). *Sur l'intersubjectivité*, Grenoble, Millon, 1998.

– *La crise de l'humanité européenne et la philosophie* (1935), trad. fr. N. Depraz, Paris, Hatier, 1994.

– *Notes sur Heidegger*, trad. fr. D. Souche-Dagues, Paris, Minuit, 1993.

– *Idées directrices pour une phénoménologie et une philosophie phénoménologique pures. Livre second : Recherches phénoménologiques pour la constitution*, trad. fr. E. Escoubas, Paris, Puf, 1982.

– *La crise des sciences européennes et la phénoménologie transcendantale*, trad. fr. G. Granel, Paris, Gallimard, 1976.

– *Philosophie première*, t. 1, *Histoire critique des idées*, trad. fr. A. L. Kelkel, Paris, Puf, 1970.

– *Méditations cartésiennes*, trad. fr. G. Peiffer et E. Levinas, Paris, Vrin, 1969.

– *Logique formelle et logique transcendantale : essai d'une critique de la raison logique*, trad. fr. S. Bachelard, Paris, Puf, 1965.

– *L'origine de la géométrie*, trad. fr. J. Derrida, Paris, Puf, 1962.

– *Recherches logiques*, t. 2, *Recherches pour la phénoménologie et la théorie de la connaissance*, 1re partie : *Recherches I et II*, trad. fr. H. Élie, A. L. Kelkel et R. Schérer, Paris, Puf, 1961.

– *Recherches logiques*. t. 2, *Recherches pour la phénoménologie et la théorie de la connaissance*, 2e partie, *Recherches III, IV et V*, trad. fr. H. Élie, A. L. Kelkel et R. Schérer, Paris, Puf, 1961.

JAY M., *Downcast Eyes. The Denigration of Vision in Twentieth Century French Thought*, Berkeley (CA), University of California Press, 1993.

KAUSHIK R., *Merleau-Ponty between Philosophy and Symbolism : The Matrixed Ontology*, Albany (NY), SUNY Press, 2019.

KOFFKA K., *Principles of Gestaltpsychology*, New York, Harcourt, 1935.

KRISTENSEN S., « Maurice Merleau-Ponty, une esthétique du mouvement », *Archives de Philosophie* 69, 1, 2006, p. 123-146.

LACAN J., *Les quatre concepts fondamentaux de la psychanalyse*, J.-A. Miller (éd.), Paris, Seuil, 1992.

LARISON M., *Vers une nouvelle phénoménologie de l'institution : avec et au-delà de Merleau-Ponty*, Bucharest, Zeta Books, 2023.

– *L'être en forme : dialectique et phénoménologie dans la dernière philosophie de Merleau-Ponty*, Paris, Mimesis, 2016.

LEFORT C., « Machiavel et la verità effettuale », dans *Écrire, à l'épreuve du politique*, Paris, Calmann-Lévy, 1992.

– « Qu'est-ce que voir ? », dans C. Lefort, *Sur une colonne absente. Écrits autour de Merleau-Ponty*, Paris, Gallimard, 1978, p. 140-155.

– *Le travail de l'œuvre – Machiavel*, Paris, Gallimard, 1972.

LEVINAS E., *Totalité et infini : essai sur l'extériorité*, Paris, Le livre de poche, 1990.

– « De l'intersubjectivité. Notes sur Merleau-Ponty [1983] », dans E. Levinas, *Hors sujet*, Montpellier, Fata Morgana, 1987, p. 143-154.

– « De la sensibilité [1984] », dans E. Levinas, *Hors sujet*, Montpellier, Fata Morgana, 1987, p. 162-171.

LHERMITTE J., *L'image de notre corps* [1939], Paris, L'Harmattan, 1998.

MADISON G. B., *La phénoménologie de Merleau-Ponty. Une recherche des limites de la conscience*, Paris, Klincksieck, 1973.

MARCEL G., *Être et avoir*, Paris, Aubier, 1968.

MARCHART O., *Post-foundational Political Thought : Political Difference in Nancy, Lefort, Badiou and Laclau*, Edinburgh, Edinburgh University Press, 2008.

MARX K., « Le 18 Brumaire de Louis Bonaparte [1852] », trad. fr. M. Rubel, avec la collab. de L. Janover, dans M. Rubel (dir.), *Œuvres IV. Politique I*, « Bibliothèque de la Pléiade », Paris, Gallimard, 1994, p. 433-544.

MAYS W., « Merleau-Ponty's Visit to Manchester », *Journal of the British Society for Phenomenology* 25, 1, 1994.

MORRIS D., « The space of the body schema : putting the schema in movement », dans Y. Ataria, S. Tanaka et S. Gallagher (dir.), *Body Schema and Body Image : New Directions*, Oxford, Oxford University Press, 2021, p. 18-32.

PARMENTIER M., *Archives du virtuel*, Paris, Vrin, 2023.

PORTMANN A., *La forme animale*, trad. fr. G. Remy, Paris, Éditions La Bibliothèque, 2013.

PRÉVOST B., « Les apparences inadressées. Usages de Portmann (doutes sur le spectateur », dans B. Prévost et B. Rougé (dir.), *L'Adresse*, Pau, Presses universitaires de Pau, 2014, p. 171-180.

PROUST M., *À la recherche du temps perdu*, t. 1, *Du côté de chez Swann. À l'ombre des jeunes filles en fleurs*, J.-Y. Tadié (éd.), « Bibliothèque de la Pléiade », Paris, Gallimard, 1987.

QUENEAU R., *Le dimanche de la vie*, Paris, Gallimard, 1952.

REVEL J., *Foucault avec Merleau-Ponty : ontologie politique, présentisme et histoire*, Paris, Vrin, 2015.

RICŒUR P., « Edmond Husserl, La cinquième méditation cartésienne [1954] », dans *À l'école de la phénoménologie*, Paris, Vrin, 2004, p. 233-272.

– *Soi-même comme un autre*, Paris, Seuil, 1990.

– « La question du sujet : le défi de la sémiologie », dans P. Ricœur, *Le conflit des interprétations*, Paris, Seuil, 1969, p. 321-359.

RUYER R., *La genèse des formes vivantes*, Paris, Flammarion, 1958.

SAINT AUBERT E. DE., *Être et chair I. Du corps au désir : l'habilitation ontologique de la chair*, Paris, Vrin, 2013.

SAINT-AUBERT E. DE., *Le scénario cartésien : recherches sur la formation et la cohérence de l'intention philosophique de Merleau-Ponty*, Paris, Vrin, 2005.

– *Du lien des êtres aux éléments de l'être : Merleau-Ponty au tournant des années, 1945-1951*, Paris, Vrin, 2004.

ŞAN E., *La transcendance comme problème phénoménologique : lecture de Merleau-Ponty et Patočka*, Paris, Mimesis, 2012.

SARTRE J.-P., *L'être et le néant : essai d'ontologie phénoménologique*, A. Elkaïm-Sartre (éd.), Paris, Gallimard, 2017, éd. corrigée.

– *La transcendance de l'ego. Esquisse d'une description phénoménologique* [*1934*], S. Le Bon (éd.), Paris, Vrin, 1992.

– *Qu'est-ce que la littérature ?*, Paris, Gallimard, 1948.

SAUSSURE F. DE., *Cours de linguistique générale*, C. Bally, A. Séchehaye et T. De Mauro (éd.), Paris, Payot, 2005.

SCHILDER P., *Das Körperschema*, Berlin, Springer, 1923.

SLATMAN J., *L'expression au-delà de la représentation. Sur l'aisthêsis et l'esthétique chez Merleau-Ponty*, Louvain-Paris, Peeters-Vrin, 2001.

SPITZER L., « Milieu and ambiance. An Essay in Historical semantics », *Philosophy and phenomenological Research* 3, 1942, p. 1-42.

STENDHAL, *De l'amour*, Paris, Garnier-Flammarion, 1965.

TAMINIAUX J., *Le regard et l'excédent*, Den Haag, Nijhoff, 1977.

TASSIN É., *Le maléfice de la vie à plusieurs : la politique est-elle vouée à l'échec ?*, Paris, Bayard, 2012.

TAYLAN F., *Mésopolitique : connaître, théoriser et gouverner les milieux de vie (1750-1900)*, Paris, Publications de la Sorbonne, 2018.

TERZI R., « Événement, champ, trace : le concept phénoménologique d'institution », *Philosophie* 131, 4, 2016, p. 52-68.

THOMAS-FOGIEL I., « Spatialiser nos concepts ? La tentative de Merleau-Ponty », *Symposium* 12, 1, 2008, p. 147-161.

TILLIETTE X., « Maurice Merleau-Ponty (1908-1961) ou la mesure de l'homme », dans *Philosophes contemporains. Textes et études philosophiques*, Paris, Desclée de Brouwer, 1962, p. 49-86.

UEXKÜLL J. VON., *Mondes animaux et monde humain* ; *suivi de Théorie de la signification* [*1934*], trad. fr. P. Muller, Paris, Denoël, 1984.

VALÉRY P., *Cahiers*, J. Robinson-Valéry (éd.), « Bibliothèque de la Pléiade », Paris, Gallimard, 1973, 2 vol.

VAN BREDA H. L., « Maurice Merleau-Ponty et les Archives Husserl à Louvain », *Revue de Métaphysique et de Morale*, vol. 67, 1962, p. 410-432.

VITALI ROSATI M., *Corps et virtuel : itinéraires à partir de Merleau-Ponty*, Paris, L'Harmattan, 2009.

WAELHENS A. DE., *Une philosophie de l'ambiguïté. L'existentialisme de Maurice Merleau-Ponty*, Leuven, Publications universitaires, 1951.

WALDENFELS B., « Le paradoxe de l'expression », dans *Merleau-Ponty, Notes de Cours sur L'origine de la géométrie de Husserl, suivi de Recherches sur la phénoménologie de Merleau-Ponty*, Paris, Puf, 1998, p. 331-348.

WITTGENSTEIN L., *Recherches philosophiques*, trad. fr. E. Rigal, F. Dastur, M. Élie et D. Janicaud, Paris, Gallimard, 2005.

INDEX DES NOMS

TABLE DES MATIÈRES

Achevé d'imprimer en mai 2025 par *La Manufacture - Imprimeur* – 52200 Langres
Imprimé en France – N° d'imprimeur : 250309 – Dépôt légal : mai 2025